제2판

스마트한

심리검사와 평가

조옥귀 · 문지혜

창지사

제2판 머리말

『스마트한 심리검사와 평가』의 초판을 출간한 지 4년이라는 시간이 흘러 제2판을 출간하게 되었다. 제2판을 준비하면서 한편으로 기쁘지만, 다른 한편으로는 무거운 책임감을 느끼는 과정이었다.

초판에서의 오류나 어색한 문장들을 수정하고 새로운 내용을 보충하였으며, 특히 제2판의 달라진 점을 두 가지만 소개하면 다음과 같다.

첫째, 아동·청소년용 지능검사의 개정판인 K-WISC-V의 내용을 담았다.

둘째, 참고문헌을 수정·보충하였다.

개정판의 원고를 준비한 때는 여름의 입구였는데 벌써 가을을 지나가고 있는 시절이 되었다. 『스마트한 심리검사와 평가』에 관심을 가지고 공부하는 독자들께 깊은 감사의 말씀을 전하고, 그간 도움을 주신 창지사 편집부 분들과 학생들, 동료 교수님들께 감사의 말씀을 전한다.

2020년 11월 15일
가을색이 내려앉은 월영캠퍼스에서
조옥귀 · 문지혜

초판 머리말

우리는 몇 가지 이유로 이 책을 썼다. 첫째, 심리학과와 상담 관련학과에 개설되어 있는 학부 수준의 수업과 심리검사를 처음 접하는 분들을 위한 심리검사 입문서로 사용하기 위함이다. 기존에 출판되어 있는 훌륭한 저서와 번역서도 많다. 그러나 이 책들은 대부분 한 학기에 다루기에는 내용이 너무 많거나 심리검사를 통해 심리학을 접하는 분들에게는 어려운 내용이 포함되어 있었다. 또한 심리측정 부분만 강조되어 있거나 심리검사나 혹은 심리평가만을 다루고 있어 심리학에 대한 기본 지식이 없이 심리검사를 통해 심리학을 접하는 분들은 심리검사의 원리를 제대로 이해하기 어려운 점이 있다고 판단하였다. 하여, 한 학기에 책 전체를 다룰 수 있는 정도의 분량을 염두에 두면서 심리학적 지식을 접하지 않고서 심리검사에 바로 돌진한 분들도 쉽게 읽을 수 있고 이해할 수 있도록 책을 구성하였다. 이 목적에 따라서 심리측정과 심리검사 및 평가에 대한 내용을 간결하게 다룬 입문서로 교재를 집필하였다.

이 책은 심리측정과 심리통계에 관련된 기본 사항을 바탕으로 심리검사의 개발까지 다루고 있다. 이와 더불어 지능과 능력 측정에 대한 기본적 사항과 더불어 가장 널리 사용되는 지능검사인 웩슬러 지능검사를 다루었다. 이어서 성격평가를 위한 MMPI와 범죄심리 분야에서 널리 사용되는 PAI, 그리고 과학적 측면에서 늘 논쟁이 되는 투사검사를 다루고 있다. 마지막으로 신경심리검사를 소개하고 심리검사와 평가에서 고려해야 할 사항에 대해 자세히 다루고 있다. 요약하자면 임상 장면이나 상담 장면에서 심리검사로 내담자나 환자를 평가할 때 필수적으로 알아야 할 내용으로 교재가 구성되었다. 따라서 대부분 한 학기 강의로 끝나는 심리검사나 심리평가, 혹은 임상심리학 수업에서 유용한 교재로 사용될 수 있을 것으로 예상한다.

둘째, 심리검사나 심리평가는 임상심리사나 상담심리사의 자격증 시험에 필수

과목으로 선정되어 있다. 산업인력공단 임상심리사, 정신보건 임상심리사, 청소년 상담사, 상담심리학회와 상담학회의 상담사 자격시험을 치루기 위해서는 꼭 필요한 과목이다. 앞서 언급하였지만, 이 같은 시험에 응시하는 조건은 시험에 따라 다르지만 반드시 심리학과 졸업생일 필요는 없다. 그러므로 이 시험에 응시하는 것으로 심리학 관련 과목을 접하는 분들이 있다. 이 분들에게 심리검사의 입문서로써 그 역할을 할 수 있을 정도로 심리검사의 기본원리와 대표적 심리검사들을 다루었다.

셋째, 우리 두 저자는 모두 학부에서부터 심리학을 전공한 사람들로 오랜 강의경력을 가지고 있다. 한 사람(조옥귀)은 임상심리학으로 또 한 사람(문지혜)은 상담심리학을 전공하고 가르치면서 심리검사와 평가에서 필요로 하는 부분이 무엇인지를 고민하고 그 요구에 부응하는 책을 쓰기 위해 노력했다. 심리검사와 심리평가는 심리학자의 고유 분야이자 임상 장면이나 상담 장면에서 심리학자의 정체성을 지킬 수 있는 분야이다. 자격 있는 심리학자만이 심리검사를 사용할 수 있고 채점, 해석하고 평가하여 보고서를 작성할 수 있다. 심리검사 분야가 어떻게 심리학의 고유 영역일 수 있는지를 이 책을 통해 강조하고자 노력하였다. 이 책의 완성도는 현재 완료형이 아니라 진행형이며 미래형이다. 앞으로도 끊임없이 완성도 높은 책을 위해 노력할 것이다.

사랑으로 관심을 가져주고 늘 한마음으로 응원해주는 두 저자의 가족들에게 감사한다. 그리고 이 책을 쓸 동기를 부여해주고 수업의 즐거움을 주는 경남대학교 심리학과 학부생들과 교육대학원 상담심리전공 대학원생들에게 감사하는 바이다. 마지막으로 책 출간을 독려해준 창지사의 이상대 부장님에게 고마운 마음을 전한다.

2016년 2월 29일
경남대학교의 정원, 월영지를 바라보면서
조옥귀 · 문지혜

차 례

제2판 머리말 • 3
초 판 머리말 • 4

제 1 장 심리검사와 평가 11

1. 서론 ······12
2. 심리측정과 검사의 의미 ······16
3. 역사적 배경 ······19
4. 심리검사의 문항 ······23
   1) 심리학적 검사의 기술적 특징 • 23
   2) 심리검사의 정의적 특징 • 25
5. 심리검사 분류 ······27
6. 심리검사의 기능 및 활용 ······29

제 2 장 심리검사와 심리 기초통계 31

1. 측도유형과 측정 ······32
   1) 심리학 연구주제의 특징 • 32
   2) 측도의 유형 • 34
   3) 태도척도 • 41
2. 심리 기초통계 ······52
   1) 자료 정리 • 53
   2) 개별점수의 의미 및 해석 • 54
   3) 심리검사와 표준점수 • 57

제 3 장 심리평가 및 검사개발 59

1. 심리평가 및 검사의 설계 60
1) 평가개발에서의 쟁점 • 62
2) 문항구성 • 62
3) 문항분석 • 68

2. 심리검사의 표준화 71

3. 신뢰도와 타당도 72
1) 신뢰도 • 72
2) 타당도 • 81
3) 신뢰도와 타당도의 관계 • 88

제 4 장 지능과 능력 측정 91

1. 지능 92
1) 지능이란 무엇인가? • 93
2) 내현이론과 외현이론 • 93

2. 지능이론의 역사 96
1) 유동지능과 결정지능 • 97
2) 길포드의 지능구조 • 98
3) 버논의 위계 • 98
4) 통합 모델 • 99
5) 인지능력이론 • 100
6) 가드너와 스턴버그 • 100
7) 인지심리학 모델 • 102

3. 지능검사의 역사 102
1) 초창기 • 103
2) 스탠포드-비네 검사 • 105
3) 알파검사와 베타검사 • 105
4) 웩슬러 척도 • 106
5) 문화의 문제 • 106

4. 지능에 대한 쟁점 ······ 108
1) 천성과 육성의 쟁점 • 108
2) 이데올로기와 지능 • 110
3) 플린 효과 • 112
5. 능력과 적성의 측정 ······ 114

제 5 장 웩슬러 지능검사 119

1. 일반적 특징 ······ 120
2. 한국형 웩슬러 성인용 지능검사 ······ 121
1) K-WAIS-IV의 기본 특징 • 122
2) K-WAIS-IV의 지표와 소검사 • 123
3) K-WAIS-IV의 지표산출과 분석 • 130
4) K-WAIS-IV의 심리측정적 특징 • 135
3. 한국형 웩슬러 아동 지능검사 ······ 137
1) 달라진 점 • 137
2) K-WISC-V의 소검사 • 138
3) K-WISC-V 지표 • 142
4) 지능검사 해석 단계 • 144

제 6 장 미네소타 다면적 인성검사 147

1. 역사적 배경과 특징 ······ 148
2. MMPI-2 ······ 151
1) 검사 실시와 채점 • 151
2) MMPI-2의 척도들 • 153
3) MMPI-2의 검사결과 해석 • 167
4) MMPI-2의 심리측정학적 평가 • 173
3. MMPI-A ······ 175
1) MMPI-A의 척도 • 176
2) MMPI-A의 검사결과 해석 • 180

제 7 장 **성격평가질문지** 181

1. PAI의 소개 ······ 182
2. PAI의 실시 ······ 184
   1) 검사대상 • 184
   2) 검사 실시 • 184
3. PAI의 내용과 해석 ······ 186
   1) PAI의 내용 • 186
   2) PAI의 해석 • 190
4. PAI와 범죄심리 ······ 209
   1) PAI와 범죄심리 • 209
   2) PAI-A 보고서 사례: 특수절도, 고등학교 1학년 남학생 • 211

제 8 장 **투사검사** 217

1. 투사검사의 특성 ······ 218
2. 로르샤흐 검사 ······ 221
   1) 소개 • 221
   2) 로르샤흐 검사의 특징 • 222
   3) 로르샤흐 검사의 장·단점 • 223
   4) 익스너 종합체계의 신뢰성과 타당성 • 224
   5) 로르샤흐 검사의 실시방법과 절차 • 227
   6) 로르샤흐 검사의 해석 • 229
3. 주제통각검사 ······ 230
   1) TAT 소개 • 230
   2) TAT의 신뢰도와 타당도 • 232
   3) TAT의 실시방법과 절차 • 233
   4) TAT의 채점 및 해석 • 235
4. 문장완성검사 ······ 238
5. 투사적 그림검사 ······ 240
6. 투사검사의 양면성 ······ 245

제 9 장 신경심리검사 249

1. 신경심리검사 소개 ········ 250
2. 뇌와 행동의 관계 ········ 252
   1) 뇌의 구조와 기능 • 252
3. 신경심리학적 평가 ········ 254
   1) 신경심리평가 영역 • 255
   2) 신경심리검사 실시와 관련된 쟁점 • 264
   3) 신경심리검사의 사용과 관련해 주의할 점 • 265
4. 다양한 신경심리검사들 ········ 266

제10장 심리검사와 평가의 고려사항 271

1. 심리검사와 평가의 윤리와 공정성 ········ 272
   1) 검사의 공정성 • 275
   2) 자료 보호 • 280
   3) 비밀보장과 안전성 • 281
   4) 사전 동의 • 282
2. 심리검사와 평가에서 전문 쟁점 ········ 286
   1) 검사 실시 • 286
   2) 채점 • 290
   3) 해석 • 291
   4) 보고서 작성 • 291
   5) 피드백 • 295
   6) 21세기의 검사 • 301

참고문헌 • 304

1장 심리검사와 평가

1. 서론
2. 심리측정과 검사의 의미
3. 역사적 배경
4. 심리검사의 문항
5. 심리검사 분류
6. 심리검사의 기능 및 활용

1장 심리검사와 평가

01 서론

심리학은 크게 기초 심리학과 응용 심리학으로 나눌 수 있다. 기초 심리학 분야의 학문들은 지식탐구가 목적이라면 응용 심리학 분야의 학문들은 기초분야에서 찾아낸 원리 및 법칙을 현실 세상에 적용하는 것에 목표를 둔다. 어떤 원리나 법칙이 적용된 이차 결과물을 잘 활용하기 위해서는 원리나 법칙에 대해 알고 있어야 한다. 특히, 사람의 심리 또는 마음을 측정, 평가하여 '기호인 숫자' 또는 수치로 제시하는 경우가 많은 심리검사 분야에서는 더욱더 그렇다.

글상자 1-1. 숫자가 다 같은 숫자는 아니다?

독자 여러분에게 질문을 몇 개 하겠습니다.
질문에 대한 답과 그 답의 이유를 생각해 보세요.

> 몸무게 50kg을 가진 두 사람이 저울에 함께 올라가면 몸무게 100kg인 사람 혼자 저울에 올라간 것과 같이 몸무게가 100kg이 될까요?

상당히 큰 창문 유리에 시트지를 붙이려 하니 창문 크기에 맞춰 시트지를 오려야 합니다. 갖고 있는 자는 10cm용입니다. 월영이는 어떻게 해야 할까요?

이 두 문제에 대한 답은 매우 쉽게 하셨을 겁니다.

다음 질문에 대한 답도 해보십시오.

웩슬러 지능지수(IQ)가 80인 두 사람, 160인 한 사람이 있습니다. IQ 80인 두 사람이 한 팀이 되어 160인 사람과 육목게임을 합니다. 5판 3승제로 게임을 할 경우, 어느 팀이 이길 가능성이 높습니까?

두 사람이 한 사람을 사랑하고 있습니다. 두 사람의 고백만으로 여러분이 누가 더 많이 사랑하는 사람인지 판단해야 한다면, 여러분의 선택은? 그렇게 선택한 이유는 무엇입니까?

A : 당신 없이 살 수가 없을 만큼 사랑합니다.
B : 당신은 제 삶의 최고 선물입니다.

수학문제 30개를 세 사람에게 제시한 결과, 세 사람의 문제해결양상은 다음과 같습니다. 여러분이 이 세 사람 중 수학을 제일 잘하는 한 사람을 선택해야 한다면, 여러분의 선택은 누구입니까? 그런 선택을 한 이유는 무엇입니까?

A: 수학문제 30개를 30분 만에 제출했으나 2개를 틀린 사람
B: 수학문제 30개를 40분 만에 제출하고 1개를 틀린 사람
C: 수학문제 30개를 60분 만에 제출하고 0개를 틀린 사람

위에 제시된 질문 5개를 두 집단으로 분류해 보세요. 여러분이 분류한 기준은 무엇입니까?

이 책에서는 여러분이 나눈 두 집단 중 비물리적 속성을 측정하는 도구들이 소개됩니다. 또한 이 도구들의 제작원리와 과정에 대해서도 다룹니다.

'이상한 사람이다'라는 말을 일상에서 우리는 드물지 않게 사용한다. 일상에서 우리가 '이상한' 사람이라고 규정한 사람의 이상한 행동은 대부분의 경우 우리가 예측하지 못한 방식으로 행동하거나 생각하거나 말을 하는 것일 수 있다. 상담이나 임상실제에서도 우리가 이런 기준으로 어떤 사람을 '이상하다'고 평가할 수 있을까? 그럴 수 없음을 여러분은 잘 알고 있을 것이다. 사적 영역이 아니라 공적 영역에서 우리가 '이상한'이라는 명명을 하려면 명료하고 타당한 객관적 기준이 필요하다. 이 객관적 기준은 합리적이고 과학적 절차를 통한 산물인 '심리검사 및 평가'라는 절차를 통해 제시될 수 있다. 이 기준을 갖기 위해 심리학자들은 '이상한'에 대한 개념적 정의를 내리며 이 정의를 행동으로 관찰·측정 가능한 방식(조작적 정의)으로 구체화시켜서 검사를 제작한다. 다양한 심리적 특성들(예: 지능, 적성, 흥미, 성취동기 등)을 측정 및 평가하는 검사들은 이런 과정을 통해 제작되어 사용된다.

이 장에서는 심리평가와 측정의 정의 및 기본원리, 특징들을 소개할 것이다. 스마트폰의 작동방식을 몰라도 스마트폰을 사용하는 데 아무런 문제가 없는 것처럼 특정 심리검사의 실시과정과 채점원리만 익히면 상담이나 임상실제에서 아무런 문제가 없을 것이라 생각할 수도 있다. 그러나 심리검사를 실제에서 사용하고자 하는 사람은 스마트폰의 사용자와 같은 위치에 있지 않다. 우리는 스마트폰의 원리를 어느 정도 알고 있어야 하는 서비스센터 직원의 역할에 더 가까운 역할을 해야 한다. 서비스센터의 직원이라면 고장 난 기능을 수리하는 것으로 대부분의 역할이 마무리될 것이다. 그러나 심리검사를 실시하는 사람의 역할 및 기능은 이보다 훨씬 더 복잡하고 파급력이 크다. 이 역할과 관련된 용어를 간단히 기술하겠다.

- 검진(examination): 대부분의 경우는 비적응적 기능, 즉 평범하지 않은 사고, 인지, 정서 등을 탐색하는 기능을 가리킨다.

- 진단(diagnosis): 의학적 원인과 병의 진행과정, 치료예후 등을 평가 및 예측하는 역할로 현재는 상담심리학 관점에서는 잘 사용하지 않는 용어다. 행동의 생물학적 기제에 대한 연구결과들이 누적되는 상황을 고려하면 임상심리사들의 활동에서는 진단의 역할이 지금보다 더 중요해질 가능성이 높아 보인다.

- 평가(evaluation): 측정 및 검사결과를 사전에 제시된 기준에 근거해 결과를 판단하는 것으로 대부분의 상황에서 검사자와 평가자의 역할이 명확하게 분리된 경우보다 그렇지 않는 경우가 더 일반적이다.

- 사정(assessment): 심리적 속성을 측정한 정보들과 함께 면담이나 관찰, 체크리스트 등의 심리측정적 원리에 근거하지 않은 정보들을 모두 고려한 의사결정(Coaley, 2010)을 가리킨다. 특히 과거와 현재 자료를 토대로 미래 행동이나 수행을 예측한다.

- 심리측정가: 심리측정가는 특정 심리적 속성을 정의하고 측정할 수 있는 도구를 개발하는 역할로 대부분의 경우는 임상 및 상담실제에서 활동하기보다는 학교나 연구소에서 활동할 가능성이 높다.

물리적 세상에서 측정은 거의 모든 경우에 측정단위가 있는 자를 사용해 이루어진다. 측정단위가 있다는 것은 그 단위로 측정한 결과인 수치가 측정도구의 종류나 측정자의 영향을 받지 않는 '대상 속성'의 크기를 가리킨다는 의미다. 아쉽게도 거의 모든 심리검사 또는 평가에서 사용되는 측정도구에는 '단위'가 없다. '측정단위'가 없다는 것은 검사결과로 제시된 수치의 정보만 갖고서는 그 의미를 알 수 없다는 뜻이다. 여기서 심리검사의 사용과 활용에서의 어려움이 발생한다.

02 심리측정과 검사의 의미

심리측정학은 심리적 속성에 수치를 부여하는 절차와 원리를 연구하는 분야다. 심리학을 인문계열 학문으로 오해한 분들이 받는 놀라움 중 하나가 심리학이 이과계열의 학문적 성격을 상당히 많이 갖고 있다는 데 있다. 이런 놀라움은 심리검사를 공부하는 데 심리통계학 지식과 심리측정학 지식이 필요하다는 것을 소개받을 때도 목격된다. 이런 분들을 위해 심리학의 특성과 그 시작에 대해 간단하게 설명한 후 다음으로 넘어갈 것이다.

심리학은 모든 학문이 그렇듯 '법칙'을 발견하는 데 그 목적이 있다. 세상의 법칙에 대한 가장 오래된 학문인 철학에서 던진 수많은 질문들은 심리학자들이 지금도 찾고 있는 답과 관련이 있다. 간단히 설명하면, 철학에서 제시하는 질문과 답변을 심리학에서는 실증적 방식으로 다루고 있다. 우리가 보는 세상은 '있는 그대로의 세상'인가에 대한 쟁점, '지식은 어떻게 형성되는가?'의 의문에 대한 답을 심리학은 실증적 방식으로 찾고 있다. 이런 심리학의 특징은 심리학이 1879년 분트(Wilhelm Wundt, 1832~1920)의 실험실 개설[1]로 시작되는 것으로 보는 견해에서도 잘 드러난다. 그리하여 '심리학'이라는 단어가 사용되는 거의 모든 분야는 과학적 연구방법을 사용하고자 노력하는 학문으로 이해하면 된다. 심리검사 및 평가도 심리측정학의 산물로 볼 수 있으며 따라서 (대부분의) 심리검사가 과학적 연구방법의 산물이라고 볼 수 있다.

이전에 언급한 것처럼 심리학을 비롯한 사회과학에서는 측정단위가 있는 자(scale)가 드물다. 대신에 측정하는 대상의 속성이나 방식에 따라 다양한 성질의 '자'가 있으며 이 자들을 가리키는 다양한 명칭들이 있다. 이 명칭들에는 테스트 또는 검사, 인벤토리(inventory), 시리즈(series), 인덱스(index), 프로그램(program),

1) 심리학의 시작을 다르게 보는 견해도 있으나 주로 이 견해를 따른다.

설문지(questionnaire), 체크리스트(checklist) 등이 있다. 심리측정학에서 자를 가리키는 용어들이 이렇게 다양하게 사용되는 것은 지적 능력을 측정하는 방식과 비지적(非知的) 요소(예: 성격, 동기 등)를 측정하는 방식은 다르다는 견해에서 파생된 결과다. 그러나 현재는 과거처럼 엄격하게 인지적 능력과 비인지적 또는 정의적 능력을 측정하는 자의 명칭을 구분하지 않는다. 그럼에도 이 구분의 기준은 여전히 사용되고 있으므로 평가 및 검사도구의 명칭만으로도 측정대상의 속성을 어느 정도 알 수 있다.

검사로 번역된 테스트(test)는 광물에서 불순물을 제거하여 금속의 순금도를 증가시키는 도구를 가리키는 용어인 금속정련 장치를 뜻하는 라틴어 testum에서 유래되었다[2). 테스트라는 용어를 인간의 비물질적(심리적) 특성을 측정하는 데 사용한 사람은 카텔(James McKeen Cattell, 1860~1944)이다. 카텔은 박사학위 논문(1890)에서 능력을 측정하는 도구를 가리키는 용어로 '멘탈 테스트(mental test: 정신검사)'를 사용하였다. 테스트의 이런 배경으로 인해 테스트라는 단어는 진술문 또는 검사과제에 대해 정답여부를 판단케 하여 인지 능력이나 적성을 측정하는 도구에만 한동안 사용되었다. 테스트와 가장 유사한 단어는 시험이다.

인벤토리(inventory) 또는 질문지(questionnaire)는 진술문에 대한 동의 여부를 판단하는 도구로 성향(性向)을 측정하는 경우에 사용된다. 성향이라는 것은 심리적 속성이 '양'보다는 그 '방향 또는 선호'에서 측정되는 것임을 가리키는 것으로 성격, 흥미, 가치, 태도 등이 있다.

측도(scale)는 자연과학에서는 속성을 측정하는 일정단위의 눈금을 가진 도구를 가리킨다. 사회과학에서는 일반적으로 측정도구 또는 측정하는 행위를 나타낸다.

정리를 하면, 심리검사는 궁극적으로 사람 속성을 더 객관적으로 기술하는 데 목표를 두면서 개별차를 조사하기 위한 절차 또는 도구다(Anastasi, 1990). 심리측정 분야에서 우리가 할 수 있는 물음은 '어떤 사람이 좋은 사람인가?'가 아니라

2) 심리검사의 이론과 실제(김영환·문수백·홍상황, 2005)

'사람은 어떤 점에서 다르며 이 다름을 어떻게 객관적으로 측정할 수 있는가?'라는 것이다. 지난 100년 동안 심리측정 분야는 발전해 왔으며, 경험적 사고의 성장으로 측정방법에 대한 많은 자료들을 갖게 되었다. 임상심리학은 심리적 실재를 측정하는 방식의 발전과 함께 발전하고 있다. 임상심리학자는 심리측정에 대한 이론적 지식과 검사사용에 대한 지식을 바탕으로 측정한 결과에 근거해 합리적이고 타당한 의사결정을 하는 사람이다. 그러므로 임상심리가는 기본적으로 심리측정 원리와 심리통계에 대한 지식을 갖추고 있어야 한다. 다음 장(2장)에서는 이에 대한 내용을 다룰 것이다.

글상자 1-2. **측정이란 무엇인가?**

측정은 사람이나 사물, 일 등의 속성이나 특징에 규칙에 따라서 수치를 부여하는 과정 또는 행위다(Stevens, 1946, 1968). 측정에 대한 이 정의에 따라 측정에 대한 다양한 정의가 파생될 수 있다(Aguinis, Henle, & Ostroff, 2001).

1. 측정은 사람이나 사물, 일의 **속성**에 초점을 맞추는 것이다.
2. 측정은 속성을 **양**(量)으로 나타내기 위해 사용된다.
3. 측정은 측도(척도화)와 분류로 구성된다. 측도(척도화)는 사람이나 사물, 일의 속성을 양으로 나타내기 위해 숫자를 할당하는 것을 가리킨다. 즉, 그 속성이 현재 얼마나 있는가를 나타내는 숫자를 부여한다. 분류는 사람들, 사물들, 일들이 동일 분류에 속하는지, 다른 분류에 속하는지에 따라 구분하는 것이다.

측정의 이점

1. 중요한 이점은 이론을 검증할 때 주관적 판단을 최소화시키면서 검증할 수 있다. 즉, 객관성이 보장된다.
2. 측정을 하면 속성을 양적으로 표현할 수 있다. 이렇게 되면 정보의 통합을 더 용이하게 할 수 있다.
3. 속성과 관계의 양상을 관찰하여 통계적으로 분석해서 더 정확하게 진술할 수 있다.
4. 의사소통에서 통일된 언어를 사용할 수 있어 정보전달의 정확성이 증가한다.

03 역사적 배경

테스트, 즉 시험으로 개인의 능력을 공식적으로 측정한 첫 사례는 중국의 한나라 문제(B.C. 202~B.C. 157)가 실시한 과거시험이다. 중국의 이런 개인능력에 대한 측정은 국가행정 및 운영능력을 갖춘 사람을 선발하기 위한 것이지 개인의 속성 그 자체를 측정할 수 있는가에 대한 관심에서 시작된 것은 아니다. 이런 배경으로 고대 중국의 시험은 글자 그대로 시험으로만 계속 이어져 왔다. 이와 달리, 서양에서의 테스트 개발은 개인차를 확인하고자 하는 목적에서부터 시작되었다. 이런 개인차에 대한 관심은 중세로 넘어오면서 점점 사라졌다가 16세기 르네상스에 들어와서 개인주의에 대한 새로운 관심과 함께 다시 등장한다.

17세기 르네상스 후반 철학자들이 과학적 방식으로 아이디어 및 사상, 현상에 대해 생각하기 시작하였고, 이는 '경험주의'라는 새로운 사고방식을 탄생시킨다. 경험주의에 따르면 모든 사실적 지식과 진정한 앎은 바로 경험에서 나온다. 이 사상을 존 로크(John Locke, 1632~1704)가 더 발전시켰다. 다윈(Charles R. Darwin, 1809~1882)이 1858년과 1877년 사이에 진화론이라는 기계론적 설명을 제공하면서 초기 심리학자들은 인간의 다양성에 대해 더 많은 관심을 갖기 시작하였다. 다윈은 같은 종의 구성원들이라도 그 특성에서 다르며 이 다름으로 인해 발생하는 다양성은 특정 환경에 더 적합한 종들이 살아남게 만든다고 주장하였다. 다윈의 개념인 특성(characteristics)이란 개별 유기체에 속하는 거의 모든 것, 즉 몸무게, 민첩성, 감각예민성 등을 예로 들 수 있다. 동일 종 내에서 한 개체가 특정 환경에 잘 적응하면 생존 가능성이 높아지고 짝짓기 가능성도 증가하여 자손을 번식할 가능성도 증가한다는 다윈의 관찰결과는 동물인 인간에게도 적용될 수 있는 기제라고 심리학자들은 생각하였다. 그 결과, 심리측정학(psychometrics)이라는 새로운 학문이 등장하였다. 페크너(Gustav Fechner, 1801~1887), 분트(Wilhelm Wundt, 1832~1920), 에빙하우스(Hermann Ebbinghaus, 1850~1909) 등의 실험심리학자들이 합리적이면서도 양적인 방식으로 심리학적 현상을 기술하려는 시도들을 하였다.

영국인 골튼(Francis Galton, 1822~1911)은 다윈의 사촌으로 실험실에서 사람의 다양한 측면을 측정하는 데 많은 관심을 쏟았다. 17,000명 이상의 사람들을 대상으로 키, 몸무게, 움직임 비율, 반응시간 등을 측정하였다. 그는 특히 개인차의 중요성을 강조하면서 심적 능력(mental ability)을 측정하는 검사를 최초로 개발하였고 질문지도 최초로 사용하였다. 또한 자료를 분석하기 위해 다양한 통계적 절차들을 고안했으며 이 중에는 오늘날에도 사용되는 기법들도 있다.

프랑스인 비네(Alfred Binet, 1857~1911)는 골튼의 연구에 영향을 받았다. 그는 정규 교육을 따라가지 못하는 정신지체아동에게 대안교육을 제공하기 위해 일반 아동과 일반적이지 않는 아동을 구분할 수 있는 (차이를 확인하고자) 도구를 개발하였다. 비네가 고안한 도구는 일상생활에 대한 간단하지만 다양한 문제들을 포함한 기억 등의 인지과정을 측정하는 검사였다. 그의 제자인 시몽(Théodore Simon, 1872~1961)은 비네의 아이디어를 이어받았으며 비네와 함께 이 검사들을 세상에 널리 알렸다. 미국에서는 터먼(Louis M. Terman, 1877~1956)이 비네-시몽 척도를 표준화시켰으며 이 검사가 스텐포드-비네 지능검사다.

심리 속성을 측정하려 한 많은 시도들 중에서 가장 큰 영향을 미친 사람은 서스톤(Louis Thurstone, 1887~1955)이라고 볼 수 있다. 그는 태도를 평가하는 척도(서스톤 척도)를 고안하였고 검사이론(Thurstone, 1919, 1953)을 개발하였다. 그의 중요한 업적은 관찰한 변수들 내에 있는 잠재적 구성개념의 성격과 개수를 탐색하는 요인분석이라는 통계기법을 발명한 것이다.

20세기에 들어와서는 카텔(Raymond Cattell, 1908~1998)이 심리측정에 가장 크게 기여했다고 볼 수 있다. 그는 성격의 기본구조를 이해하기 위해 경험적 기법을 적용함으로써 성격의 이론적 발달(Cattell, 1965)에 큰 영향을 미쳤다. 그는 요인분석을 사용해 새로운 평가법을 탐색했으며, 지능과 성격연구를 합쳐서 개인차에 대한 탁월한 단일 이론을 고안해냈다. 아나스타시(Anne Anastasi, 1908~2001)는 문화권이 다르면 '지능이 있는 사람'이라는 것에 대한 개념도 달라진다는 것을 처음으로 지적하면서 전통적 검사가 산업화된 도시에서 숙련 기술과 학문적 업적만 측정한다는 것을 강조하기 위해 '검사 베테랑(test guru)'을 주장하기도 하였다. 아나스타시는 검사 구성개념, 검사 오남용, 잘못된 해석, 문화적 편파 등에 대한 연구들을 많이 남겼으며, 『심리검사(*Psychological Testing*)』(1988)라는 영향력 있는 책을 저술하였다. 이 책은 1954년 초판이 나온 후로 이 분야에서 매우 중요한 책이 되었다. 마지막으로 1997년 7판이 출간되었다(Anastasi & Urbina, 1997).

임상분야에서 진단평가의 발달은 고유한 역사를 갖고 있으며, 임상분야의 정신의학적 배경으로 인한 쟁점도 담고 있다. 정신질환의 본질과 과학적 지위에 대해서 정신과 의사들 간 논쟁이 있었으며 이 논쟁에 다른 분야의 학자들도 동참하고 있다. 예를 들어, 푸코(Michel Foucault, 1926~1984)는 자신의 저서 『광기와 문화(*Madness and Civilization*)』에서 정신질환은 자연 산물이 아니라 문화적 구성개념이며 광기의 역사는 자유와 통제, 지식과 권력에 대한 문제에 대한 서술이라고 하였다(Foucault, 1960)[3]. 그러나 정신의학에서는 정신 질환과 치료에 대해 과학적 접근(객관적 접근)을 강조한다. 에스키롤(Jean-Etienne Esquirol, 1772~1840)은 정신장애의 증상에 근거한 명확한 프로파일이 개발될 수 있도록 정신 장애의 분류와 진단을 바꾸었다. 샤르콧(Jean-Martin Charcot, 1825~1893)은 이 분류를 확장시켰

3) 광기의 역사(미셸 푸코 저, 김부용 옮김, 1991, 인간사랑)

으며 현대 정신의학 발전에서 중요한 역할을 하였다. 크레페린(Emil Krapelin, 1856~1923)은 정신 질환의 개념과 분류를 발전시키는 데 중요한 역할을 하였으며 정신과 환자들을 대상으로 하는 심리검사를 개발하는 데 선구적 역할을 하였다.

1950년대에 와서는 프로이트(Sigmund Freud, 1856~1939)를 비롯한 정신분석가들의 연구결과를 반영해 콤플렉스와 신경증도 정신질환에 포함되었고 20세기 후반에는 우울증과 불안, 섭식장애, 성적 장애 등이 정신질환 범주에 포함되었다. 광기(狂氣)와 정상(正常)에 대한 이분법적 구분은 더 이상 사용되지 않는다. 이제는 정신질환과 정신건강은 하나의 연속선 위에서 움직이는 것으로 간주한다. 이런 배경들에 근거해 평가 분류는 계속 발전하여 '경도 수준(milder)', '경계선(border-line)' 사례를 포함시키게 되었고 '외상후스트레스 장애(Post-Traumatic Stress Disorder: PTSD), 과잉행동주의력결핍 장애(Attention-Deficient Hyperactivity Disorder: ADHD)' 등과 같은 새로운 진단명도 등장하였다[4].

정신건강에서 광범위하게 사용되는 다른 전통적 평가방식으로 로르샤흐 잉크반점검사(Rorschach Inkblot Test), 주제통각검사(Thematic Apperception Test) 등과 같은 투사검사(Projection Test)가 있다. 임상심리 실제에서 많이 사용되고 있고 대중에게도 널리 알려져 있으나 심리측정학 측면에서 이 검사들은 한계가 있다. 이에 대해서는 투사검사를 다루는 장에서 자세히 언급할 것이다. 마지막으로 이상행동과 정신장애의 원인을 뇌기능과 관련해 진단하는 신경심리검사들에 대한 요구가 증가하고 있으며 컴퓨터와 인터넷의 발전으로 대면검사가 아닌 인터넷을 사용한 심리검사들도 대거 등장하고 있다.

4) 정신건강진단통계편람5(the Diagnostics and Statistical Manual of Mental Disorders-5)의 진단분류기준.

04 심리검사의 문항

심리검사 또는 심리평가는 문제(질문) 또는 과제의 집합이다. 심리검사에서 문제는 다중선택 방식으로 제시되는 것이 일반적이다. 우리가 흔히 보는 형태는 어떤 속성의 강도 또는 양을 표시하게 하거나 행동의 빈도를 묻는 형식, 즉 질문이다. 이 질문의 형식들은 다양하다.

	전혀 없다.	1년에 한두 번	6개월에 한두 번	3개월에 한두 번	1개월에 한두 번
당신은 얼마나 감기에 자주 걸립니까?					
배탈은 얼마나 자주 걸립니까?					

낯선 사람에게 이유 없이 화를 낸 적이 있습니까?

a. 그런 적이 있다.
b. 그런 적이 없다.
c. 모르겠다.

1) 심리학적 검사[5)]의 기술적 특징

심리학적 검사와 대중잡지에서 보는 질문지들 간 차이는 무엇일까? 이에 대한 답으로 심리학적 검사의 기본적 특징을 제시하겠다.

첫째, 많은 심리검사들은 표준화된 절차를 갖고 있다. 이는 누구에게 검사를 실시하건 실시절차와 검사도구가 동일하다는 것을 가리킨다.

5) 이 책에서는 '검사'와 '평가'를 교환적으로 사용한다. 여기서 '심리학적'으로 표현한 것은 과학적 검사임을 강조하고자 한 의도에서다. 이후에는 '심리검사'로 제시된다.

둘째, 심리검사는 여러 다양한 집단들에 속하는 사람들이 어떻게 반응했는가에 대한 정보를 제공한다. 이는 한 사람의 결과를 그 사람이 속한 집단의 다른 사람과 비교해 볼 수 있음을 나타낸다.

셋째, 심리검사 출판사는 점수들의 정확성/일관성에 대한 정보(신뢰도)를 제공한다. 이는 한 사람이 심리검사를 반복했을 때 동일한 점수가 어느 정도 나오는가에 대한 정보를 알려 준다는 뜻이다.

넷째, 심리검사 출판사는 또한 타당도에 대한 정보도 제공한다. 이 정보는 점수에 근거해 사람에 대해 타당한 추론을 알 수 있는 근거를 제시한다는 뜻이다.

이런 심리학적 검사의 기본적 특징을 바탕으로 여러분이 일상에서 흔히 접하는 평가 또는 검사가 과학적으로 제작되었는지를 스스로 확인할 수 있는 몇 가지 기준들을 제시하겠다.

첫째, 심리측정의 원리에 따라 문항이 제작/선별되었는가를 확인해야 한다.

둘째, 평가하고자 하는 개념에 대해 설명하고 있는가? 즉, 개념이 선행연구들에서 파생된 것인지 확인해야 한다.

셋째, 다양한 사례들에 적용되는 표준화된 절차가 있는가? 즉, 검사를 실시할 수 있는 대상에 대한 규정이 명확하게 제시되어 있는가를 살펴야 한다. 예를 들면, 연령이나 성별 등에 대해 정보가 기술되어 있어야 한다.

넷째, 검사의 결과로 제시되는 점수를 평가할 수 있는 기준 즉, 규준집단이나 준거점수가 제시되어 있는가를 확인한다.

다섯째, 측정의 정확성과 관련해 측정오류에 대한 기준을 제시했는가를 살펴야 한다. 이는 첫째 기준과 연관된 것으로, 사람의 키를 동일한 척도로 두 번 측정하는 경우에도 신장은 약간 다를 수 있다. 심리적 속성은 다양한 원인들에 의해 측정결과들이 더 많이 다를 수 있다. 즉, 검사점수의 변산성이 상대적으로 더 크다. 그러므로 검사점수에 오류가 반영되어 있을 비율이 제시되어야 심리측정학적 원리에 근거해 제작된 검사로 볼 수 있다.

여섯째, 타당도에 대한 증거가 제시되었는가? 즉, 유사한 특성을 측정하는 기존의 검사들과 비슷한 결과를 얻었는지 아니면 다른 특성을 측정하는 기존 검사들과는 매우 다른 결과가 제시되었는지에 대한 정보가 제공되어야 이 검사가 정확하게 무엇을 측정하는지 이해하는 데 도움이 된다.

일곱째, 검사결과를 수치로 제시하는 것만으로 검사해석이 완성되는 경우는 거의 없다. 검사결과로 제시되는 수치가 의미하는 바에 대한 이론적, 임상적 함의를 살필 수 있는 해석에 대한 지침이 있어야 검사결과를 정확하게 이해할 수 있다.

일반적으로 위에 제시된 기준들은 검사 매뉴얼에 제시되어 있다. 그러므로 이런 정보가 매뉴얼에 제시되어 있다면, 심리검사 또는 평가는 심리측정학에 근거하여 제작된 것으로 볼 수 있다.

2) 심리검사의 정의적 특징

지금까지 제시한 내용은 심리평가도구의 선택과 관련된 쟁점으로 보면 될 것이다. 이보다 더 중요하게 고려해 봐야 하는 요소가 있다. 심리검사와 평가가 진짜로 무엇을 측정하고 있는가?라는 질문에 대해 생각해봐야 한다. 이 질문은 자연과학자들에게 매우 쉬운 질문이라서 이들은 이런 질문을 하지도 않을 것이다. 그러나 연구대상을 직접적으로 관찰할 수 없는 사회과학분야, 특히 심리학에서는 늘 쟁점이 되는 질문이다. 심리학자들이 주로 사용하는 용어들을 예로 들면, 언어적 추리, 공간적 추리, 정서안정성, 사회적 자부심, 우울, 정신병리, 분노, 정체감, 호의/비호의 등과 같은 추상적 용어들이다. 이 용어가 가리키는 대상을 직접 본 적이 있는가? 여러분은 이 질문에 어쩌면 '본 것 같은데요?'라는 답을 할 수 있을 것 같기도 하다. 예를 들면, '정체감이 분명한 사람'이 어떤 사람인지 '감'은 올 것이다. 여러분 각자가 가진 '감'들을 나열하면 수많은 다양한 '감'이 있을 것이다. 어떤 '감'이 정확한 것일까? 주관적으로 판단한 것과 객관적 사실이 정확하지는 않더라도 비슷하게 대응된다는 것을 어떻게 주장할 수 있을 것인가? 등의 질문에는 답하기 어려울 것이다. 바로, 이런 면들이 심리학을 비롯한 사회과학연구에서 발생하는 어려움 중 하나다. 그리고 어떤 개념이나 용어에 대한 개념적 정의가 단 한 개만 존재하는 것이 아니라는 것에서도 측정 또는 평가의 어려움이 발생한다. 그래서 심리학에서는 직접 관찰할 수 없는 속성에 대한 이론적 정의를 명확하게 내린 후, 이 정의에 가장 적합한 행동과 사고 등의 방식을 기술하여 반응으로써 행동을 측정한다. 작은 영역의 구체적 행동들을 많이 모아서 이 행동의 공통된 속성이 심리적 속성을 반영하는 것이라 추론한다.

이 문제가 바로 타당도과 관련된 쟁점이다. 타당도는 다음에 자세하게 설명할 예정이므로 여기서는 간단하게 언급하겠다. 타당도와 관련된 쟁점이 중요한 것은 연구자가 측정하고자 한 추상적 개념이 구체적 행동으로 제대로 기술되어 측정되었는가에 대해 (우리가) 확신하기 어렵기 때문이다. 예를 들면, 외향성과 내향성이라는 추상적 특성을 측정하고자 '사람을 만나서 이야기하는 것을 좋아하는가?', '주로 집에서 혼자 책 읽는 것을 좋아하는가?'라는 식의 질문에 대한 답이 외향성-내향성을 측정한 것이라고 확신할 수 있는가? 직접 관찰할 수 없는 심리적 속성(예: 외향성-내향성)을 문항이나 행동을 통해서 간접적으로 추론하는 과정이 심리평가 과정에 포함되므로 심리검사의 타당도에 대한 증거는 중요한 쟁점이 된다.

이미 짐작하고 있겠지만, 심리적 속성을 측정하는 우리의 노력은 자연과학의 정확성과 비교했을 때 많이 부족하다. 이런 미숙하고 불완전한 상황에서 어쩌면 사람을 평가한다는 것은 매우 위험한 일일 수 있다. 이런 잠재적 위험 요소를 인식하면서 심리학자들은 끊임없이 더 정확하고 명료한 심리평가 도구를 개발하기 위해 노력해 왔으며 이 노력의 결과로 학문적으로나 임상적 장면에서 심리검사는 우리의 삶에 기여해왔다. 이 순간에도 심리학자들은 수많은 연구결과들과 임상적 경험을 바탕으로 최고의 심리평가도구를 개발하기 위해 노력하고 있다. 독자들께서 잊지 말아야 하는 것은 아무리 좋은 평가도구라고 하여도 잘못 사용하면 예상하지 못한 부정적 결과를 초래할 수 있다는 점이다. 이를 최대한 줄이기 위해서 심리검사 도구의 사용에 대해서 아주 엄격한 기준이 검사도구마다 구체적으로 마련되어 있다.

05 심리검사 분류

검사를 분류할 수 있는 여러 방법들이 있다. 첫째, 검사가 어떤 목적에서 사용되는가에 따라 검사를 분류할 수 있다. 이 분류법은 최고의 수행을 평가하는 검사(성능검사)인지 아니면 검사항목에 반응하는 방식을 확인하는 검사(성향검사)인지로 심리검사를 구분하는 것이다.

성능검사는 특정 능력 및 적성, 성취 등을 측정하는 것으로 능력의 최고수준을 측정하는 것이다. 이는 주로 교육이나 훈련을 받은 후 우리가 최선을 다할 때 얼마나 잘 할 수 있는가를 확인하는 것이다. 최고 능력 측정의 경우에는 정답(바람직한 답) 또는 오답(나쁜 답)이 있으며, 이 검사들은 거의 대부분 시간제한을 두어 반응 속도를 함께 측정한다. 검사결과, 점수가 제시되며 이 점수는 보통 수검자가 맞힌 총 정답 개수이며 일반적으로 백분위와 같은 함의가 담긴 점수로 변환된다. 이 유형의 검사에는 지능검사, 적성검사, 사고능력검사, 심리언어검사, 장애진단검사 등이 있다. 성향검사는 전형성 수행을 측정하는 것으로 성격 또는 신념, 가치, 흥미 등을 평가한다. 성능검사에 비해 성향검사에 대해서는 일반적으로 수검자가 상대적으로 부담감을 덜 느낀다. 성격 성향은 어떤 유형의 사고와 행동 방식 중 더 선호되는 것이나 기저에 있는 특성 또는 속성을 가리킨다. 성격 성향은 일반적으로 자기보고(self-reported) 방식으로 측정되며 대부분 다중 척도로 구성된다. 제시되는 반응대안들에는 정답이 없으며 시간제한도 없다.

둘째, 표준화된 절차를 사용하는가의 여부다. 검사에는 표준화 검사와 비표준화 검사가 있다. 표준화 검사는 모집단을 대표하는 표본을 대상으로 검사를 실시하여 이 점수들을 규준으로 변환하여 개인의 점수를 해석하는 근거로 이용한다. 표준화가 결여되어 있다(비표준화 검사)는 말은 개인의 점수를 비교할 기준이 없다는 것이다.

셋째, 심리평가를 하는 대상이 한 번에 몇 명인가와 관련된 구분이 있다. 즉, 개별검사와 집단검사의 구분이다. 주로 개인의 건강, 법적 환경 또는 교육환경에서는 개별검사가 실시된다. 그러나 성격검사와 같은 경우, 즉 개인의 반응이 다른 개인에게 영향을 줄 가능성이 거의 없으며 개인의 반응을 다른 사람이 알게 되더라도 위협이 거의 없는 경우에는 집단적으로 실시될 수 있다. 집단평가는 주로 문제지와 답지로 구성된 지필검사로 실시된다.

넷째, 채점체계에 따른 분류가 있다. 객관적 검사와 회상검사의 구분이다. 객관적 검사는 정확한 채점절차가 제시된다. 그러나 에세이 질문지와 같은 회상검사는 주관적 채점이 이루어지며 채점체계의 객관성이 보장되지는 않는다.

이 외에도 자극구성, 검사주체, 자료수집방법, 구성형식[6] 등에 따른 분류가 있다. 검사유형을 가장 간단하게 분류하면 인지검사 vs. 감정검사로 나눌 수 있다. 인지검사는 정신능력의 양화에 목표를 두고 있다. 감정검사는 성격, 흥미, 가치, 동기, 태도 등의 측면을 측정하고자 한다. 검사를 구매하여 이용하고자 하는 사람들이 가진 전문능력의 수준에 따라 분류되기도 한다.

일반적으로 심리검사의 질은 검사 영역, 검사의 정확성, 검사 타당도, 검사 실시의 목적 설명 여부 및 피드백 제공 여부, 비용이나 검사 사용의 용이성, 검사의 공정성, 검사의 활용 가능성 등으로 평가된다.

06 심리검사의 기능 및 활용

심리검사와 평가는 심리학 영역뿐만 아니라 다양한 분야에서 사용되고 있다. 심리검사는 자기 및 타인에 대한 이해를 위한 도구로 사용될 수 있으며 특정 조건에 맞는 사람의 선발 또는 배치를 위해 사용되기도 한다. 기본적으로는 심리적 어려움을 겪고 있는지를 확인하는 검진 용도로, 그리고 심리중재 또는 치료의 효과가 있는지를 평가하는 데 사용된다. 마지막으로 연구가설의 진위 검증에도 사용된다.

6) 검사의 구성형식에서 특정 영역들을 측정하는 검사들을 묶어서 하나의 검사세트로 만든 검사를 종합검사(full battery test)라고 한다.

2장 심리검사와 심리 기초통계

1. 측도유형과 측정
2. 심리 기초통계

2장

심리검사와 심리 기초통계

01 측도유형과 측정

1) 심리학 연구주제의 특징

앞 장에서 사회과학 연구자들이 주로 다루는 연구대상의 속성에 대한 일반적 특징들을 설명하였다. 사회과학을 연구하는 학자들에게 가장 어려운 쟁점은 연구대상 또는 연구대상의 속성들을 직접 측정할 수 없다는 데 있다. 다음의 예시를 한 번 보자.

가방을 판매하는 어느 가게

손　님: (가방을 들어보더니) 무겁네. 디자인이랑 색깔은 맘에 드는데…. 너무 무겁네.
판매원: 손님, 이 가방의 무게는 2kg쯤 나갑니다. 가죽가방으로는 상당히 가벼운 편입니다.
손　님: 가볍게 느껴지는 것은 당신이 '남자'니까 그렇지요.
판매원: (다른 가방을 보여주면서) 손님, 이 가방을 한 번 들어보세요. 양가죽으로 만든 가방이라 소가죽으로 만든 것보다는 가볍습니다. 이 가방은 약 1.6kg 정도입니다.
손　님: (들어보더니) 가볍다고요? 별로 모르겠는데 … 저에겐 그래도 무거운데요?

> 판매원: (다른 가방을 또 보여주면서) 이 가방은 어떤가요? 천으로 만든 거라 가벼울 겁니다. 약 1.2kg 정도 나갈 겁니다.
>
> 손 님: (셋째 가방을 들어본다) 어머… 가벼워요. 가벼워서 좋은데… 이 가방은 디자인이 별로예요. 디자인은 첫 가방이 마음에 들고… 무게는 셋째가 맘에 들고….

이 상황에서 가방의 무게를 결정하는 것은 무엇일까? 가방재료다. 그럼, 가방의 '무거움'을 결정하는 것은 무엇일까? 이 상황에서 보면, '성별'이다. 가방의 선택에 영향을 주는 요소들은 이 사례에서는 무게와 무거움, 성별, 디자인이다. 무게와 무거움의 관계는 독립적이면서 상호영향을 미치는 관계이므로 두 요소를 함께 그림으로 제시하면 다음과 같다.

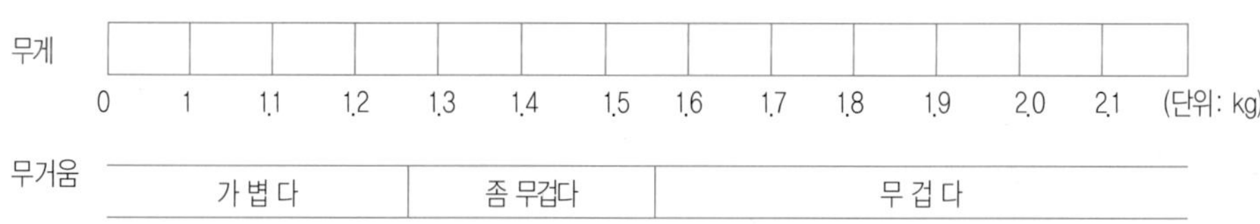

[그림 2-1] 무게와 무거움의 (가상적) 관계

[그림 2-1]에서 보는 것처럼, 물질적 속성인 무게와 심리적 속성인 무거움은 일대일 대응이 되지 않는다. 물질적 속성과 심리적 속성의 대응관계를 연구하는 분야가 정신물리학이다. 정신물리학과 비슷한 연구분야가 있다. 바로 심리측정학이다. 정신물리학의 연구가 '관련성'을 밝히는 데 있다면 심리측정학은 심리적 속성의 측정, 즉 심리적 속성의 물화에 있다. 직접 측정할 수 없는 속성을 물리적 속성처럼 잴 수 있는 방식을 찾아 이 방식이 정확하다는 것을 논리적으로, 실재적으로 확인하는 분야다. 심리검사는 이런 심리측정학에 토대를 두고 발전하고 있다. 그러므로 연구자가 관심을 둔 변수들을 찾고 이름 그대로 '변하는 수'로 표기해야 한다. [그림 2-1]의 예로 다시 돌아가서, '무게'는 물리적 속성이므로

'그대로' 사용할 수 있다. 세 개의 가방 무게는 2kg, 1.6kg, 1.2kg였다. '무거움'도 변하는 속성이 있으니 변수이고 수치로 표시할 수 있다. '가볍다'는 1, '좀 무겁다'는 2, '무겁다'는 3으로 표시될 수 있다. 남성/여성인 성별도 변수로 '남성'은 1, '여성'은 2로 나타낼 수 있다. 여기서 제시된 숫자들을 잘 보자.

무게	2000	1600	1200	(단위: g)
무거움	3	2	1	(단위 없음)
성별	1	2		(단위 없음)

이 세 줄의 수치들은 같은 성질을 갖고 있을까? 일상생활에서 흔히 사용하는 수 체계는 일반적으로 '개수'와 '거리', '시간'을 나타낸다. 이 수 체계의 특징은 사칙연산이 가능하다는 것이다. 위의 세 변수에서 사칙연산이 모두 가능한 것이 있는가? '무게'만 가능하다. 그렇다면 위의 세 변수 중 '크기'를 갖고 있는 변수는 몇 개인가?[1] 위의 세 변수 중 '다르다'는 분류만 할 수 있는 변수는 몇 개인가?[2] 다음에는 속성의 성질에 따라 달라지는 숫자의 체계에 대해 더 자세히 알아보겠다.

2) 측도의 유형

측도(scale)[3]는 어떤 속성을 측정하는 자를 가리킨다. 속성의 성질에 근거해 사용할 수 있는 수 체계는 속성의 성질에 따라 수 체계도 다르다. 이 체계는 네 가지로 명명, 서열, 등간, 비율 측도가 있다.

1) 무게와 무거움 변수, 두 개다.
2) 성별 변수, 한 개다.
3) 'scale'을 수 체계를 나타내는 경우에는 '측도'로, 검사도구를 가리킬 때는 '척도'로 번역하였다.

(1) 명명 척도

명명 척도(또는 명목 척도, nominal scale)는 측정하고자 하는 속성들이 '다르다'는 기준으로만 구분되는 경우에 사용 가능한 가장 원시적 자(scale)다. 예를 들면, 직업, 지역, 성별 등은 '다르다'라는 기준으로만 구분할 수 있는 집단이 2개 이상이 있다. 명명 척도에서 '다름'을 가리키는 수치의 속성은 '다르다'를 나타낼 뿐이다. 다음의 예를 보자.

> 다음 꽃들 중 좋아하는 꽃을 하나만 선택해 꽃 이름 빈 칸에 체크표시하고 그 이유도 쓰세요.
>
> 1. 동백 (　　　) 2. 국화 (　　　) 3. 목련 (　　　) 4. 수련 (　　　)

위의 질문을 30명의 사람들에게 조사한 결과는 다음과 같다.

〈표 2-1〉 사람들이 좋아하는 꽃과 사람 수, 그 이유

좋아하는 꽃	사람 수	이유(사람 수)
1	5	그냥(2)
		꽃 색이 예뻐서(3)
2	12	꽃 색이 예뻐서(8)
		흔해서(4)
3	10	흰색이라서(3)
		흔해서(7)
4	3	그냥(3)

주) 괄호 안 숫자는 사람 수.

위의 표에서 좋아하는 꽃의 열에 제시된 숫자는 '꽃 종류가 네 가지다.'라는 정보만 나타낸다. 꽃을 좋아하는 이유들을 정리하면 몇 개로 정리되는가? 그 이유 각각에 숫자를 부여하면 이 숫자의 체계도 명명 척도가 된다.

명명 측도는 자의 속성으로 인해 자료 정리, 즉 통계분석에서 사용할 수 있는 분석이 매우 제한적이다. 즉, 이 측도를 사용하는 경우는 다름을 나타내는 집단에 속하는 구성원이 얼마나 있는지(빈도), 그래서 집단 크기에서 차이가 얼마인지를 알 수 있을 뿐이다(빈도차이[4]).

(2) 서열 측도

측정대상의 속성이 '양(量)'의 성질을 갖고 있으나 이 양의 크기를 정확하게 확인할 수 없는 경우에 서열 측도(ordinal scale)를 사용한다. 때로는 '양'이 '질(質)'의 속성을 가리키는 경우도 있다. '더 많은' 또는 '더 적은', '더 우수한', '더 열등한'이라는 상대적 비교만 가능하다. 즉, 서열 측도는 속성이 가진 크기에 근거해 숫자를 부여하는데 이 숫자의 체계는 '양(또는 질)의 크기(우수함)에서 다르고 숫자가 클수록 그 양(또는 질)이 더 많다(우수하다)'라는 것만 나타낸다. 다음의 예를 보자.

〈표 2-2〉 어느 중학교의 100미터 달리기 시합에서 학생들이 결승점을 통과한 순서

결승점을 통과한 순서	학생 이름
1	다빈
2	겸, 대현
3	은지
4	민지

달리기 시합에서 1등 한 명(다빈), 2등 두 명(겸과 대현), 3등 한 명(은지), 4등 한 명(민지)이다. 숫자 1, 2, 3, 4에서 알 수 있는 것은 숫자 1에 속하는 사람은 다른 숫자에 속하지 않는다는 것(구분)과 4보다는 3이, 3보다는 2가, 2보다는 1이

4) 표본을 사용해 모수치를 추정하는 추론통계기법으로는 카이제곱자승을 사용할 수 있다.

더 빠름을 나타낸다는 것(서열 또는 등수), 즉 두 가지 정보만 알 수 있다. 다시 말해서, 서열 측도는 어떤 속성을 측정한 집단에서 이 속성의 값을 가진 사람의 상대적 위치를 알려주는 기능을 한다. 그러나 1등을 한 사람이 2등을 한 사람보다 얼마나 더 빠른지에 대한 정보는 알 수가 없다. 즉, 등수를 나타내는 숫자만으로는 숫자 간 차이를 알 수 있는 정보가 없다.

서열 측도가 가진 한계는 측정한 속성의 절댓값을 알 수 없어 크기의 차이를 알 수 없다는 데 있다.[5] 서열 척도를 사용해 측정한 자료의 양적 정보에서 얻을 수 있는 통계적 정보는 최빈치와 중앙치 정도[6]다.

(3) 등간 측도

측정하고자 하는 속성이 전혀 존재하지 않는 상태인 절대 영점(absolute zero)을 갖고 있지 않지만 그 속성의 양이 일정한 크기로 구분될 수 있는 경우에 사용하는 측도가 등간 측도(interval scale)다. 등간 척도의 숫자체계를 사용하려면, 측정하고자 하는 속성이 분류될 수 있고(구분), 이 구분이 속성의 양에 근거한 것이며(크기), 이웃한 지점 어디에서나 두 숫자들 간 차이는 균등한 성질을 갖고 있어야 한다. 다음의 예를 보자.

〈표 2-3〉 1월부터 6월까지의 각 달의 온도평균(섭씨온도)

달	1	2	3	4	5	6
평균온도	−10	0	10	15	20	25

5) 이런 제한점이 많은 측도를 사용하는 이유는 우리가 측정하고 하는 속성의 성질이 '서열' 속성만 갖고 있기 때문이다.
6) 기초통계 부분에서 설명할 것이다.

3월부터 6월까지 달의 온도평균 변화를 잘 보면, 한 달마다 섭씨 5도가 증가하고 있다. 3월과 4월의 온도차 5도, 5월과 6월의 온도차 5도, 두 개의 5도는 동일한 크기를 가진다. 2월의 온도는 '0'도다. 이때 '0'도는 '온도가 없는 상태(절대 영점)'를 가리키는 것이 아니라 '물의 어는점'을 나타낸다. 그래서 1월의 온도는 영하 10도가 가능한 것이다. 그럼, 5월의 평균 온도는 3월의 평균온도보다 2배 더 높은가? 아니다. '절대 영점'이 존재하지 않기 때문에 사칙연산 중 나누기와 곱하기는 사용될 수 없다. 나누기와 곱하기를 사용하려면 측정하고자 하는 속성이 '전혀 없는' 상태, 즉 절대 영점이 존재해야 한다.

사회과학에서 연구하는 속성들의 대부분은 크기를 갖고 있으나 크기 간 차이를 확인하기 어려운 경우가 대부분이다. 그래서 사회과학에서 등간 측도는 드물다. 등간 측도의 숫자체계를 사용한 경우, '점수'는 '절대적' 가치를 가지고 있지 않기 때문에 대부분의 경우는 표준화 절차[7]를 사용해 점수의 '상대적' 가치를 파악할 수 있는 규준을 만든다. 등간 측도로 측정한 결과물을 정리하는 데 사용되는 통계기법으로 평균, 분산, 표준편차 등의 기술통계치 분석과 피어슨 상관분석 등을 사용할 수 있다[8].

(4) 비율 측도

측정하고자 하는 속성이 절대 영점을 가지고 있으면서 등간의 성질을 갖고 있을 때 사용할 수 있는 자가 비율 측도(ratio scale)다. 절대 영점에 근거해 특정 속성까지의 거리, 또는 속성들 간 거리를 계산할 수 있다. 비율 측도는 대부분의 자연과학에서 대상의 속성을 측정하는 데 사용되는 숫자체계로 여러분이 수학

7) 일반적으로 성별과 연령이 동일한 사람들의 집단(표본)에서 개별 원 점수의 상대적 위치(등수)를 확인할 수 있도록 정리하는 절차 또는 결과물.

8) 두 학급의 성적을 비교하고자 할 때 7반의 평균 10, 8반의 평균 20인 경우, '8반 학생들이 7반 학생들보다 2배는 잘한다.'라는 표현은 사용할 수가 없다. 단지, '8반 점수가 7반 점수보다 2배다.'라는 표현은 가능하지만 '능력'이 2배인지, 3배인지는 알 수가 없다.

과목에서 배운 숫자체계를 뜻한다. 사회과학에서는 개인의 월 소득 또는 자극에 대한 반응시간 등을 예로 들 수 있다. 다음의 예를 생각해보자.

〈표 2-4〉 5명의 학생들이 출발선에서 30초 동안 달려서 도착한 거리

거리(단위: m)	학생 이름
400	다빈
340	겸, 대현
290	은지
200	민지

경기에 참여한 5명의 학생 중 가장 빠른 학생은 다빈, 가장 느린 학생은 민지다. 여기서 절대 영점은 출발선이다. 만약, 5명의 학생 중 누군가가 출발선에 30초 동안 서 있었다면 이 학생의 거리는 '0'이며 이 숫자는 '달리지 않았음'을 나타낸다. 절대 영점이 있는 측도이기에 '다빈이가 달린 거리는 민지가 달린 거리의 2배다'라고 할 수 있다. 심리적 속성에서는 절대 영점이라는 절대적 출발선이 있을 것 같지는 않다. 다음의 예를 보자.

당신의 사교성은 어느 정도입니까?

전혀 없다		꽤 없다		조금 없다		조금 있다		꽤 있다		상당히 많다
0	1	2	3	4	5	6	7	8	9	10

이 물음에서 '전혀 없다'를 나타내는 '0'이라는 숫자가 사교성이라는 속성이 절대적으로 없는 상태를 가리킨다고 가정하는 것은 불가능한 것이다.

지금까지 속성의 특징에 맞추어 사용할 수 있는 네 가지 유형의 측도를 살펴보았다. 일반적으로 검사점수는 개인과 이 개인이 속한 집단의 구성원들 간 비교에 근거한 서열 측도의 숫자체계를 사용한다. 일부만이 등간 측도의 숫자체계를 사용한다.

일반적으로 검사와 질문지 점수는 스칼라 변수(scalar variable)다. 스칼라 변수는 측정당한 사람과는 독립적으로 존재하는 측정의 형태를 갖는다. 스칼라 변수는 연속적이며 크기에 대한 분명한 지표를 갖고 있다. 스칼라 과정은 센티미터 또는 초(시간단위)와 같은 세기에 토대를 둔다. 적성검사 점수는 정확하게 답한 답의 개수에 토대를 두고 있어 스칼라 변수다. 앞서 다룬 네 척도 중 스칼라 변수는 등간 측도와 비율 측도다. 하지만 이 점수들이 사람의 속성을 가리킬 때, 그 의미는 달라진다.

임상 및 상담심리사가 심리검사와 평가의 측도유형을 아는 것은 매우 중요하다. 측도유형에 따라서 검사결과로 제시된 숫자가 의미하는 바가 달라지면 이에 따라 자료를 정리할 수 있는 통계분석기법도 달라지기 때문이다.

〈표 2-5〉 측도와 그 속성의 비교

	분류	크기	일정한 간격	절대 영점
명명 측도	○			
서열 측도	○	○		
등간 측도	○	○	○	
비율 측도	○	○	○	○

3) 태도척도

지금까지는 측정하고자 하는 속성에 근거해 속성에 부여할 수 있는 숫자의 체계(즉, 측도유형)에 대해 설명하였다. 지금부터는 심리적 속성을 측정할 수 있는 방법들 중 언어, 주로 문장(진술문)을 사용하는 방식에 대해 알아보고자 한다. 문장을 사용해 심리적 속성을 측정하는 방식은 여러분도 자연스럽게 사용하고 있다. 예를 들면, "나를 좋아하니?", "나를 얼마만큼 좋아해?" 등 다른 사람의 심리적 속성 중 특정 속성(좋아함)을 알기 위해 우리가 흔히 사용하는 질문이다. 이 물음에 대한 답을 모든 사람이 언제나 자신의 마음을 '있는' 그대로 표현한다고 보는가? 아닐 것이다. 있는 '그대로' 답을 하지 못하는 이유 중 몇 가지를 제시하였다.

- 자신의 마음을 자신도 잘 모른다.
- 그 동안의 만남에서 빚진 기분이 좀 있다.
- 다른 사람의 기분을 상하게 하고 싶지 않다.
- 앞으로도 만나야 하는 사이이다.
- 상대방에게 부탁할 일이 있다.

위에서 제시한 요소들 이외에도 많은 요소들이 질문에 대한 답에 영향을 줄 수 있다. 이런 사실을 알고 있는 독자여러분은 상대방의 언어적 대답과 함께 행동도 눈여겨 볼 것이다(즉, 관찰을 할 것이다). 말과 행동에 대한 정보를 모두 살피는 것은 극소수 사람의 심리적 속성을 알고자 하는 경우에만 가능하다. 알고자 하는 사람들이 많아지면, 행동을 관찰하는 것은 거의 불가능하여 주로 '묻는' 방식을 사용하게 된다. 즉, 진술문을 사용해 태도를 묻는 것이다. 과학자들이 관심을 두는 것은 '규칙의 발견'이다. 심리학자들도 규칙을 발견하고자 한다. 예를 들면, 사랑이라는 심리적 상태의 반대 극단의 심리적 상태는 '무관심'인지 '미움'인지, 또는 '즐거움'의 반대 극단은 '즐겁지 않음'인지 '지겨움'인지 등과 같은 정서의 심리적 연속선 차원이 단일차원인지, 대립차원인지에 대해 관심을 갖고 있으며 또한 '즐거움'이라는 심리적 속성의 양을 어떤 숫자체계를 사용하면 가장 정확하게 측정할 수 있는지에 대해서도 관심을 두고 있다. 전자의 관심은 이 책의 내용을 넘어서는 것이라 후자에 대해서만 알아보겠다.

심리적 속성을 언어로 된 문장으로 측정하고자 할 때 이 문장들을 어떻게 배열해야 등간 측도의 숫자체계로 문장구성을 할 수 있는가에 대해 많은 시도들이 있었다. 이 시도는 주로 태도 연구에서 이루어졌다. 태도란 '어떤 대상에 대한 안정적이고 일반적이며 부적 또는 정적인 방향성을 갖는 것이다'(Allport, 1935: Liebert & Liebert, 1998 재인용). 추상적 개념인 태도를 직접 측정할 방법은 없기에 이를 측정하기 위한 다양한 시도들이 이루어졌으며 지금도 이루어지고 있다.

태도의 정의에서 보면 태도는 두 차원, 방향과 수준에서 다를 수 있다. 따라서 태도측정의 결과를 통해 알 수 있어야 하는 것은 방향과 방향에서의 수준이다. 궁극적으로 방향과 방향 내 수준에 근거해 행동이 달라야 태도측정을 정확하게 했다고 주장할 수 있다. 이런 태도측정에 대한 내용을 심리검사에서 알아야 하는 이유는 무엇일까?

태도측정은 응용심리학에서 광범위하게 사용되고 있다. 상담 및 임상심리학 분야에서도 내담자 및 환자를 포함한 사람들의 태도측정이 자주 이루어지는 편이다. 예를 들면, 심리상담가 또는 임상가는 상담이나 치료에 대한 내담자의 반응, 즉 태도를 측정하여 중재의 예후를 판단하고자 할 수 있다. 내담자가 가족에 대해 가지고 있는 태도, 자신의 삶에 대한 태도 등을 측정하여 이를 상담 및 중재 과정에 반영할 수 있다. 따라서 심리상담 및 임상심리학 분야에서 태도측정은 중요하다. 태도측정에서 사용되는 심리측정학적 지식들을 알고 있어야 태도측정의 결과를 이해할 수 있다. 다시 한 번 강조하면, 태도측정이 중요한 것은 태도를 알면 사람의 행동 및 사고, 감정표현 방식의 기저 원인을 이해하는 데 도움을 받을 수 있고 무엇보다 태도를 알면 미래 행동을 예측할 수 있다. 앞서 언급하였지만, 자기를 대상(對象)으로 한 태도도 측정할 수 있어 자신에게 (얼마나) 호의적인지, 자신을 잘 알고 있는지 등에 대한 정보도 얻을 수 있다. 대상으로서 자기에 대한 평가는 삶의 많은 영역에서 중요한 역할을 하므로 자기에 대한 태도측정은 매우 중요하다. 가장 유명한 자기에 대한 태도측정이 사회학자 로젠버그(Morris Rosenberg, 1922~1992)의 자존감 척도(1965)일 것이다. 자존감을 측정하는 이 문항들은 심리적 속성인 '자존감'을 어떤 원리에 근거해 측정하고 있는 것일까?

(1) 태도측정이란?

서스톤(1946)에 따르면, 태도는 어떤 심리적 대상과 연합된 정적 또는 부적 감정의 수준이다(Edward, 1957). 태도를 아는 가장 좋은 방식은 직접 그 태도를 관찰하는 것, 즉 행동을 관찰하는 것이 좋지만 앞서 설명한 것처럼 사람들의 태도 법칙을 알고자 하는 과학자에겐 직접 관찰은 여러 면에서 효율성이 떨어지는 방법이다. 또한 행동을 직접 관찰하여 태도를 측정하는 방식에는 다른 문제도 있다. 상황에 따라서 구체적 행동이 달라질 수 있다는 점이다. 상황에 근거해 행동은 달라질 수 있지만 행동 이면의 태도는 고정된 상태일 수 있다. 이와 달리, 구체적 행동은 동일하지만 이면의 태도가 다를 수 있다. 이처럼 행동과 태도 간 관계가 선형적 관계가 아니다. 하지만 전반적으로 어떤 대상에 대해 호의적 태도를 가진 경우와 그렇지 않은 경우, 행동은 다를 것이며 호의적 수준에 따라서 행동의 강도도 다를 수 있다. 태도와 행동의 이런 복잡한 관계를 고려하여 태도를 측정하고자 한 심리학자들은 매우 다양한 방법들을 고안해냈다. 이 중 가장 많이 사용되는 방식이 언어를 사용해 직접 물어보는 방식, 즉 질문지를 사용하여 태도를 양화시키는 방식을 다양하게 개발하였다. 질문지를 구성하는 문항개발에 관련된 심리측정학적 원리들에 따라서 문항개발절차와 태도의 양을 계산하는 절차가 다르다. 하지만 문항개발의 공통 측면은 대상에 대한 긍정적 내용을 담은 진술문과 부정적 내용을 담은 진술문을 사용하여 이 진술문들에 대한 반응을 살핀다는 점이다. 문항제작 및 태도 계산방식에 대한 몇 가지 절차를 간략하게 제시하겠다.

(2) 태도척도의 유형

태도를 엄밀하게 측정하여 행동을 잘 예측하려는 시도가 심리측정 분야에서는 오래전부터 있어 왔다. 태도를 측정하는 가장 기본 원리는 대상에 대한 진술문들을 두 개씩 짝을 지어 어느 문장이 더 호의적 내용을 담은 진술문인가를 평가하는 쌍 비교법(Thurstone, 1927a, 1927b: Edward, 1957 재인용)이 가장 오래된 절차인 것 같으나 지금은 거의 사용되고 있지 않다. 지금도 사용되고 있는 서스톤 척도, 리커트 척도, 가트만 척도, 의미분화 척도 등 네 개의 척도들을 간단히 제시하겠다.

서스톤 척도

서스톤 척도(Thurstone scale)라고 불리는 이 척도의 정확한 명칭은 '등간격으로 보이는 척도(The method of equal-appearing intervals)'다. 서스톤과 동료들(Thurstone, 1938; Thurstone & Chave, 1929)이 쌍 비교법을 개선한 방법으로 제안한 것으로 보통 20~22개의 진술문으로 구성되어 있다(Edward, 1957). 서스톤 척도가 다른 척도와 다른 점은 각 진술문이 고유한 값(value)을 갖고 있다는 점이다. 다시 말해, 진술문 자체가 측정하고자 하는 대상에 대한 평가치를 갖고 있다. 서스톤 척도로 된 태도 조사에서 사람은 제시된 문항들 중에서 자신이 동의하는 문항을 2~3개 선택한다. 선택한 진술문의 값들의 대표치가 이 사람의 태도점수다. 서스톤 척도를 만드는 절차는 다음과 같다.

a. 측정하고자 하는 대상에 대한 진술문을 필요로 하는 것보다 10~12배 정도 더 만든다. 이때 진술문은 대상에 대해 호의적 내용, 비호의적 내용, (있는 그대로의 사실로 판단될 수 있는) 중성적 내용 등으로 다양하게 구성되게 작성한다.
b. 판단자들이 각 진술문이 대상을 어느 정도 호의적으로 진술하고 있는지를 '비호의적에서부터 호의적'의 순서로 제시된 A에서 K로 된 11개 범주로 분류한다.
c. A에서 K까지의 알파벳을 1점에서 11점으로 하여 각 진술문의 중앙치를 계산한다. 이때 각 진술문의 사분편차를 계산하여 사분편차가 큰 진술문은 제외시킨다.[9)]
d. 최종적으로 20개에서 22개로 된 진술문을 선택해 태도설문지로 완성한다. 이때 이 문항들은 대상에 대한 호의적 수준에 따라 직선으로 배열하면 진술문의 값들이 거의 등간격으로 배열될 수 있게 선택된 것이다. 그러나 태도조사를 할 때는 무작위로 제시한다.
e. 태도를 알고자 하는 사람(반응자)에게 진술문을 제시하여 자신이 찬성하거나 동의하는 진술문과 반대하거나 동의하지 않는 진술문을 선택하게 한다.
f. 찬성하거나 동의한 진술문만 사용하여 각 진술문에게 매겨진 값들의 산술평균치 또는 중앙치를 계산하여 반응자의 태도점수를 얻는다.

위에 제시된 절차들 중 둘째 절차에 대해 더 자세히 설명을 하면, 이 둘째 단계는 진술문의 값을 구하기 위한 단계다. 이 단계에서 판단자는 진술문이 기술하고 있는 내용이 객관적으로 대상을 호의적으로 기술하고 있는가를 판단한다. 다시 말해, 판단자 자신의 태도와는 관계없이 진술문을 객관적으로 분류하는 작업이다. 그리고 다섯째 과정에서 반응자는 자신이 찬성하는/동의하는 진술문을 선택한다.

서스톤 척도의 문제점은 태도 값이 동일한 사람들이 있을 때, 이 사람들이 선택한 진술문이 다를 수 있다는 데 있다. 즉, 태도점수만으로 태도를 정확히 알 수 없다. 둘째, 진술문들에 대한 판단자 집단의 판단이 정말 중성적 또는 객관적일 수 있는가 하는 문제다. 판단자들이 아무리 객관적으로 진술문의 호의수준을

9) 사분편차가 큰 진술문은 이 진술문의 호의수준에 대한 판단이 평가자에 따라 상당히 다르다는 것을 의미하므로 이 진술문은 태도를 조사하는 문항으로 적합하지 않다.

평가하다고 해도 주관적 요소가 완전히 배제될 수 있다고 믿기는 어렵다. 둘째 문제와 관련된 것으로 판단집단을 구성한 사람들이 다르면, 진술문 값이 달라질 수 있다(Edward, 1957). 마지막으로 척도 제작에 너무 많은 시간과 노력이 요구되는 데 비해 얻을 수 있는 태도 정보의 정확성이 높지 않다.

글상자 2-1. 서스톤 척도 문항 제작 예시

겸은 자신이 재학 중인 한국대학에 대한 재학생들의 태도를 서스톤 척도로 조사하기로 하였다. 제일 먼저 겸은 한국대학을 호의적으로 진술한 문장 50여 개, 중성적으로 진술한 문장 50여 개, 비호의적으로 진술한 문장 50여 개를 팀원들과 함께 제작하였다. 그런 후 문장내용의 호의수준을 평가하기 위해 30명으로 구성된 평가단을 구성하였다. 평가단에게 제시한 문항의 지시문과 문항들의 예시다.

한국대학을 호의적으로 기술한 정도에 따라서 각 진술문을 A에서 K로 된 11개 범주에서 분류하세요.

〈문항 예시〉

1. 한국대학은 교정이 넓다.
2. 한국대학은 직원들이 친절하다.

⋮

15. 한국대학은 교과과정이 잘 짜여져 있다.

⋮

28. 한국대학은 직원들은 친절하다.

⋮

34. 한국대학 장학제도는 다른 대학교의 장학제도와 비슷한 수준이다.

⋮

43. 한국대학 재학생들은 봉사활동을 활발하게 한다.

⋮

55. 한국대학 교수들은 전문성을 갖고 있다.

⋮

78. 한국대학 규모는 전국사립대학교 규모에서 4위를 차지한다.

⋮

99. 한국대학 도서관 보유장서는 많다.

⋮

102. 한국대학 교정은 한국에서 제일 아름답다.

⋮

130. 한국대학 졸업생들은 사회에 대한 기여도가 높다.
⋮
149. 한국대학의 장학금 제도는 다른 사립학교보다 좋다.
⋮
150. 대학 등록금은 사립학교의 등록금보다 비싸다.

← 비호의적 　　　 중성적 　　　 호의적 →

A	B	C	D	E	F	G	H	I	J	K
11	150	88	30	1	34	98	101	27	6	102
29	79	32	22	5	15	65	99	***28***	13	129
54	45	33	97	16	17	62	101	.	.	.
.	.	.	.	.	.	.	.	.	.	.

판단자들이 분류를 완료하면 A=1, B=2, … K=11로 하여 각 문항의 중앙치를 구한다.

판단자들이 여러 명이기 때문에 특정 진술문(예: 28번)이 지금은 J범주 10의 값을 갖고 있지만 다른 판단자는 H 범주에 분류할 수 있다. 이 경우, 8의 값을 가진다. 이때 28번 진술문의 중앙치는 8과 10의 가운데 있는 값, 즉 9가 된다. 28번 진술문의 값은 9점이다. 이런 식으로 하여 모든 진술문의 값을 구한다. (문항선택 과정은 생략)

마지막으로 사분편차 등의 기준으로 진술문의 선택을 완료하면 20~22개 정도의 완성된 태도 척도가 만들어진다. 이 진술문을 반응자에게 제시한 결과, 반응자가 15번, 8번, 7번의 진술문을 선택한다면, 15번 진술문의 값 5, 8번 진술문의 값 9, 7번 진술문의 값 7임을 척도 제작자만 알고 있으므로 이를 이용해 평균치(또는 중앙치)를 계산하면 된다. 평균치를 계산한 결과, $(5+9+7)/3=7$이 나왔다. 이 반응자의 한국대학교에 대한 태도는 거의 중성적 수준으로 볼 수 있다.

리커트 척도

리커트 척도(Likert scale)는 판단자가 진술문의 값을 매기는 과정이 없으므로 진술문 자체의 값이 존재하지 않는다. 이 척도는 리커트(Rensis Likert, 1903~1981)와 동료들(Likert, 1932; Murphy & Likert, 1937: Edward, 1957 재인용)이 선호하는 연구작업에 토대를 둔 척도다.

이 척도를 제작하기 위해서는 측정하고자 하는 대상에 대한 진술문들을 많이 제작하여 심리적 연속선 위에 평정하게 배열한다. 일반적으로 이 평정 점수는 5점 척도(1점에서 5점), 7점 척도(1점에서 7점)를 사용하며 점수가 높을수록 대상에 대해 호의적[10] 태도를 나타내도록 구성된다. 구체적으로 보면, '전혀 동의하지 않는다'(1점), '약간 동의하지 않는다'(2점), '중간이다'(3점), '약간 동의한다'(4점), '완전히 동의한다'(5점) 등의 태도강도를 가진 연속선을 진술문마다 배치한다. 조사대상자는 각 진술문마다 자신의 태도강도를 표시하며 이 절차를 제시된 전체 진술문에 대해 반복한다. 모든 문항에 대한 태도강도를 표시한 후, 대상에 대해 호의적인 진술문의 점수체계는 그대로 두고 비호의적으로 기술된 진술문의 점수체계는 수정을 한다. 왜냐하면, 리커트 척도는 태도가 호의적일수록 또는 강할수록 점수가 높게 나오도록 설계되어 있기 때문이다. 그러므로 대상을 부정적으로 기술한 진술문의 점수는 역채점한다. 그런 후, 태도점수는 각 진술문에 대한 반응점수를 모두 더해서 얻는다.

정리를 하면, 리커트 척도라는 표현을 쓴다는 것은 태도대상에 대한 태도가 호의적일수록 높은 점수가 나오도록 제작된 척도를 사용했다는 것을 알리는 것이다. 리커트 척도의 이런 특성으로 리커트 척도를 총합 척도(summation scale)라고도 부른다.

이 척도의 장점은 제작이 어렵지 않다는 점이다. 또한 리커트 척도와 서스톤 척도가 동일한 수의 문항들로 구성되었을 때, 리커트 척도가 서스톤 척도보다 더 정확하게 태도를 평가할 수 있다는 증거들이 있기에(Cronbach, 1946; Selltiz, Wrightsman, & Cook, 1976) 굳이 복잡한 과정이 요구되는 서스톤 척도를 제작하지 않는다.

총합 척도의 단점은 진술문이 배열되는 연속선에서 진술문에 대한 반응의 강도의 합이 측정되는 태도와 직선적 관계에 있어야 하지만, 실제로는 반응강도의

10) '호의적'이라는 의미는 항목 내용에 동의하는 정도를 의미한다. 그러므로 우울 측정 시 '우울을 묻는 내용'에 호의적이면 우울 점수가 높아진다.

합산 점수와 태도의 관련성이 직선적이지는 않다. 구체적으로 설명하면, 어떤 대상에 대한 태도를 5점 리커트 척도로 된 5개의 진술문으로 측정한다고 하자. 어떤 사람의 태도점수는 18점, 둘째 사람의 점수는 19점, 셋째 사람의 점수는 20점이라고 하면 첫째 사람과 둘째 사람의 점수 차이는 1점, 둘째 사람과 셋째 사람의 점수 차이도 1점이다. 이때 두 개의 '1'점이 나타내는 좋아하는 정도가 동일하다고 말할 수 있을까? 이 질문에 대해 리커트 척도는 대답할 수 없다. 간단히 말해, 리커트 척도는 등간 척도의 숫자체계가 아니다.

글상자 2-2. **리커트 척도에서 태도 계산의 보기**

리커트 척도, 즉 총합 척도의 기본 가정을 알면 태도점수의 계산은 매우 간단하다.

다음은 (가상적) 자존심을 측정하는 문항들이다. 각 문항에 대해 평소에 생각하는 정도를 가장 잘 나타내는 숫자에 체크 표시를 하시오.

문항	전혀 그렇지 않다	조금 그렇지 않다	조금 그렇다	매우 그렇다
1. 누가 내가 한 일의 문제점을 지적하면 마음속으로 분노가 치밀어 오른다.	1	2	3	4
2. 내가 결정한 일에 대해 다른 사람의 동의를 구해야 마음이 편하다.	1	2	3	4
3. 나는 나의 건강을 위해 운동을 규칙적으로 한다.	1	2	3	4
4. 내 의견이 다른 사람의 의견과 다르면, 다르다는 것을 말한다.	1	2	3	4

태도점수 계산:

김경남의 응답점수가 문항순서대로 4, 2, 3, 3이라면, 김경남의 자존심 점수를 구하기 위해서는 먼저 첫 진술문과 둘째 진술문이 자존심이 낮은 사람의 행동속성을 가리키고 있으므로 역채점 (1→4, 2→3, 3→2, 4→1)을 한 후, 반응한 값들을 더한다.

태도점수: 1 + 3 + 3 + 3 = 10점이다.

가트만 스케로그램

가트만 스케로그램(Guttman's scalogram)은 단일차원의 속성을 갖는 척도로 1940년대 가트만(Louis Guttman, 1919~1987)이 고안하였다. 가트만은 태도질문에 대한 반응은 단일차원이므로 태도척도는 비차원적 태도를 반영해야 한다고 주장하였다.

가트만 척도의 제작과정은 측정하고자 하는 대상에 대한 진술문을 심리적 연속선 위에 배치할 수 있도록 다양한 강도를 가진 문항을 여러 개 만드는 것에서 시작된다. 측정하고자 하는 어떤 태도의 심리적 연속선 위에서 '수용하기 쉬운 내용'부터 '수용하기 어려운 내용'으로 문항내용을 배치한다. 그래서 가장 수용하기 어려운 문항에 동의한다면 그보다 더 쉬운 문항들에는 자동적으로 동의한 것으로 가트만 척도에서는 가정한다. 따라서 이 척도의 성질은 누가적(累加的)이면서 서열 척도다. 이 척도에서 개인의 태도는 단일속성을 나타내는 심리적 연속선상에서 배열된 문항에 대해 동의한 문항의 개수로 정의된다. 동의하면 1점, 동의하지 않으면 0점으로 계산한다.

가트만은 이 척도가 제작하기는 어렵지만 등간 척도에 가깝다고 주장하였으나(Coaley, 2012), 척도를 구성하는 진술문의 내용을 강도에 따라 배열하기가 쉽지 않다.

글상자 2-3. **가트만 척도로 제작된 태도 문항의 예시**

다음 문항은 원자력발전소에 대한 문항들이다. 동의하는 모든 문항에 체크 표시를 하시오.

1. 원자력발전소를 이용해 전력을 생산하는 것은 효율적이다.
2. 우리나라에 원자력발전소를 짓는 것에 찬성한다.
3. 원자력발전소가 내가 사는 행정구역(예 : 도 단위) 내에 새로 건설되는 것에 대해 찬성한다.
4. 원자력발전소가 내가 사는 행정구역(예 : 구 단위) 내에 새로 건설되는 것에 대해 찬성한다.

원자력발전소에 대해 가장 호의적인 문장은 4번 문장이고 가장 덜 호의적인 문항은 1번 문항이다. 원자력발전소에 대한 호의 수준이 진술문 번호의 증가와 함께 증가하고 있다. 원자력발전소에 대해 가장 호의적인 사람의 태도점수는 4점, 가장 덜 호의적인 사람의 태도점수는 1점이다.

다음은 네 개의 진술문에 대한 학생 네 명의 반응이다. 다빈은 모든 진술문에 동의하는 것으로 표시하여 태도점수가 4점, 은지는 한 진술문(첫 문항)에 동의하여 1점, 겸과 대현은 3개의 진술문에 동의하여 태도점수가 3점이다. 그러나 대현은 2번 문항에 대한 반응을 하지 않았다. 2번 진술문보다 원자력발전소에 더 호의적인 진술문들(3번과 4번)에는 동의를 하였음에도 불구하고, 이런 경우를 오류반응으로 본다. 오류가 많을수록 가트만 척도의 타당도는 떨어진다. 가트만 척도의 정확성을 가리키는 지표가 재생계수(the coefficient of reproducibility)다. 태도점수로 진술문에 대한 반응양상을 재현하는 정도를 가리킨다.

〈표 2-6〉 **가트만 척도를 사용한 원자력발전소에 대한 태도점수**

반응자	진술문				점수
	1	2	3	4	
다빈	0	0	0	0	4
은지	0				1
겸		0	0	0	3
대현	0		0	0	3

의미분화 척도

의미분화(semantic differential) 척도는 오스굿 및 수치, 태네바움(Osgood, Suci, & Tannenbaum, 1957)이 개발한 척도다. 이 척도는 성격심리학과 사회심리학 분야에서 많이 사용되었다. 이 척도는 대상에 대한 평가를 의미가 대립되는 형용사를 쌍으로 제시하여 두 형용사 중 하나를 선택하게 하여 측정하는 방식으로 제작된다.

가령, '우주인'에 대한 태도를 측정하고자 하면, 다음과 같은 형용사 쌍을 제시하여 '우주인'을 기술하는 의미와 강도를 가장 잘 나타내는 숫자에 체크하게 한다.

우주인은

좋은	1	2	3	4	5	6	7	나쁜
소중한	1	2	3	4	5	6	7	형편없는
즐거운	1	2	3	4	5	6	7	재미없는
친절한	1	2	3	4	5	6	7	불친절한
익숙한	1	2	3	4	5	6	7	낯선

02 심리 기초통계

심리검사결과는 거의 대부분 '수치'로 제시된다. 심리적 속성을 측정한 결과이므로 양으로 제시되는 것이다. 그러나 문제는 숫자가 제시되는 '양'을 비교할 수 있는 절대적 기준(또는 측정단위)이 없으므로, 예를 들어 자긍심 점수가 '52'일 때 자긍심의 양이 어느 정도인지 알 수가 없다는 데 있다. 100명으로 구성된 모임에서 여러분 자신이 가진 재산이 어느 정도인지 알 수 있는 정보가 단 두 개, 즉 여러분의 재산과 다른 사람들이 갖고 있는 재산에 대한 정보만 있다면 여러분은 고민하지 않고 다른 사람들이 갖고 있는 재산을 알아보려 할 것이다. 이때 여러분이 알고 싶은 정보는 '100명 중에서 나는 몇 등일까?' 또는 '대략 어느 정도일까, 저 사람들의 재산 평균은?'이라는 질문에 담겨 있을 것이다. 여러분이 가진 질문들을 통계학적으로 정리하면 백분위(100명 중 등수)와 평균치(100명이 가진 재산들의 합을 100명의 수로 나눈 값)에 대한 질문이다.

이 장에서는 숫자로 제시되는 수치의 의미를 이해할 수 있는 도구이면서 검사결과들을 정리할 수 있는 방법으로써 기초통계학을 소개하겠다.

1) 자료 정리

(1) 빈도분석

빈도분석(frequency analysis)은 측정된 또는 관찰된 대상들의 속성을 측정한 결과들을 가장 단순하게 정리하는 방식으로 '특정한 값'이 몇 개인지를 확인하는 것이다. 초등학교 4학년인 월영이가 20점 만점인 수학시험에서 19점을 받았다면, 월영이는 수학을 정말 잘하는 학생이라고 말할 수 있을까? 이에 대한 답을 하려면 일반적으로 우리는 수학성적에서 월영이의 등수에 대한 정보를 확인하려 할 것이다. 월영이의 등수를 확인하기 위해 가장 먼저 알아야 하는 것은 월영이가 속한 반의 전체 학생들 수학점수다. 수학점수를 정리하니 다음과 같다고 하자. 이렇게 자료를 나열하는 것만으로는 월영이의 등수를 정확하게 알 수 있을까?

15	15	15	16	16	16	16	16	16	16
17	17	17	17	17	17	17	17	19	19
19	19	19	19	19	19	19	20	20	20

빈도분석의 종류

통계프로그램을 사용하면 월영이 반 30명의 학생들 점수를 〈표 2-7〉과 같이 정리할 수 있다[11]. 이렇게 값들의 관찰빈도를 정리하는 것을 빈도분석이라 한다.

이 관찰치들의 상대누가빈도를 이해하는 것이 매우 중요하다. 상대누가빈도를 알면 전체에서 특정한 관찰된 값을 가진 사람의 상대적 위치, 즉 등수를 알 수 있다. 예를 들면, 상대누가빈도가 0.80인 사람과 0.30이 사람이 있을 때 전체 사례수가 100명이라면 0.80인 사람의 등수가 0.30인 사람의 등수보다 더 높다. 즉, 0.80인 사람의 등수는 21등, 0.30인 사람의 등수는 71등이다. 상대누가빈도

11) 이 표에서 제시된 빈도 값들은 엑셀이나 한셀 등의 프로그램을 사용하면 간단히 구할 수 있다.

의 자료정리방식이 표준화된 검사들의 점수를 이해하는 데 있어 기본이 된다.

단순빈도: 관찰한 값의 개수를 정리하는 것
상대빈도: 전체 관찰한 값들의 개수로 특정 관찰치의 개수를 나눈 것
누가빈도: 단순빈도표에서 관찰된 값들 중 최소 관찰치의 빈도부터 시작해 최고 관찰치 빈도가 전체 사례수가 되도록 정리하는 방식
상대누가빈도: 각 관찰치의 누가빈도를 전체 사례수(관찰한 개수)로 나눈 값으로 최고 관찰치의 상대누가빈도는 '1'이 된다.

〈표 2-7〉 월영반 학생들의 수학점수 빈도분포표

점수	단순빈도	상대빈도	누가빈도	상대누가빈도
15	3	3/30	3	3/30
17	7	7/30	10	10/30
18	8	8/30	18	18/30
19	9	9/30	27	27/30
20	3	3/30	30	30/30

2) 개별점수의 의미 및 해석

(1) 점수의 절대성 및 상대성

검사를 실시하면 그 결과로 단일점수가 산출된다고 하자. 만약, 검사결과로 개인의 점수만 제시된다면 이 점수가 제공하는 정보가 무엇인지 알 수가 없다. 이런 경우, 우리가 쉽게 떠올리는 것은 '만점은 몇 점이지?' 하는 질문이다. 만약 만점이 100점이라고 한다면, 어떤 개인의 점수가 80점일 때 80점이 주는 정보는 문제의 80%를 맞혔다는 것이 전부다. 이 정보만으로 우리가 이 점수를 받은 개

인의 능력에 대해 알 수 있는 것은 없다. 만약, 동일한 검사를 실시한 사람들의 점수들을 알 수 있다면, 이 점수들을 줄 세울 수 있다. 즉, 등수를 알 수 있다. 이 등수를 아는 방법 중 하나가 상대누가빈도를 구하는 것이다. 상대누가빈도가 '1'이라는 것은 그 집단에서 '1'에 대응하는 상대누가빈도를 가진 관찰치가 그 집단에서 가장 높은 점수라는 것이다. 〈표 2-7〉을 보자. 누가빈도 칸을 보면 어떤 점수의 누가빈도는 이 점수보다 낮은 빈도와 어떤 점수의 단순빈도의 합이다. 상대누가빈도는 누가빈도를 전체 사례수로 나눈 값이다.

(2) 백분위

백분위는 100명으로 구성된 집단에서 개별점수의 위치, 즉 상대누가빈도를 확인할 수 있는 지표다. 백분위는 특정한 점수 아래의 빈도는 알 수 있지만 이 점수가 이 점수 아래의 점수들과 얼마나 떨어져 있는지에 대한 정보는 알려주지 않는다. 다음의 두 집단점수를 보자.

가	=	50	54	60	68	70	78	90
나	=	82	84	86	87	88	89	90

두 집단에서 90점의 백분위는 동일하게 100번째다. 그러나 두 집단의 분포를 자세히 보면, '가' 집단의 90점은 '나' 집단의 90점보다 자신의 집단구성원들에 비해 상당히 높은 점수다. 개별점수도 동일하고 백분위도 동일하지만 점수가 각 집단에서 갖는 상대적 의미는 다르다. 개별점수가 자신이 속한 집단에서 정확하게 어떤 의미를 갖는지를 파악하기 위해서는 집단의 점수분포가 갖는 특성(집중경향성과 변산성)을 고려해 집단의 상대적 위치를 파악해야 점수의 정확한 의미를 알 수 있다.

(3) z 분포와 점수

겸은 A 고등학교에, 다빈은 B 고등학교에 다니고 있다고 하자. 두 학교에서 치른 수학시험에서 겸은 82점, 다빈은 86점, 각 학교에서 두 사람의 백분위는 54번째로 같다. 백분위가 같으므로 두 사람의 수학실력이 같다고 말할 수 있을까?

백분위는 각 학교에서 등수가 같다는 정보만 알려줄 뿐 두 반의 수학점수 분포의 특징을 반영한 (상대적) 위치는 제공하지 않는다. 이를 알기 위해서는 수학점수분포의 특징을 반영한 위치에서 두 사람의 점수를 비교해야 한다. 즉, 표준점수 z 값을 계산하면 된다.

$$z = \frac{\text{관찰점수} - \text{집단의 평균치}}{\text{집단의 표준편차}}$$

이 공식을 사용하여 얻은 z 점수는 집단의 평균과 표준편차가 모두 반영된 상대적 위치를 가리키는 값이 된다. z 점수의 범위는 대략 -3.00에서 +3.00의 범위를 가진 정수다. 어떤 분포라도 분포의 값들을 z 값으로 변환하면 평균 0, 표준편차 1의 값을 갖는 분포가 되며 z 값이 양의 값이면 관찰점수가 평균보다 높은 점수, 음의 값이면 평균보다 낮은 점수다.

(4) T 분포 및 점수

T 분포는 평균 0과 표준편차 1인 z 분포를 평균 50과 표준편차 10으로 변환한 분포다[12]. 이 변환은 z 분포의 평균 0에 50을 더하고 표준편차 1에 10을 곱한 것으로 볼 수 있다. 이렇게 함으로써 z 분포의 정수들이 T 분포에서는 모두 자연수로 표기된다.

---

12) 0인 평균을 50으로, 1인 표준편차단위를 10단위로 변환해도 원 점수들 간 관계는 변하지 않는다.

$$T = 10[\frac{X_i - \overline{X}}{s_x}] + 50$$

글상자 2-4. **평균과 표준편차의 계산**

평균은 분포의 집중경향치(중앙치, 최빈치, 평균)를 나타내는 수치 중 하나다 평균은 분포를 이루는 전체 관찰치 또는 측정치들을 모두 더한 값을 전체 사례수로 나누어 얻은 값이다.

$$\text{평균} = \frac{\text{개별 관찰치들의 합}}{\text{사례수}}$$

표준편차는 분포를 구성하는 개별 관찰치에서 평균을 뺀 값들의 절댓값을 사례수로 나눈 값으로 분포를 구성하는 관찰치들이 평균으로부터 흩어져 있는 정도를 가리키는 수치다.

$$\text{표준편차} = \frac{|\text{관찰치} - \text{평균치}|\text{들의 합}}{\text{사례수}}$$

분산은 표준편차를 제곱한 값이다. 분산은 표준편차 공식에서 절대치를 사용하는 대신 (관찰치－평균치)를 제곱한 값들의 합을 사례수로 나누어 구한 값으로 분산의 제곱근 중 양의 값이 표준편차다.

$$\text{표준편차} = \sqrt{\frac{\sum(X_i - \overline{X})^2}{N-1}} \quad (\text{표본에서 표준편차 계산}^{13)})$$

X_i: 관찰치 $\overline{X}$: 평균치 N: 사례수

3) 심리검사와 표준점수

심리검사의 결과가 점수로 제시되는 경우, 이 점수는 대부분 T 분포에 토대를 둔 점수다. T 분포를 사용하는 검사들에는 웩슬러 지능검사, 미네소타 다면

13) 모집단에서 표준편차를 계산할 때는 (N-1)이 아니라 N이다.

적 인성검사, 성격평가질문지 등이 있으며 이 검사들에서 제공되는 검사점수는 수검자가 속한 집단에서 개별점수의 위치를 가리키는 정보다. 이 책에서 제시한 T 분포의 평균은 50이고 표준편차는 10이지만 다양한 평균과 표준편차를 가질 수 있다. 예를 들면, 웩슬러 지능검사에서 전체지능지수의 T 분포는 평균 100, 표준편차 15다.

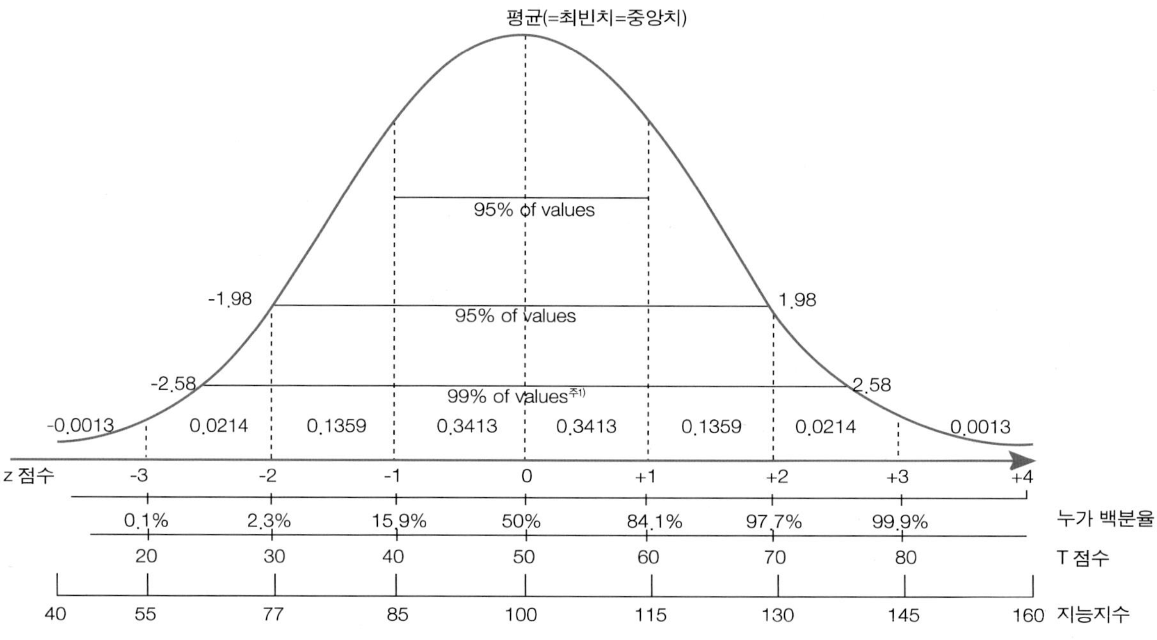

주1) values는 관찰 또는 추정한 값들을 나타냄.

[그림 2-2] **정규분포, z 점수, 누가백분율, T 점수, 웩슬러 지능지수 등의 관계**

3장 심리평가 및 검사개발

1. 심리평가 및 검사의 설계
2. 심리검사의 표준화
3. 신뢰도와 타당도

3장

심리평가 및 검사개발

01 심리평가 및 검사의 설계

심리평가와 측정을 위한 척도의 제작단계들(Bethell-Fox, 1989; Smith & Robertson, 1993)을 먼저 간략하게 제시하겠다. 전체 과정을 아는 것은 각 단계의 구체적 내용을 이해하는 데 도움이 될 것이다.

1단계: 목표를 명확히 하라.

목표를 명확히 하는 데 도움을 줄 수 있는 몇 가지 질문이 있다. "이 척도로 무엇을 측정하려 하는가?", "어떤 집단을 대상으로 하는가?", "이 평가의 목적은 무엇인가?"

2단계: 측정할 구성개념을 대표하거나 검사영역을 정의하는 행동을 찾아라.

측정하고자 하는 구성개념은 연역적으로 정의되어야 한다. 다음으로 연역적으로 정의된 구성개념을 대표하는 행동의 유형들을 정의한다(조작적 정의). 구성개념의 논리적 규명이 분명할수록 이를 대표하는 행동유형을 찾는 것도 수월하다.

3단계: 계획을 기술하라.

1단계와 2단계의 작업결과에 근거해 앞으로 할 일들을 구체적으로 작성해야 한다. 이 계획서에는 다음과 같은 사항들이 반드시 포함되어 있어야 한다.

- 측정 내용
- 표적 모집단
- 필요한 문항의 유형과 개수
- 실시 지시사항
- 검사 수행에 요구되는 시간 또는 시간제한
- 채점방식과 계산방법

4단계: 문항 작성하기 및 검토

검사평가 목적에 맞는 반응유형을 가장 잘 나타내는 검사문항을 설계하고 작성한다.

5단계: 예비 문항분석 실시 및 표준화 작업

작성한 문항들을 적당한 크기의 표본을 대상으로 실시하여 검사목적에 적합한 문항을 선별한다. 즉, 미리 결정한 기준에 맞지 않는 문항들은 이 단계에서 제거된다. 문항선별은 문항의 타당도, 신뢰도, 문항난이도, 문항변별도, 오답의 능률도 등의 기준을 주로 사용해 이루어진다. 또한 이 단계에서는 문항에 대한 응답 자료와 함께 참가자들의 척도에 대한 다양한 피드백 자료도 모아야 한다. 이는 더 정확하고 타당한 척도를 만들기 위해 필요하다.

문항선택을 완료한 후, 신뢰도와 타당도 연구를 실시하며 마지막으로 규준집단을 대상으로 검사를 실시해 검사의 규준을 마련한다.

6단계: 마지막 단계

마지막 단계에서는 매뉴얼에 들어갈 내용을 정리한다. 여기에는 검사의 신뢰도와 타당도에 대한 정보, 검사 실시 방법, 채점기준 등이 필수적으로 포함되어야 한다. 또한 반응지와 채점표, 점수해석 안내 등도 포함해 검사출간을 위한 모든 준비를 완료한다.

1) 평가개발에서의 쟁점

검사개발 계획이란 검사개발의 목적을 명료화하는 것이다. 무엇을 측정하고 누구를 대상으로 할 것이며 그 결과를 어떻게 활용할 것인가에 대해 구체적으로 제시하는 단계다. 무엇을 측정할지에 따라 검사문항의 유형이 결정되며 검사점수의 해석방식도 결정된다. 예를 들면, 인지능력을 측정하고자 할 때, 시공간적 능력을 측정하고자 한다면 진술문으로 구성된 문항만으로 검사를 제작해서는 안 될 것이다.

검사결과로 제시되는 점수가 수검자가 속한 집단에서의 상대적 위치를 알려주는 것인지(규준참조검사), 아니면 특정 수준에 도달하지 못했음을 알려주는 것인지(준거참조검사)에 따라서 검사제작 과정이 달라질 것이다. 또한 검사대상의 연령이나 학력, 성별 등이 검사문항의 이해에 영향을 미칠 수도 있기에 이를 고려해 문항의 난이도와 표현방식 등이 달라질 수 있다. 그러므로 검사를 실시할 수 있는 대상에 대해서도 분명하게 제시해야 한다.

이 단계에서 다루어야 할 쟁점들을 정리하면, 검사목적과 측정하고자 하는 속성의 개념적 정의, 검사방법 결정, 검사의 구성(하위요인의 여부 및 비중, 문항순서, 문항형식 등), 검사대상에 대한 명시, 검사점수 정리방법, 규준집단 표집방법, 검사결과의 활용방법 등이 있다.

2) 문항구성

정확한 측정을 위해 심리검사에서는 적절한 문항을 선택하여 측정하고자 하는 속성만 측정할 수 있는 척도를 제작해야 한다. 정확하게 구성된 문항들은 측정하고자 하는 속성만 측정할 가능성이 높으며 사람들을 잘 구분해 줄 수 있다. 문항구성이 좋을수록 점수를 예상하기도 수월해진다. 일반적으로 정확성을 위해 필요한 문항 수는 최소 서른 개이지만 필요한 문항수를 예측하기는 어렵다. 문항들은 분석을 통해 폐기되거나 수정되므로 일반적으로 필요한 것보다 최소 2배 정도 더 만들어야 한다. 속성을 신뢰롭게 측정하기 위해 필요한 문항 수는 측정하고자 하는 속성의 성질에 따라 다르다. 검사 제작자는 많은 수의 문항들을 구성한 다음, 문항 분석과정을 통해서 최고의 문항을 선택한다.

적성 검사에서 한 문항은 하나의 정답을 갖는다. 이런 구성은 간단하고 명확하다. 검사를 실시하고자 하는 모집단에 맞는 난이도 수준을 갖춰야 하며 공격적이라고 느낄 수 있는 언어표현을 사용하면 안 된다. 이중 부정도 사용해서는 안 된다. 성격질문지에서 문항들은 비슷한 속성을 갖고 있어야 하며 일반적 행동보다는 구체적 행동에 초점을 맞춘 내용이어야 한다. 측정목적에 맞는 문항유형을 결정하는 방법도 여러 가지가 있다.

(1) 지능 검사문항

일반적으로 능력과 적성을 측정하는 문항은 다양한 내용과 형식을 가질 수 있으며 난이도 조절이 어렵지 않다.

언어성 검사문항

언어성 검사문항들은 일반적으로 학교에서 치르는 시험문제의 유형과 거의 비슷하다. 아래에 언어성 검사문항의 다양한 보기들이 제시되어 있다.

사과가 과일이라면 토마토는?
① 과일 ② 채소 ③ 나무

텔레비전을 시청한다면 라디오는?
① 그리다 ② 바라보다 ③ 청취하다 ④ 접속하다

다음 중 다른 하나를 고르세요.
① 딸기 ② 토마토 ③ 수박 ④ 포도

다음 숫자 뒤에 올 숫자는?
1, 1, 2, 4, 11, 23, 47, ?

비언어성 검사문항

이 검사문항은 특정 방식으로 적성을 증명하게 만든다. 수행은 다양한 방식으로 측정될 수 있다. 예를 들면, 블록을 사용해 특정 모양을 만들게 하거나 조립하게 할 수 있다. 또는 카드에 그려진 그림을 보고 이야기를 구상하게 할 수도 있다. 다양한 유형의 문항들이 사용될 수 있다.

(2) 적성 또는 능력 검사문항

적성과 능력의 측정은 심리검사에서 가장 많이 이루어진다. 능력 검사에서는 언어, 수리, 추상 및 공간 능력 등의 측정이 가능하다. 이 검사들을 지식의 평가에 근거한 성취 검사와 혼돈하면 안 된다. 능력검사와 관련된 문항은 지능 측정에서 사용된 문항과 중복될 수 있다. 다음에 선택안이 제시되지 않은 문항과 선택안이 제시된 문항의 보기가 제시되어 있다.

양 60마리를 가진 목동이 배를 타고 강을 건너고자 한다. 그런데 뱃삯으로 건너가는 양의 절반을 달라고 한다. 목동이 뱃삯을 아끼려면 삯으로 몇 마리만 주면 될까?

다음 중 꽃의 색깔로써 가능하지 않는 것은?
① 분홍 ② 빨강 ③ 파랑 ④ 초록

일반적으로 의문문 형식으로 제시되는 진술문은 줄기, 가능한 반응들은 선택안이라고 한다. 부정확한 선택은 방해안(distractor)이라고 한다. 선택안들이 많이 제시될수록 정답을 추측할 가능성은 감소하기 때문에 선택안을 다섯 개 이상 제시하는 경우는 드물다. 이런 문항은 만드는 데 시간과 노력이 많이 들어가지만 실시와 채점은 쉽다.

(3) 성격질문지 문항

이 유형의 문항은 문항내용에 대한 개인적 선호를 묻는다. 정신건강문제 또는 성격, 기분과 태도 등에 대한 내용으로 구성된 문항으로 정답이나 오답, 더 바람직한 또는 덜 바람직한 답이 없다. 이와 관련된 속성을 측정하는 질문지들이 지난 수십 년 동안 굉장히 많이 개발되었으며 그만큼 다양한 질문유형들이 사용되었다. 이 유형의 질문지들에서 사용되고 있는 대표적 문항형식을 몇 가지 제시하였다.

예-아니오 문항

슬픈 영화를 보면서 가끔 울기도 한다.	예	아니오

이런 유형의 문항은 아이젱크 성격질문지(the Eysenck Personality Questionnaire)에서 사용되었다. 이런 유형의 문항은 답하기도 간단하고 이해하기도 쉬워서 사고 및 감정, 행동 등의 측정에 많이 사용된다. 이 유형의 검사문항에 대해서는 오래 생각해 반응하기보다는 '직감적으로' 반응하는 것이 최선의 답을 이끌어낸다.

그러나 이 유형의 평가는 때로는 너무 단순해 보이기도 한다. 과도한 단순함이 때로는 지적 모독으로 보일 수도 있고 수검자의 불성실한 태도를 유발할 수도 있다. 수검자가 '이것 아니면 저것'이라는 방식에 불만을 갖기도 한다. 수검자는 응답할 수 있는 선택안이 더 다양하기를 바라기도 한다. 선택안이 단 두 개뿐인 이런 응답지에 중간 수준의 선택안을 추가해 약간의 변형을 줄 수 있다. 그러나 중간 수준의 범주는 일부 수검자들에게 너무 매력적으로 보여 모든 문항들에 대해 중간 수준의 선택안을 택하게 만들기도 한다. 특히, 문항들에 대해 방어적으로 반응하는 사람에게는 더 그렇다. 중간 수준의 선택을 통해서는 수검자에 대해 알 수 있는 정보가 없다.

> 나는 __________ 공부하는 것이 좋다.
> 1. 조용한 곳에서 혼자
> 2. 중간
> 3. 시끌벅적한 곳에서 사람들과 함께

이런 방식으로 선택안을 제시하려면 문항작성자가 개념의 범위를 정확하게 알고 있어야 한다. 선택안 유형으로 '그렇다 - 확실하지 않다 - 아니다', '일반적으로 - 때로 - 전혀', '동의한다 - 모르겠다 - 동의하지 않는다' 등이 있다.

참-거짓 문항

> 아기들과 한 공간에 있는 것은 무척 어려운 일이다. 그렇다 – 아니다

미네소타 다면적 인성검사는 이 유형의 선택안을 가지고 있다. 이런 유형의 문항에서 수검자는 '그렇다' 또는 '아니다' 중 하나를 선택해 선택안에 표시한다. 때로는 선택안으로 형용사 또는 형용사구를 제시해 '그렇다' 또는 '아니다'에 표시하게 한다. 그렇다-아니다 접근은 임상심리학 영역에서 주로 사용된다. 예-아니오 접근과 비슷하며 단지 사용되는 진술문의 형식에 따라 선택안의 표현이 다른 것이다.

선호한다-선호하지 않는다

이 유형의 문항은 일반적으로 단일 단어 또는 문장을 사용해 수검자들이 '선호한다' 또는 '선호하지 않는다' 중 하나를 선택하도록 한다.

수박	선호한다 - 선호하지 않는다

이런 문항은 제시된 개념과만 관련이 있는 임상적 상태(예: 불안증 또는 강박증)의 확인을 위해 사용하는 질문지에 적절할 수 있다. 단어 선택은 이론적으로 타당해야 한다. 질문지는 선택안 유형들을 다양하게 섞어서 제작될 수도 있다.

'예-아니오' 및 '참-거짓(그렇다-아니다)' 같은 직선적 응답문항은 강제 선택 문항으로 분류된다. 빠르고 쉬운 방식으로 사실에 대한 인식 또는 언어적 이해를 확인하는 데 이점이 있으나 반응을 정확하게 추측하기는 어렵다.

(4) 평정 척도를 가진 문항

평정 척도는 일반적으로 태도측정에 사용된다. 대상에 대한 태도를 기술한 진술문에 대해 가능한 선택안들이 다섯 또는 일곱 수준으로 제시된 연속선 위에 배치된다. 이 선택안들은 크기를 가지고 있으며 이런 점에서 선택안들은 서로 독립되어 있는 다중 선택안과는 다르다. 사용하는 언어에 따라 수많은 유형들이 있다.

- 완전히 동의한다, 동의한다, 중간이다, 동의하지 않는다, 전혀 동의하지 않는다.
- 전혀 없다, 거의 드물게, 드물게, 어쩌다 한 번, 꽤 자주, 매우 자주
- 전혀, 드물게, 때로, 자주, 항상
- 아무도 없다, 한두 사람, 몇몇 사람, 사람이 조금 있는, 사람이 많은, 아주 많은 사람

수검자들은 이 유형을 좋아하는 것 같은데 그 이유는 문항에 대한 반응 유연성이 있으며 이분법적 접근과 비교해 더 정확하게 응답할 수 있기 때문일 것이다. 검사자 또는 연구자 입장에서 이분법 척도는 척도들 간 상관을 계산하고자 할 때 통계학적으로 계산이 어렵다. 평정척도에도 단점은 있다. 때로 반응자들이 반응 세트(response set)를 가지고 척도에 반응할 수 있다. 구체적으로 설명하면, 많은 문항들에 일관되게 극단적 반응을 하거나 반응 선택안의 수준이 홀수인 경우 중간 선택안만 선택할 수 있다. 드문 경우지만 수검자들이 문항내용을 다르게 이해하거나 해석할 수도 있다. 예를 들면 '꽤 자주'에 대해 '드물게'로 해석하는 사람이 있을 수 있다.

(5) 강제선택 문항

강제선택 문항은 성격질문지에서 주로 사용되며 수검자는 여러 반응문장들 중 하나를 선택한다.

공부를 할 때, 당신은…
가. 시험일이 다가와야 열심히 공부한다.
나. 공부해야 할 것을 미루고 있으면 스트레스를 받는다.
다. 평소에 미리 공부해 둔다.

반응문장의 개수는 2개에서 5개까지로 제시될 수 있으며 때로는 더 많이 제시되는 경우도 있다.

3) 문항분석

문항분석은 각 문항이 측정하고자 하는 것을 제대로 측정했는지를 확인하는 과정이다. 심리검사개발과정에서 문항분석 기법의 기준을 통과하지 못한 문항들은 삭제되거나 수정·보완된다.

문항분석의 일반적 절차는 모집단을 대표하는 표본에게 문항을 실시해 보는 것이다. 성별, 나이, 능력 수준, 측정하고자 하는 것과 관련된 모든 변수들이 균형을 이루도록 표본을 구성하여 시간제한 없이 문항을 평가받는다. 이때 표본의 크기는 문항의 다섯 배 정도가 적당하다. 이렇게 얻은 자료에 대해 문항을 분석하는 방식은 크게 고전적 문항분석과 문항반응이론에 근거해 이루어진다. 이 책에서는 고전적 문항분석에 속하는 문항난이도 분석과 문항변별도 분석[1] 등을 간단히 소개하는 정도로 다루겠다.

(1) 문항난이도 분석

어떤 문항에 대해 올바르게 반응한 사람의 비율에 근거해 문항이 얼마나 어려운지에 대한 지표를 구할 수 있다. 문항난이도는 너무 높아도 너무 낮아도 좋지 않다. 너무 높으면 아주 쉬운 문항이고 너무 낮으면 아주 어려운 문항으로, 어느 경우든 변별력이 낮다.

$$\text{문항난이도} = \frac{\text{정답을 맞힌 사람 수}}{\text{시험에 응시한 사람 수}} \text{(선다형인 경우)}$$

(2) 문항변별도 분석

문항변별도를 계산하기 위해서는 문항 하나하나에 대한 각 응답자의 점수와 이 사람들의 검사점수가 필요하다. 어떤 문항에 대한 모든 응답자의 점수와 이 사람들의 검사점수 간 상관계수를 구하면 문항의 변별도를 알 수 있다.

1) 문항분석에 대한 더 자세한 내용은 김영환·문수백·홍상환(2005)을 참고하기 바란다.

문항변별도를 구하는 방식이 두 가지 있는데, 첫째는 응답자의 검사점수를 계산할 때 변별수준을 알고자 하는 문항점수를 포함시키는 경우로 이를 문항-검사점수 간 상관(item-test-score correlation, item-total correlation)이라 하며, 둘째는 이 문항을 제외시킨 나머지 문항점수만을 합하는 경우로 교정한 문항-검사점수 상관(corrected item-test-score correlation, corrected item-total correlation)이라 한다. 검사문항이 아주 많으면 두 계산절차는 비슷한 결과를 제시한다. 특정 문항이 정상적 문항이라면 검사점수와 이 문항 간 상관계수는 반드시 양수다. 상관계수가 낮으면, 이 문항에서 응답자의 높은 또는 낮은 점수는 이 사람의 전체검사점수와 아무런 관련이 없음을 가리킨다. 그러므로 한 문항과 전체검사 점수 간 상관이 높을수록 특정문항이 검사 전체와 관련이 많다는 것을 나타내므로 문항변별도는 높을수록 좋다.

(3) 반응분포 분석

반응분포 분석(distractor analysis)은 다중선택 문항을 평가할 때 사용된다. 문항에 대한 반응들 중 오반응도 반응의 일부로 간주한다면 수검자가 오답을 선택할 확률은 동일해야 한다. 어떤 문항에서 제시된 오답 중 특정 오답의 내용이 너무 분명하여 선택되는 빈도가 매우 낮다면, 이 선택안은 새로운 선택안으로 대체되어야 한다. 만약 어떤 문항의 특정 오답에 대한 선택빈도가 너무 높으면, 이는 문항을 잘못 이해하고 있다는 것을 가리키거나 정답과 관련된 내용일 수 있다.

02 심리검사의 표준화

심리검사의 표준화란 간단히 말하면 심리검사결과로 제시되는 검사점수의 해석에 대한 해석지침서가 매우 명료하게 제시되어 있는가로 판단할 수 있다. 정확히 말하면, 검사의 표준화란 검사 실시 및 채점, 해석 절차 등이 명문화되어 있어 매뉴얼에 따라서 언제, 어디서나 누가 실시해도 동일한 절차로 진행될 수 있다는 것을 가리킨다. 다시 강조하는 것으로, 표준화 검사 여부를 결정하는 가장 분명한 특징은 검사점수 해석의 틀이 있다는 점이다. 이 해석의 틀은 규준(norm) 또는 준거(criterion)다.

규준

규준은 이 검사를 실시하고자 하는 수검자의 집단전체에서 개인의 상대적 위치를 제공한다. 규준을 이용하여 점수의 의미를 파악하는 표준화된 검사들에서는 수검자의 성별과 나이 정보가 필수적으로 필요하다. 그 이유는 대부분의 검사규준에 사용되는 분포는 동성과 동갑으로 구성된 모집단에서 표집을 하여 생성된 점수분포이기 때문이다.

준거

준거란 사전에 정한 특정 점수를 가리킨다. 일반적으로 수검자의 점수를 준거(점수)에 근거하여 수검자를 평가한다. 간단한 예로, 우리나라에서 운전면허 필기시험을 통과하기 위해서는 시험응시자의 점수는 60점(2종보통) 이상이면 된다. 이때 60점이 시험의 합격 여부를 판단하는 준거다.

03 신뢰도와 타당도

신뢰도(reliability)와 타당도(validity)가 중요한 것은 측정하고자 하는 속성을 직접적으로 관찰·측정할 수 없기 때문이다. 직접 측정할 수 있는 키, 몸무게 등도 여러 가지 원인으로 측정오류가 발생할 수 있음을 상기하면 간접적으로 측정하는 방식에서는 오류가 더 많이 발생할 수 있다는 것을 짐작할 수 있을 것이다. 심리속성의 간접적 측정에서 오류를 발생시키는 여러 요인들이 있다. 예를 들면, 반응자 자신의 회상(기억)에서의 오류, 기분변화, 상황변화로 인한 심리상태 변화 등이 그 원인 중 일부다.

1) 신뢰도

평가하고자 하는 대상이 있을 때, 그 대상의 속성에 맞는 도구, 즉 자를 준비하는 것이 평가를 위한 첫 단계다. 대상의 속성을 측정할 수 있는 자들이 다양하게 있지만 이 중 하나만 선택해야 한다면 그 기준은 무엇일까? 쉽게 이해가 되지 않으면, 다음 상황을 보자. 책상용 덮개를 직접 만들려고 할 때, 먼저 책상의 가로와 세로의 길이를 재야 할 것이다. 길이를 잴 수 있는 도구들이 고무줄, 비닐노끈, 매우 가늘고 쉽게 끊어지는 실 등이 있다면 여러분은 무엇을 선택할 것인가? 비닐노끈을 선택할 가능성이 가장 높을 것이다. 이 세 가지 도구들 중 탄력성이 거의 없는 비닐노끈이 책상길이를 가장 정확하게 잴 수 있는 도구다. 여기서 '정확하다'는 것을 보장하는 방법은 무엇일까? 여러 번 측정하는 것이다. 여러 번 측정하여 값이 어느 정도 달라지는지를 보면 된다. 정확한 자라면 매번 측정해도 동일한 값이 나올 것이다. 심리검사라는 측정도구의 정확성도 이런 기준에서 평가된다.

(1) 신뢰도의 정의

신뢰도라는 단어는 심리측정학의 개념을 처음 소개받는 사람들에게 혼란을 일으키는 대표적 단어인 것 같다. 일상생활에서도 '신뢰로운'이라는 단어를 사용하는데 이때 '신뢰로운'의 의미는 '믿을 만한'이라는 뜻을 갖고 있다. 대인관계에서 주로 사용되는 이 말들은 사람이 자신이 한 약속을 지킬 때 주로 사용되는 단어다. 따라서 일상생활에서 사용하는 '신뢰'라는 단어와 과학적 용어인 신뢰도(reliability)는 완전히 다른 단어다.

과학 용어인 신뢰도와 비슷한 용어로는 안정성(stability), 일관성(consistency), 예언가능성(predictability), 정확성 등이 있다. 정확성은 측정하고자 하는 속성을 다른 상황에서 두 번 측정했을 때, 어느 정도 비슷한 값을 얻을 수 있는가를 나타내는 용어다. 즉, 정확성은 단일 점수의 측정오차와 관련된 것으로 측정오차가 작을수록 도구의 정확성은 높아진다. 측정오차는 측정 속성과는 무관한 요인, 즉 우연[2]에 의한 점수변동을 가리킨다. 이를 정리하면 다음과 같이 정리된다.

관찰값 = 속성의 진짜값 + 오차

심리검사의 신뢰도를 중요하게 고려해야 하는 이유는 심리검사의 신뢰도를 알면 특정 심리검사에서 나타난 개인들 간 점수 차이가 진정한 개인 차이를 반영하는 것인지 아니면 우연, 즉 오차에 의한 차이로 인한 것인지를 판단할 수 있기 때문이다. 이를 통계학적 용어로 표현하면, 검사 신뢰도를 이용해서 검사 점수의 전체 분산 중 오차 분산의 비율을 추정할 수 있다[3]. 오차는 측정하고자 하는 검사의 목적과 관련 없는 모든 것[4]이다. 그렇기 때문에 심리검사가 실시되는

2) 거의 통제할 수 없는 요인
3) 웩슬러 지능검사의 채점과정에서 전체지능지수는 신뢰도를 반영하여 지능지수범위를 추정한다. 이는 산출된 지능지수에는 '진정한' 지능을 반영한 수치와 측정 오차, 둘 다가 포함되었음을 고려해야 한다는 것을 강조하는 것이다.

환경, 검사 지시절차, 시간제한, 라포(rapport) 등의 요소들이 검사수행에 영향을 덜 미칠수록, 즉 거의 동일하게 유지될수록(다른 말로, 통제할수록), 검사신뢰도는 증가할 것이다. 검사에 응하는 수검자들의 특성이 검사점수에 영향을 미칠 수 있기에 신뢰도를 구할 때는 검사를 실시하는 표본의 인구통계학적 특징을 매우 자세하게 규정해 제시한다.

현실적으로 심리검사에서 진정한 점수와 측정오차를 나누는 것은 쉽지 않으며 측정오차를 추정할 수 있는 방법도 많지 않다. 신뢰도를 계산할 수 있는 방법[5)]에 대해 알아보겠다.

(2) 신뢰도 유형

신뢰도 산출에 필요한 자료를 얻는 방식에 따라 신뢰도의 정의와 명칭이 달라진다. 검사-재검사 신뢰도, 평행형검사 신뢰도, 내적 일관성, 채점자 간 신뢰도 등 네 유형을 살펴보겠다.

검사-재검사 신뢰도

검사-재검사 신뢰도(test-retest reliability)는 한 검사를 일정한 간격을 두고 동일한 사람들에게 시간차를 두고서 두 번 실시하여 그 결과가 얼마나 비슷한가를 알아보는 방식이다. 이 방식은 시간이 지나도 검사결과가 안정적인가를 알아보는 것으로 안정성 계수라고도 한다. 표준화된 심리검사의 지침서에는 검사-재검사 신뢰도와 함께 실시간격도 제시된다.

검사-재검사 신뢰도 측정에서 오차는 주로 수검자와 관련되어 발생한다. 따라서 검사-재검사 신뢰도는 다음 몇 가지 조건이 충족되어야 구할 수 있다. 먼저,

---

4) 측정오차에 영향을 줄 수 있는 요인으로 수검자의 신체 상태, 기분 및 동기, 검사에 대한 태도, 성격, 측정하는 속성 등의 통제되지 않는 요인들이 있다.

5) 신뢰도는 두 측정치 간 상관계수를 계산하여 구한다. 상관의 정의는 하나지만 이 상관의 크기를 추정하는 계산공식은 다양하다.

측정하고자 하는 속성이 시간이 변해도 일정하게 유지될 수 있다는 것을 가정할 수 있어야 한다. 둘째, 첫 검사의 경험이 두 번째 검사수행에 영향을 미치지 않는다는 가정이 충족되어야 한다. 셋째, 첫 검사를 받은 후부터 두 번째 검사를 받기 전, 수검자의 개인적 경험이 두 번째 검사에 영향을 주지 않는다는 가정이 충족되어야 한다. 이 세 조건이 충족된다는 판단을 내릴 수 있는 경우에만 검사-재검사 신뢰도를 구할 수 있다. 검사-재검사 신뢰도는 일반적으로 피어슨 적률상관계수 공식으로 산출한다.

검사-재검사 신뢰도를 산출하는 데 있어 어려움은 주로 수검자와 관련해 발생한다. 수검자 전원이 두 번째 검사에 모두 응할 가능성이 높지 않다. 또한 검사간격이 긴 경우, 측정하고자 하는 속성에 영향을 미칠 수 있는 어떤 일이 일부 수검자에게 발생할 수 있다. 검사-재검사 신뢰도를 측정하기 위한 필수요건을 충족시킬 수 없는 검사도 있다. 검사기간이 짧은 경우, 첫 검사문항에 대한 응답을 기억했다가 두 번째 검사에서도 그대로 응답할 수 있다. 이렇게 한다면 두 검사점수 간 상관은 매우 높겠지만 이는 문항에 대한 자신의 반응을 저장하여 그대로 인출했기 때문에 발생한 것으로 신뢰도 지표일 수 없다. 그리고 첫 검사문항에 대한 반응이 연습이 되어 두 번째 검사수행 수준에 영향을 줄 수도 있다. 이런 문제들을 해결한 신뢰도 산출방법들이 있다.

평행형검사[6] 신뢰도

평행형검사 신뢰도(alternative and parallel-form reliability)는 동일한 속성을 측정하는 두 개의 도구를 한 집단의 사람들에게 짧은 시간차를 두고 실시하여 그 결과가 얼마나 비슷한지를 나타내는 지표다. 이 신뢰도의 다른 명칭은 동형성 계수(coefficient of equivalence)이며, 두 검사점수 간 피어슨 적률상관계수로 추정된다. 동형성 계수가 0.9를 초과해야 두 검사를 동형검사로 볼 수 있다(Klein, 1993;

6) 넓은 의미에서 '동형검사' 신뢰도로 이해해도 된다.

김영환, 문수백, 홍상황, 2005 재인용). 동형검사 신뢰도에는 반응의 일관성과 일시적 안정성, 둘 다가 반영되어 있다(Anastasi, 1990).

동일한 속성을 측정하는 검사, 두 개를 제작하는 방식이 두 가지가 있다. 하나는 대안형 검사(alternate form test)를 제작하는 것으로 어떤 속성을 측정하기 위해 만든 문항들이 아주 많아서 검사 두 개를 만들어도 충분한 경우라면, 검사제작자들이 이 속성을 측정하기 위해 A형 검사와 B형 검사를 만들 수 있다. 대안형 검사를 사용한 신뢰도 추정은 한 집단에게 두 검사를 연속적으로 실시하여 두 검사 점수들의 피어슨 적률상관계수를 구한다. 이때 상관계수는 두 자료의 일관성을 측정하는 것으로 대안형 신뢰도 계수(alternate-form reliability)를 가리킨다.

동일한 속성을 측정하는 검사 두 개를 제작하는 다른 방식은 평행형 검사(parallel test)를 제작하는 것이다. 평행형 검사는 두 검사의 문항들이 비슷한 문항난이도와 분포를 가지도록 개발된 것이다. 두 개의 검사가 평행하다고 하려면 한 사람의 두 검사에서의 진짜 점수들이 같고 오차 분산들도 동일해야 한다. 이를 집단 수준에서 기술하면, 두 검사점수의 평균치, 표준편차, 문항 간 공분산 등이 같아야 한다. 평행형 검사를 제작하려면 제일 먼저 검사를 두 개로 나누기 전에, 상당히 큰 집단을 대상으로 검사를 실시하여 비슷한 내용과 난이도를 가진 문항 짝을 만들어야 한다. 그런 다음 짝을 이룬 문항들을 나누어 두 개의 검사를 제작한다. 이렇게 제작된 평행형 검사를 한 집단에게 실시하여 점수들 간 상관계수를 구한다. 이 상관계수가 평행형검사 신뢰도계수(parallel-form reliability coefficient)다.

이 두 절차는 동일한 검사를 반복 실시함으로써 생길 수 있는 문제들을 감소시킬 수 있다는 이점이 있다. 그러나 이 방법들은 검사제작에 소요되는 시간이 상당하며 여러 버전들을 제작하는 데 필요한 아주 많은 수의 문항들을 만들어야 하고 문항과 관련해서는 동일한 속성을 측정하는지, 난이도 수준은 동일한지, 각 문항의 평균과 표준편차가 동일한지 등을 확인해야 하는 어려움들이 있다.

검사 동질성의 측정

검사 동질성(homogeneity)은 검사문항들이 동일한 속성을 측정하고 있는지를 가리킨다. 동일한 속성을 정밀하게 측정할 수 있다면 여러 번 해도 거의 비슷한 결과가 나올 것이다. 즉, 내적 일관성이 어느 정도인지를 확인하는 것이다. 이를 확인하기 위한 이전 방법들은 여러 어려움으로 인해 현실적으로 사용하기가 쉽지 않았다. 이런 어려움을 해결하는 방식이 한 검사를 두 개의 검사로 나누어 평행형 검사처럼 만드는 것이다. 이렇게 두 부분으로 나누어진 검사의 점수들 간 상관계수로 신뢰도를 산출하는 것이 반분신뢰도(split-half reliability)다. 반분신뢰도를 사용하고자 할 때는 측정도구문항의 난이도 수준이 모든 문항에서 동일해야 하고 문항에 대해 응답이 빠져서는 안 된다.

반분신뢰도를 구하기 위해서는 한 집단에게 검사를 실시한 다음, 문항들을 절반으로 나눈다. 이 경우, 한 사람은 한 검사의 절반에서 받은 점수와 나머지 절반에서 받은 점수, 두 개의 점수를 갖는다. 이때 검사를 절반으로 나누는 방식에는 전후 반분법, 짝-홀수 반분법, 무선표집 반분법, 짝진 반분법 등이 있다. 전후 반분법은 한 검사의 전체 문항들을 앞 번호부터 시작하여 정확하게 절반으로 나누는 방식이다. 가령, 30개 문항들로 된 검사라면, 1번부터 15번 문항까지가 하나, 16번부터 30번 문항까지가 하나로 나뉜다. 짝-홀수 반분법은 짝수번호 문항들과 홀수번호 문항들로 나누는 방식이다. 무선표집 반분법은 문항을 무선적으로 뽑아서 문항개수가 동일한 두 문항집단을 만드는 방식이다. 짝진 반분법은 문항의 난이도가 비슷하도록 문항들을 나누기 위해서 난이도가 비슷한 문항 두 개씩을 짝지은 다음, 각 집단으로 나누는 방식이다. 어떤 방식으로 문항들을 둘로 나누든, 반분신뢰도는 문항 또는 문항집단이 동질하다는 가정에 근거하고 있다. 그러므로 반분신뢰도에서 오차는 문항 간 차이, 즉 이질성(heterogeneity)에 의해 발생하므로 문항이 동질적일수록 신뢰도는 증가한다.

반분신뢰도는 검사와 관련된 피로(감) 또는 기억 등의 영향을 거의 받지 않으며 검사 간격으로 인해 발생하는 문제들의 영향도 거의 받지 않는다. 다만, 반분신뢰도는 검사 길이(검사문항의 수)와 매우 밀접한 관련이 있다. 검사문항이 많을수록 신뢰도는 증가하고 작을수록 신뢰도는 감소한다. 사람이 검사를 하다가 지치는 수준이 되기까지는 검사문항이 많을수록 신뢰도는 증가한다. 그렇기 때문에 하나의 검사를 두 개로 나누면 신뢰도가 감소하는 문제가 발생한다. 이 문제를 해결하는 방식인 스페어만-브라운 예언공식(Spearman-Brown prophecy formula)을 사용하여 문항길이의 변화가 신뢰도에 미치는 영향을 예측한다. 이 공식으로 얻은 계수는 검사문항들이 얼마나 일관성이 있는지 혹은 동질적인지를 가리키는 값이다.

가능한 모든 수의 반분신뢰도계수들의 평균을 계산하는 공식이 있다. 이 공식을 사용해서 얻는 정보는 모든 문항들이 동일한 속성을 측정하고 있는가, 즉 일관성 또는 일치도가 어느 수준인가에 대한 정보를 제공한다. 즉, 가능한 모든 반분 상관계수의 평균은 모든 가능한 문항 간 상관계수의 평균이다. 이를 계산하는 공식이 두 종류가 있는데 하나는 쿠더-리차드슨(Kuder-Richardson) 계수, 다른 하나는 크론바흐(Cronbach)의 알파계수다. 쿠더-리차드슨 계수는 문항의 선택대안이 두 개이면서 정답과 오답이 있는 문항에서만 사용될 수 있다. 크론바흐의 계수는 α(알파)로 표기하며 거의 모든 유형의 문항들에 적용가능하다. 알파는 다음과 같이 계산한다.

$$\alpha = \frac{K}{K-1}\left(1-\frac{\sum\sigma_i^2}{\sigma_T^2}\right)$$

알파공식에서 K는 검사문항 수이고 σ_i^2는 i번째 문항의 분산, σ_T^2는 전체검사의 분산이다. 크론바흐 알파는 일반적으로 검사제작자들이 매뉴얼에 제공하며 대부분의 경우 0.7에서 0.9 사이에 있다.

채점자 간 신뢰도

앞에서 제시된 신뢰도는 객관적 채점절차를 가진 검사들과 관련된 것들로 검사문항 간 반응의 일관성 수준에 대한 지표들이다. 채점자 간 신뢰도(inter-rater reliability)는 수검자의 반응에 대해 채점들의 평가가 얼마나 일치하느냐를 가리킨다. 채점자 간 신뢰도는 주로 인터뷰와 행동 관찰 등을 평가할 때 주로 사용된다. 이런 경우, 채점자는 일관성과 높은 신뢰성을 확보하기 위해 매우 엄격하게 채점방식에 대한 훈련을 받는다. 채점자 간 신뢰도 지표에는 동의비율, 적률상관계수, 유목 내 상관계수(intra-class correlation) 등이 있다.

(3) 신뢰도에 대한 평가

신뢰도와 관련해 가장 중요한 쟁점은 측정오차의 크기다. 상관계수는 점수의 표준편차에 근거하므로 표준편차가 클수록 오차는 작아질 것이다. 큰 표본에서 얻은 점수일수록 표준편차는 커진다. 앞에서 언급한 것처럼, 표본이 클수록 표준편차가 증가하고 그 결과 측정오차는 감소하여 결국 신뢰도는 증가한다. 그러므로 신뢰도 산출에서 표본의 크기는 매우 중요하다. 또한 검사를 실시하는 집단이 이질적일수록 검사점수의 분산이 증가하여 신뢰도가 증가한다. 이런 표본의 크기와 구성원들의 특성이 신뢰도에 영향을 미치기 때문에 검사매뉴얼에서는 표본의 크기와 표본구성원의 나이, 성별, 사회경제적 계층 등을 자세하게 명시한다.

일반적으로 문항수가 많은 검사인 지능검사와 같은 경우는 신뢰도가 매우 높고 문항수가 적은 성격이나 흥미검사는 지능검사보다는 신뢰도가 낮은 편이다. 클라인(2000)이 제시한 알파에 대한 기준을 보면, 0.9 이상은 내적 일치도가 훌륭한 수준, 0.8 이상 0.9 미만은 좋은 수준, 0.7 이상 0.8 미만은 인정할 수 있는 수준이고, 0.6 이상 0.7 미만은 내적 일치도가 의심스러운 수준, 0.5 미만은 내적 일치도가 있다고 할 수 없어 사용할 수 없는 검사다. 내적 일치도의 지표로 알파에 대한 기준을 간단히 정리하면, 심리검사로써 사용할 수 있는 신뢰도 수준은 0.7 이상이어야 한다(Anastasi, 1988; Nunnally, 1978). 하지만 연구에서 심리검사를 사용할 경우는 이 수준보다 낮아도 사용할 수 있다(Coaley, 2009).

(4) 신뢰도 계수에 영향을 미칠 수 있는 요인

신뢰도 계수에 영향을 줄 수 있는 요인으로 앞서 설명한 집단의 크기와 동질성이 있다. 신뢰도 계수의 크기는 수검자 집단의 진짜 점수의 분산과 오차점수의 분산의 함수다. 한 집단은 영어실력이 비슷한 학생들로 구성된 집단이고 다른 한 집단은 영어실력이 매우 다양한 학생들로 구성된 집단이 있다고 하자. 두 집단에게 영어시험을 실시하여 두 집단의 오차점수 분산이 동일하다면, 진짜 점수에서 이질적 집단의 분산이 동질적 집단의 분산보다 크다. 따라서 이질적 집단의 신뢰도가 더 높다. 이 말은 신뢰도란 특정집단의 수검자가 얻은 검사점수의 특성이라는 것이다. 그러므로 검사자는 검사를 실시하고자 하는 대상과 검사의 신뢰도가 산출된 집단의 특성과 유사한지를 확인한 후에 검사를 사용해야 한다. 신뢰도와 표집의 관계에 대해 기억해야 하는 쟁점이 있다. 임상 실제에서 사용하고자 제작한 심리검사의 경우는 신뢰도가 높지 않을 수 있다. 그 이유는 성격이나 정신장애를 가진 사람들에게 검사를 실시하기가 쉽지 않으며 또한 모집단 자체가 크지 않기 때문이다. 이런 점을 임상심리가는 알고 있어야 한다. 임상실제에서 정상집단을 대상으로 한 신뢰도를 사용하는 것은 잘못된 판단이다. 그러므로 임상실제에서 사용하는 검사 지침서에는 일반집단과 임상집단, 두 집단 각각에서 나온 신뢰도 추정에 대한 정보가 담겨 있어야 한다.

다음으로 검사 그 자체의 속성과 관련된 요인들이 있다. 먼저 검사수행 시간이 있다. 수행시간이 제한된 검사에서는 검사수행속도가 검사의 반복측정에 체계적 영향을 미친다. 검사를 정해진 시간 안에 완성하지 못한 사람이 있는 경우, 반분신뢰도를 추정한다면 문항내용과 관계없이 수검자가 시간이 없어 완성하지 못한 문항들로 인해 신뢰도가 과대추정될 수 있다. 그러므로 속도검사의 신뢰도는 검사-재검사 또는 평행형 검사를 이용하는 것이 상대적으로 정확한 신뢰도 추정치를 얻을 수 있는 방법이다. 검사의 특성과 관련한 다른 요인으로는 검사 문항 개수, 즉 검사 길이가 있다. 검사문항이 어느 정도까지는 많을수록 신뢰도가 증가한다. 문항 진술문의 부정확성, 문항에 대한 반응방식의 모호성 등도 신뢰도에 영향을 준다.

마지막으로 채점자 간 신뢰도에 영향을 줄 수 있는 요소로 채점자와 관련된 요소들이 있다.[7] 행동관찰과 면접에서 채점자의 평가에 영향을 줄 수 있는 요소에는 후광효과, 관용의 오차, 논리적 오차, 집중경향의 오차 등이 있다. 후광효과는 채점자가 수검자에 대한 태도가 호의적이어서 수검자에 대한 평가가 상대적으로 너그러울 수 있음을 뜻한다. 관용의 오차는 채점자가 일반적으로 모든 수검자에 대해 호의적으로 평가하는 것을 가리킨다. 논리적 오차는 채점자가 어떤 점수(예: 지능지수)를 알고 있으므로 인해 평가(예: 창의력 문제해결 능력)에 영향을 미치는 것을 나타낸다. 이는 채점자의 지식이 평가에 영향을 미치는 것으로 볼 수 있다. 마지막으로 집중경향의 오차는 채점자가 평가를 하면서 아주 높거나 낮은 평가보다는 중간수준에 해당하는 평가를 하려는 경향을 가리킨다.

2) 타당도

심리검사에서 타당도(validity)의 개념을 이해하는 것은 매우 중요하다. 심리검사의 타당도에는 검사가 무엇을 측정하는지에 대한 정보가 담겨 있다. 어떤 심리적 속성을 측정하기 위해 수많은 심리검사들 중 한 검사를 선택할 때 제일 중요한 선택의 기준이 검사의 타당도다. 그러므로 타당도의 정의와 심리검사에서 타당도를 어떻게 추정하는지를 아는 것은 목적에 맞는 과학적 도구의 선택에

7) 이 내용은 김영환 외(2005)의 내용을 간단히 정리한 것이다.

서 필수적 요건 중 하나다.

(1) 타당도의 정의

검사가 타당하다는 것은 검사가 측정하고자 한 것을 측정한다는 뜻이다. 아나스타시(Anastasi, 1988)에 의하면, 타당도란 검사가 측정하려 한 것을 얼마나 잘 측정하고 있는가를 가리키는 개념이다. 이것은 우리가 검사점수를 사용해서 무엇을 알 수 있는가 하는 문제와 관련된 것이다. 타당도의 이 정의를 보면, 검사가 하나의 타당도만 가진 것처럼 또는 신뢰도처럼 하나의 수치로 제시될 수 있을 것처럼 타당도에 대한 오해를 불러일으킬 수 있다. 타당도는 다양한 유형이 있지만 신뢰도처럼 직접적으로 타당도의 양을 측정하여 제시할 수는 없다. 그러나 검사의 타당한 수준을 간접적 방식으로 측정하여 '양'으로 제시할 수 있는 유형의 타당도가 있다.

검사의 타당도란 심리검사를 사용하는 입장에서 보면, 검사결과로 얻은 점수를 통해서 우리가 알고자 하는 것을 정확히 알 수 있는가 하는 쟁점을 가리킨다. 이 쟁점은 어떤 심리검사에서도 검사 그 자체의 정보만으로는 다룰 수 없다. 그렇기 때문에 실제에서 어떤 검사를 사용하려면, 이 검사가 어느 환경에서는 타당하고 어느 환경에서는 타당하지 않는지를 변별할 수 있는 능력을 검사사용자는 갖춰야 한다. 검사개발의 목적과 실제 검사가 측정하는 것은 별개의 문제이기 때문에 검사사용자는 검사의 타당도 정보를 반드시 확인할 필요가 있다. 타당도 정보는 심리검사의 타당화(validation) 과정을 통해 얻은 자료에서 확인할 수 있다.

심리검사의 타당화는 검사점수에서 추론할 수 있는 것과 추론할 수 없는 것에 대한 증거를 찾는 과정을 가리킨다. 타당화는 이론적 증거와 경험적 증거를 모두 갖춰야 한다. 이론적 증거는 심리적 속성을 다룬 선행연구들을 통해 확보되며 경험적 증거는 심리검사의 활용과 관련된 자료들이다. 특히 심리검사의 활용과 관련해서, 이 검사의 점수가 동일한 특성을 측정하는 다른 검사에서의 점수(흔히, 준거변수 또는 준거)와 어느 정도 관련되어 있는지에 대한 정보가 매우 중요하다. 예를 들면, 보복동기가 높은 사람과 낮은 사람을 구분하려는 목적으로 성격 척도를 제작했다고 하자. 이 때 준거변수는 공격행동이 될 수 있을 것이다. 이 성격 척도에서 높은 점수를 받은 사람 즉, 보복동기가 높은 사람이 공격행동을 더 많이 한다는 것을 확인할 수 있다. 이때 타당도의 증거는 성격척도의 점수와 공격행동의 점수 간 상관계수다. 다시 말해 타당도는 어떤 검사의 분산이 준거변수의 분산과 관련된 정도로 정의내릴 수 있다. 이 관련된 정도는 상관계수로 계산되며 대부분의 경우 타당도 추정치의 지표로 사용된다. 타당도의 유형과 관계없이 타당도는 이 원리에 근거해 추정된다. 다만, 신뢰도의 추정치에 대한 기준은 제시되어 있으나 타당도 추정치에 대한 기준은 분명하게 제시되고 있지 않다.

심리검사의 타당화 과정에서는 검사내용의 내적 구조와 관련된 증거, 외적 준거인 다른 변수들과 관련된 증거, 기타 변수들과의 관계를 다룬 증거들도 확보해야 한다. 검사의 타당화는 끊임없이 발전하고 있는 과정으로 볼 수 있다. 예를 들면 웩슬러 지능검사의 개정, 미네소타 다면적 인성검사의 개정 등이 검사의 타당화 작업으로 볼 수 있다. 이 두 검사의 개정작업은 앞으로도 계속 될 것이다. 즉, 검사의 타당화 작업은 완성될 수 없는 작업이므로 타당화에 대한 지표는 추정될 수 없을 것이다.

검사의 타당화에 대한 많은 이론적 접근들이 있으나 가장 많이 제시되는 것이 타당화를 세 유형으로 구분하는 것이다. 즉, 내용 타당도와 준거관련 타당도, 구성(구인)[8] 타당도 등으로 나누며 이 세 유형의 타당도는 각각 하위 유형의 타당도를 갖고 있다.

---

8) 구성 또는 구인의 영어는 construct이며 영한사전에서는 '구조물', 심리학에서는 '구성개념'으로 제시되어 있다. 심리학에서 구성(구인)은 직접 관찰할 수 없는 심리적 속성, 예로 동기, 지능, 태도, 성격 등을 이론적으로, 논리적으로 서술하여 개념화시킨 것을 가리킨다. 그러므로 '지능'이라는 동일한 단어라도 심리학자가 어떻게 개념화시켰는가에 따라 그 정의는 다를 수 있다.

(2) 타당도 유형

내용 타당도와 준거관련 타당도, 구성 타당도 등이 있다. 이 타당도들은 상보적, 즉 서로 보완하는 형태로 타당도에 대한 다른 종류의 증거들이다.

내용 타당도

내용 타당도(content validity)는 측정 자체의 속성과 이 속성을 얼마나 행동적 지표로 잘 구성했는가와 관련된 질적 판단이다. 간단히 말하면, 검사점수에서 추론한 내용이 실제와 어느 정도 비슷한가로 볼 수 있다. 그래서 내용 타당도의 다른 명칭은 '내용 적절성'이다. 어떤 형태의 검사이건, 검사문항의 내용은 측정하고자 하는 속성에 관련된 지식과 기술(description), 행동 등에서 산출된다. 따라서 내용 타당도는 검사내용의 표집 범위 또는 수준, 문항에 대한 반응양식, 검사의 구성 등에 영향을 받는다(Messick, 1980).

내용 타당도는 그 성격상 검사 사용자와 검사가 측정하고자 하는 속성의 전문가의 판단에 주로 의존한다. 내용 타당도 평가와 관련된 정보에는 측정영역에 대한 이론적 근거, 선행 연구들, 문항 표본의 대표성 및 난이도, 기술통계치 등의 정보, 적용범위, 문항제작 과정에서 문항을 평가한 연구자 또는 판단자에 대한 정보 등이 포함된다. 내용 타당도에 관심을 가지는 것은 바람직하지만 내용 타당도만으로 검사가 타당하다는 결정을 내리는 것은 위험하다. 그러므로 다른 유형의 타당도 정보도 함께 고려해야 한다.

준거관련 타당도

준거관련 타당도(criterion-related validity)는 심리검사를 사용해 사람에 대해 예측을 하거나 판단을 내릴 수 있는지에 대한 평가를 할 때 유용한 정보를 제공해 준다. 준거관련 타당도는 일반적으로 어떤 검사의 점수(예언변수)와 다른 어떤 검사의 점수(준거변수 또는 준거)가 어느 정도 관련이 있는지에 대한 정보를 제공한다. 예를 들면, 지능검사에서 점수가 학문적 수행(준거)을 어느 정도 예측할 수 있는지를 알아보는 것이다. 이때 예측의 정도는 두 검사점수 간 상관의 크기로 추정한다. 준거관련 타당도는 예언 타당도(predictive validity)와 동시 타당도(concurrent validity), 두 하위 유형이 있다. 예언 타당도의 목적은 미래 행동을 예언하는 것이다. 그렇기 때문에 직업영역에서 가장 중요한 타당도가 예언 타당도다. 우리나라 기업에서 실시하는 직무적성검사는 지원자의 현재능력을 측정하여 미래의 직무능력을 예측하는 것이 주목적이다. 사실, 측정하는 속성의 명확한 준거를 찾는 것은 쉽지 않으며 심지어 문제도 있다. 이 문제는 주로 첫 검사와 둘째 검사 간 시간 차이, 검사의 범위, 표본의 크기변화 등과 관련해 발생하며 이는 예언 타당도를 저하시키는 요인들이다. 준거관련 타당도의 다른 하위 유형은 동시 타당도다. 새로운 검사의 타당화를 위해, 이 검사와 지금 존재하는 준거 검사의 상관을 조사하는 것이 동시 타당도를 구하는 방식이다. 이때 준거로 사용되는 검사의 질이 중요한데, 이 검사의 신뢰도가 0.7을 초과하고 표본 크기가 충분하다면 예언 타당도는 높게 나올 가능성이 많다.

그러나 심리학 영역에서는 준거 측정치로 사용할 수 있는 검사를 구하는 것이 쉽지 않다. 검사를 구한다고 해도 준거로 사용할 수 있는 검사의 타당도와 신뢰도가 낮으면, 검사의 타당도에 대한 의문이 생길 수 있다. 때로는 준거관련 타당도가 낮은 원인이 예측 검사의 질에서 발생한 것이 아니라 준거 검사의 질로 인해 발생한 것일 수도 있다. 이런 연유로 준거-관련 타당도만 가지고 검사의 타당도를 평가해서는 안 된다.

구성 타당도

구성 타당도(construct validity)는 어떤 속성을 측정하는 검사를 선택할 때 가장 중요하게 고려하는 요소다. 그 이유는 구성 타당도는 검사가 측정하고자 한 속성을 실제로 측정할 수 있는가를 가리키는 지표이기 때문이다. 구성 타당도에 대한 이 정의가 바로 타당도의 개념과 같다. 구성 타당도는 나머지 다른 유형의 타당도 개념들을 모두 담고 있어 너무 광범위한 개념이기도 하지만 타당도를 대표하는 개념이라고 할 수 있다. 무엇보다 검사의 구성 타당도를 주장하려면, 검사가 측정하고 있는 것이 무엇인지를 평가할 수 있는 방법이 있어야 한다.

심리적 속성은 매우 추상적이라 물리적 수준에서 직접적으로 관찰할 수가 없다. 그렇기 때문에 검사 목적과 해석의 기본 원리를 파악하여 여기에 근거한 검사의 타당화 작업을 해야 한다. 아나스타시(Aanastasi, 1988)에 의하면, 구성(개념)은 연구에서 추론된 속성 또는 특성에 대한 아이디어다. 그러므로 이 아이디어를 측정할 수 있는 구체적인 행동으로 변화시켜야 한다. 문제는 이 작업이 간단하지가 않다는 데 있다. 이 간단하지 않는 작업을 이해하기 위해 먼저 구성 타당도를 통계적 개념으로 이해해야 한다. 구체적으로 말하면, 구성 타당도는 검사점수의 분산이 점수의 근원인 구성개념의 분산과 관련된 정도다. 구성개념의 분산에 대한 지표를 추정할 수 없으므로 검사점수와 구성개념의 분산 간 관련성을 가리키는 단일한 수치의 상관계수는 구할 수가 없다. 그보다는 검사의 구성개념과 관련된 선행연구들을 개관하여 얻은 상관계수의 범위가 제시된다. 상관계수의 범위를 토대로 검사의 타당화를 결정한다. 그러므로 구성 타당도는 검사가 구성개념과 관련되어 있다는 것을 보여주기 위해 수집한 증거들에 근거한다. 가장 단순한 방법은 동일한 속성을 측정하는 것으로 알려진 이미 널리 사용되고 있는 검사들을 사용해 두 검사 점수 간 상관관계를 확인하는 것이다. 구성 타당도를 확인하기 위한 자료는 매우 광범위하며, 여기에는 내용 타당도, 다른 검사와의 관계, 외적 준거와의 상관, 다른 유형의 타당도 등이 모두 포함된다.

구성 타당도는 수렴-변별 타당도(convergent-discriminant validity)라는 유형의 하위 타당도를 갖고 있다. 캠벨과 동료들(Campbell & Fiske, 1959; Campbell, 1960)에 의하면, 수렴-변별 타당도는 검사 점수가 동일한 구성(개념)을 측정하는 다른 검사(들)의 점수와는 상관이 높아야 하고 다른 구성(개념)을 측정하는 것으로 알려진 검사의 점수는 상관이 통계적 기준에서 무시할 정도로 낮아야 한다. 이를 달리 표현하면, 검사점수가 동일한(또는 비슷한) 구성(개념)을 측정하는 검사와는

'수렴'되나 다른 구성(개념)을 측정하는 검사와는 '변별'된다고 서술할 수 있다. 간단히 정리를 하면, 구성 타당도에서 검사 타당화 작업은 다른 검사들과의 상관을 조사하는 것으로 이 검사들은 비슷한 영역을 측정하는 검사와 다른 영역을 측정하는 검사, 둘 다가 포함되어 있다. 예를 들면, 새롭게 제작한 언어능력을 측정하는 검사의 타당화 작업에서 구성 타당도를 확인하려면, 먼저 언어능력을 측정하는 검사로 사용되고 있는 기존 검사와 비언어능력 및 공간능력을 측정하는 것으로 사용되는 기존 검사, 새로운 언어능력 검사 이렇게 세 검사를 거의 동시에 실시하여 세 검사 점수들 간 상관관계를 조사한다(〈표 3-1〉 참고).

〈표 3-1〉 상관계수로 구성 타당도 평가하기

수검자 번호	새로운 검사: 언어능력 검사	기존 검사 1: 언어능력 검사	기존 검사 2: 공간능력 검사
1	56	55	43
2	43	40	57
3	57	58	59
4	67	65	55
⋮	⋮	⋮	⋮
498	57	56	43
500	66	65	66
상관계수		0.84	0.12

이와 비슷한 형태로 요인 타당도(factor validity)가 있다. 이 방식은 새로운 검사와 이 검사와 비슷한 검사, 이 검사와 다른 검사를 실시하여 여기에서 나온 점수들을 섞어서 요인분석을 실시하는 것이다. 요인분석은 모든 문항들 간 상관을 분석하여 이를 바탕으로 문항들을 몇 개의 집단, 즉 요인으로 묶는 통계적 분석 기법이다. 그러므로 같은 집단, 즉 같은 요인으로 분류된 문항들은 서로 관련성이 높은 것으로 볼 수 있으며 다른 요인으로 분류된 문항들 간 관련성은 낮은

것으로 볼 수 있다. 간단히 말해 한 요인 내 문항들은 동일 개념을 측정하는 것으로, 다른 요인에 속하는 문항들은 서로 다른 개념을 측정하는 것으로 볼 수 있다.

구성 타당도의 다른 유형으로 증가(또는 증분) 타당도(incremental validity)가 있으며 이는 타당도가 어느 정도 증가했는가를 가리키는 개념이다. 증가 타당도는 임상실제에서 중요하게 고려해야 하는 타당도로 검사를 추가했을 때 타당도가 얼마나 증가할지에 대한 정보를 뜻한다. 때로는 어떤 검사의 새 개정판을 구입해야 할지를 결정하는 경우에도 중요한 판단의 근거로 작용할 수 있다.

3) 신뢰도와 타당도의 관계

심리검사의 신뢰도와 타당도 중 어느 것이 더 중요할까? 얼핏 보면, 신뢰도와 타당도가 서로 협력하는 관계처럼 보일 수 있다. 다시 말해서, 신뢰도가 증가하면 타당도가 증가하고 타당도가 증가하면 신뢰도가 증가하는 관계처럼 보일 수 있다. 그러나 신뢰도와 타당도의 관계가 이렇게 단순하지 않다. 어떤 측정도구를 사용해 여러 번 측정한 결과가 매번 다르면, 신뢰롭지 않으면 이 측정도구가 타당하다고 할 수 없다. 어떤 측정도구가 매번 동일한 값으로 측정해내면, 이 검사 도구는 타당하다고 판단할 수 있을까? 예를 들면, 대학생들의 건강지표로 키를 측정한다고 하자. 대학생들의 키를 반복측정하면 거의 비슷한 측정치, 즉 오차가 거의 없는 측정치를 볼 수 있다. 신뢰도가 매우 높은 것이다. 하지만 신체발달이 거의 끝난 대학생의 키가 건강의 지표로 타당할까? 거짓말 탐지기용 장난감이 있다. 장난감에 손을 대고 질문을 받아 답을 하면 이 답의 진실성을 확인해주는 장난감으로 알려져 있다. 이 거짓말 탐지기용 장난감에는 손바닥의 땀 양을 감지하는 장치가 있을 것이다. 이 장난감은 '거짓말'을 탐지하다기 보다는 '생리적 긴장'을 탐지한다고 보는 것이 더 타당할 것이다. 이 장난감의 반응은 다른 사람보다 상대적으로 긴장을 더 잘 하는 사람, 다른 사람들보다 손의 땀이 더 잘 나는 사람, 이런 상황 자체가 부담스러운 사람 등의 사람들에게는 더 잘 반응할 것이다. 그래서 이런 특징을 가진 사람의 말이 거짓말로 판명될 가능성이 증가할 수 있다. 간단히 말해서 이 장난감은 땀의 양(준거)이 미리 설정해둔 기준을 초과하면 작동하지만 이 작동이 거짓말 때문이라고 결정내리는 것은 타당하지 않다.

정리를 하면, 어떤 속성의 측정이나 평가 등에서 가능한 오차를 줄이면서 정확하게 측정하는 것보다 더 중요한 것은 측정하고자 한 것을 측정하고 있는가 하는 것이다. 검사의 타당도를 직접적으로 확인하기 어려운 심리검사에서는 더더욱 심리검사의 타당도를 확인하는 것이 중요하다.

4장 지능과 능력 측정

1. 지능
2. 지능이론의 역사
3. 지능검사의 역사
4. 지능에 대한 쟁점
5. 능력과 적성의 측정

4장

지능과 능력 측정

01 지능

지능이라는 개념과 지능검사는 남용되거나 오용된 부분이 많다. 자기 자신이 매우 지적이라고 생각하는 것은 신나는 일이나 그렇지 않다는 것을 발견하는 것은 그렇게 기분 좋은 일은 아니다. 사람들은 지능에 대한 자신만의 생각이 있으며 자녀들이 지적이기를 원한다. 지능은 TV에 나오는 대중적인 개념일 수 있다. 심리측정의 역사는 지능의 측정 역사와 연결되어 있다. 이 장에서는 지능을 자세하게 논의할 것이며, 측정의 주요한 발달과정은 물론이고 이론화하는 과정에서 발생하는 논쟁을 개관할 것이다.

심리학에서 연구된 모든 개념을 대상으로 중요도-경쟁 대회를 연다면 승자는 아마도 지능이 될 것이다. 행동, 기억, 성격, 정신병리, 태도, 그 이외 많은 개념을 포함하더라도 지능은 가장 매혹적이고 중요한 이슈가 될 것이다. 지능은 오랫동안 관심과 주의를 끌어왔으며 그에 대한 많은 논쟁이 있었고 결과적으로 몇몇 연구자들은 성공하기도 했다. 인간 기능의 어떤 측면도 지능만큼 인간 행동에서의 차이를 설명하지는 못한다. 지능은 사람들의 지각, 평가, 자기 자신이나 다른 사람들에 대한 의사결정 등에 영향을 미친다. 또한 교육이나 직장에서의 사회생활, 특히 대인관계에 영향을 미친다. 지능이론은 대부분 경험, 교육, 흥미, 선호도에 바탕을 두고 있다.

1) 지능이란 무엇인가?

지능을 정의하려는 시도는 많지만 여전히 혼란스럽다. 학자들마다 각자의 정의가 중요하고 유용하다고 생각하기 때문에 일치된 의견이 등장할 것 같지 않다. 지능이 기본적으로 추론적 구성개념이라 할지라도 사람들의 판단은 실용적인 경향이 있다. 개발 국가에서는 IT 사용능력을 지능에 포함시킬 수 있는 반면, 제3세계에서는 위험을 인지할 수 있는 생존 요인이 지능에 포함될 수 있다. '지능은 지능 검사가 측정한 것이다.'라는 정의가 있다(Boring, 1923). 이 정의는 너무 단순하고, 순환적 정의를 통해서 질문에 답하는 것을 회피하고 있다. 지능 검사가 무엇을 측정하였는지를 정확히 이해하는 것이 중요하다. 무엇보다 중요한 것은 지능은 측정할 가치가 있다는 것이다.

2) 내현이론과 외현이론

일반 사람들이 지능을 개인적으로 정의한 것을 내현이론이라 부른다. 연구에 의하면 내현이론은 전 세계적으로 문화요인의 영향을 받을 수 있다. 예를 들면, 서구 문화는 정보의 효율적 관리와 정신 처리속도를 강조하는 반면, 동양에서는 (Lim, Plucker, & Im, 2002) 사회적, 영적 측면이 포함된다. 개인적 정의는 나이가 들면서 변하기도 한다. 대학교수들도 지능을 정의할 때 자신의 연구 영역에 적합한 속성을 포함시킴으로써 연구마다 다르다(Sternberg, 1985b).

〈표 4-1〉 지능 개념화에서 나라 간 차이

나라	지능의 측면의 예	참고문헌
인도	정서	Baral & Das(2004)
	조심성과 예의	
	자기-인식	
	판단력	
	사고	
	의사결정	
	다른 사람에 대한 관심	
중국	감정이입, 동정심, 예의	Yang & Sternberg(1997)
	쉽게 학습하기	
	자기-인지	
	지적 자신감	
	겸손	
한국	사회적 기술	Lim et al.(2002)
	문제해결기술	
	학습능력	
	자기관리	
	실용성과 조직성	
미국	실제적 문제해결	Sternberg(1985); Sternberg et al.(1981)
	사회적 기술	
	지적 균형과 통합	
	목표 지향성	
	유동적이고 빠른 사고	

출처: Coaley(2010).

내현이론을 사용할 때의 문제는 정의가 명료하지 않다는 것이다. 본질적으로 추리는 개인적이고 주관적이다. 지능의 공통 정의에서 '예리한', '재빠른' 같은 단어를 사용하는 것은 지능이라는 과학을 증명하기에는 너무 모호하고 애매하다. 심리학에서는 이해할 수 있고 경험적이며 객관적 기초를 가지고 있는 외현이론이 필요하다. 다시 말해 생활의 많은 영역에서의 개인차와 관련되는 정신과정을 포괄하는 정의가 필요하다.

최초의 지능 측정도구가 개발된 이래 심리학자들 간에 많은 분쟁이 있었다. 비네(Binet)는 판단, 이해, 추리와 관련된 지능을 제시했다. 다른 사람들(Jensen & Sinah, 1993)은 지능은 연결망의 수, 복잡성, 대뇌피질에서 세포의 조직화에 의존한다고 생각했으나, 이것은 적절한 조작적 정의는 아니다(Coaley, 2010). 비네 이후, 경험과 판단은 추상적 사고를 대표한다는 제안과 함께 지능의 요소가 되었다. 추상적 사고가 중요한 요소이기는 하지만 이것만이 유일한 요소는 아니다.

스피어만(Spearman, 1927)은 능력에 대해 최초로 요인분석을 실시하여 특수요인과 연결된 g라고 불리는 일반요인을 추출했다. g는 일반지능이라고 명명되었으며 문제 해결의 토대가 되며 오늘날은 대표적 유동능력으로 본다. 일반지능이 높은 사람은 대부분의 업무에서 잘하는 경향이 있으며 능력의 분석에서 가장 중요한 요인이다. 스피어만의 g는 이후에 두 개의 요인, 결정능력과 유동능력으로 구분되었다. 유동능력은 지능검사로만 측정될 수 있으며, 결정지능은 문화적으로 적합한 기술의 유무를 주로 반영한다. 일반요인이기는 하지만 어떤 환경에서 얼마나 잘 대처하는지는 구체적 문화능력과 관련된다. 지능에 새로운 요소들을 첨가한 이론도 있다. 스턴버그(Sternberg, 1985)는 변화하는 세계에 적응하는 능력, 자신을 동기화하는 능력, 직업에서의 성공에 필요한 실제적 노하우로 정의되는 지식 등에 초점을 맞췄다. 다스(Das)와 동료들(1994)은 지능에 주의력, 정보처리, 계획하기, 심지어 활동에 영향을 미치는 마음수준(quality of mind)과 같은 요인이 포함되는 것으로 보았다.

아직도 '지능이 무엇인가?'라는 질문에 대해 보편적으로 받아들여지는 대답은 없다. 우리가 궁극적으로 정의할 수 없는 어떤 것일지도 모르지만 지능을 인식할 수는 있다. 가장 좋은 정의는 검사와 관련된 것으로, 다른 말로 지능은 지능검사가 평가하는 것으로 보는 것이다. 따라서 지능은 사람이 다양한 상황에서 문제를 해결하기 위해 사용하는 기본적 추리능력이라고 할 수 있다.

02 지능이론의 역사

한때 연구자들은 새로운 통계 기법이었던 요인분석의 선호도에 따라 지능에 대한 접근이 달랐다. 연구자는 가장 경제적이고 실용적인 방식으로 요인분석의 결과를 설명하기를 원했다. 초기 이론은 g와 관련된 정도에 따라 구분되었다. 즉, g의 중요성을 강조하거나(Spearman), 중추적인 중요성은 아니라고 하는 주장(Thurstone과 Cattell), 혹은 그 존재를 반대하는 주장(Guilford) 등이 있다. 이후에 g와 다른 능력을 연결시키는 위계적 모델이 발달하였는데, 지능을 단일 능력으로 보는 주장과 서로 관련이 없는 능력들로 구성된 것으로 보는 주장으로 구분되었다. 그러나 그 이후 인지와 정보처리에 대한 새로운 사고방식은 더 다양한 관점을 이끌어냈다.

초기 연구는 영국에서 시작되었지만 나중에 유사한 연구가 미국에서 이루어졌다. 스피어만(1904)은 g를 근거로 지능을 연구한 첫 학자이고, 현대의 지능검사 대부분은 여전히 g를 측정한다. 그는 최초로 경험적 연구를 시도한 사람이었으며, 사실상 g을 탐색하기 위해 요인분석을 개발했다. 많은 아동들의 검사점수 간 상관을 구해 그 상관을 요인분석했다. 상관은 모두 정적이었으며, 이것은 g가 요인의 바탕에 있고 지능은 여러 가지 검사를 잘 하는 데 필요한 능력을 나타낸다는 것을 시사한다. 지능은 일반능력이며 한 종류의 문제에서 우수한 사람은 다른 문제에서도 잘 하는 경향이 있다는 것을 나타낸다. 요인분석이 스피어만

시대 이후 더 정교해지고 복잡해졌지만 측정치들 간의 상관은 유사하다. 그것이 g요인의 성질이고, 연구자들 간 차이의 근원이다.

처음에 숀다이크(Thorndike et al., 1921)는 자신만의 고유한 방식을 취했다. 그의 이론은 요인분석에 기초하지 않으며 사회적 지능, 구체적 지능, 추상적 지능 등의 형태를 포함하는 세 가지 종류의 지능을 제안했다. 그는 지능을 뇌 안에 있는 서로 다른 능력들의 결합으로 보았다. 그러나 1938년 서스톤은 요인분석을 사용하여 지능은 언어이해, 수, 공간지각, 지각속도, 단어 유창성, 기억, 추리를 포함하는 7개의 집단 요인으로 구성되어 있다는 결론을 내렸다. 서스톤은 스피어만이 검사 점수가 정적으로 상관되었다는 것을 단순하게 보여주었다고 생각했다. 그가 나중에 다시 요인분석을 했을 때 g가 될 수 있는 이차적 요인이 발견되었다. 그는 전반적 요인에 대해 동의는 하지만 g는 일차적 능력의 결과였다고 생각했다. 서스톤은 지능을 이해하기 위해 '다중 요인' 접근을 했고 이것은 길포드(1981)에 의해 더 개발되었다.

1) 유동지능과 결정지능

카텔은 새로운 시도를 했다. 그는 지능이 하나의 단일 개념이 아니고 두 가지 요소로 이루어졌다고 생각했다(Cattell, 1987). 요인분석을 사용하여 카텔은 서스톤의 일차적 능력의 발견을 확증했으나 일차적 능력 간의 상관을 계속해서 요인분석했다. 그 결과, 두 개의 이차 요인이 발견되었다. 카텔은 일반지능은 존재하지만 그것은 독특한 두 가지 요인이 연합되어 이루어진 것으로 보았다. 즉, 유동지능과 결정지능이다. 유동지능은 유전적으로 결정되어 문화의 영향을 덜 받는다. 카텔은 유동지능이 뇌에 있는 정보를 얼마나 효율적으로 사용할 수 있는 가와 연관된다고 생각했다. 유동지능은 추상적 문제를 다루거나 적응하는 것과 관련된 일차적 추리능력이라고 보았다. 대조적으로 결정지능은 어떤 환경 안에서 유동지능을 사용하면서 발전되는 것이다. 이것은 획득된 지식이나 기술을 말하며 어휘력, 이해력, 일반적 지식을 포함하는 저장고로 이루어져 있다. 카텔은 두 형태의 지능이 역동적으로 연결되어 있는 것으로 보았다. 즉, 결정지능의 어떤 측면은 생애 전체에 걸쳐 발달하며 학습경험을 반영한다. 유동지능은 출생 시부터 발달하고 성인기 무렵 고정된다고 생각했다. 시나 수학과 같은 추상적 사고를 필요로 하는 분야는 초기 성인기에 최고의 성취를 이루는 반면, 문학이나 철학과 같은 분야는 더 발전된 지식이 필요하고 최고 업적은 후기 성인기 후기에 이루진다.

2) 길포드의 지능구조

길포드는 g라는 개념에 동의하지 않았다. 인지수행은 과제에 포함된 정신과정의 유형에 대한 평가, 조작된 내용, 검사내용의 특별한 종류에서 특정한 조작의 산물로 더 잘 설명될 수 있다고 제안했다. 기본 능력은 조작, 내용, 결과의 세 가지 범주에 속하며, 첫째와 둘째 범주는 각 5개 능력, 마지막 범주에는 6개 능력이 있다. 그는 또한 추리, 문제해결, 의사결정 그리고 언어기술을 포함한 나머지 능력 세트를 확인했다. 초기모델에서는 120개의 독립요인을 주장했고 이후 150개로 개정했다. 이는 지능이론의 구조로 불린다. 그의 연구는 지능요인의 독립성 가정을 지지하지 못했고 일반요인을 가진 위계적 모델을 제시하지 않은 것 때문에 비판을 받았다. 그러나 그의 이론은 지능의 개념을 확장시켰고 특수능력을 발휘하는 데 여러 측면이 서로 관여한다는 것을 알려주었다.

3) 버논의 위계

능력에 대한 요인분석이 증가함에 따라 영국 심리학자들은 지능을 더 많은 특수능력으로 분할될 수 있는 일반요인으로 보았다. 위계적 관점은 버논(Vernon, 1979)의 연구로 시작되었는데 그는 여러 요인분석의 결과를 단일 이론으로 통일했으며 특수능력과 g가 집단요인으로 연결된다는 것에 대해 아무도 생각하지 못했다고 주장했다. 이것은 지능이 서로 다른 수준으로 나타나는 능력세트로 구성되었다는 것을 의미한다. 1950년대 그는 두 개의 집단 요인으로 이루어진 스피어만의 접근을 수정했다. 즉, 지능에서 하나는 언어적, 교육적 측면과 관련되고 다른 것은 공간요인과 관련된다. 1960년대 그는 g가 가장 꼭대기에 있고 그것과 연결된 언어-교육(verbal-education; v:ed) 요인과 실용적-기계적-공간적(k:m) 요인으로 불리는 두 가지 주요한 요인들과 연결되는 분류표를 제안했다. 그리고 그 요인들은 더 작은 집단 요인들로 나눠지는데 이것은 위계의 제일 바닥에서 특정 검사에 적합한 능력으로 나눠진다. v:ed는 언어적 유창성과 숫자능력을 포함하고 k:m은 기계적, 공간적, 정신운동 능력을 포괄한다. 이 모델에서 고차적 요소는 넓은 범위의 능력을 나타내는데 이는 웩슬러 지능척도의 개발에 중요한 영향을 미쳤다.

4) 통합 모델

50년 이상의 연구를 누군가가 통합해야 할 시기가 왔으며 이를 캐롤이 실행하였다. 그는 1920년대에서 1980년대 사이에 축적된 대량의 자료를 가지고 요인분석을 하여 지능에 대한 세 가지 위계적 수준 혹은 '단층(stratum)'이 있다는 것을 제안했다(Carroll, 1993). 우선 I층은 69개의 특수한 종류의 지능, 혹은 능력으로 이루어져있다. II층은 I층의 능력들에서 나온 8개의 폭넓은 요인들로 구성되어 있다. 즉, 유동지능, 결정지능, 일반기억과 학습, 폭넓은 시지각, 폭넓은 청지각, 폭넓은 기억능력, 폭넓은 인지경로, 처리속도 등이다. III층은 g와 유사한 일반수준을 나타낸다.

5) 인지능력이론

캐롤은 분석 자료를 출판했는데 이는 지능을 이론화하는 것을 멈출 때가 왔다는 것을 의미한다. 그러나 그런 일은 일어나지 않았다. 혼(Horn)은 1980년대에 카텔과 유동-결정지능의 접근을 같이 연구해 왔다. 그는 g요인이라는 개념을 포기했고, 이어서 유동지능과 결정지능과 함께 7개의 더 넓은 g능력을 제안했다. 7개의 능력은 단기이해와 회상능력, 시각처리, 청각처리, 3차 저장과 회상, 처리속도, 정확한 결정속도, 양적 지식 등이다. 여러분은 캐롤, 카텔과 혼의 연구 간 유사성에 대해 혼란을 느낄 수 있다. 비슷한 이론이나 관점이 많이 있다. 리차드 우드콕(Richard Woodcock) 역시 혼과 캐롤의 입장이 포괄적 모델에서 일치한다고 생각했다. 결과적으로 이는 카텔-혼-캐롤 인지능력이론이 되었다(Flanagan, McGrew, & Oritiz, 2000; Lohman, 2001). 이것은 II층이라고 불리는 폭넓은 수준, I층의 좁은 수준, 그리고 일반요인이 모두 함께 속해 있다. 새로운 모델은 인지능력을 이해하는 데 강조를 두었다. 이전 이론들보다 덜 정교하고 검사하는 데 적합한 면들을 포괄할 수 있도록 범위가 확대되었다. 또한 후각, 촉각, 운동능력과 같은 덜 알려진 요인들을 포함하고 있다.

6) 가드너와 스턴버그

지능 이론을 응용장면과 측정에 적용하면서 두 개의 접근이 발달했다. 첫째, 가드너(Gardner)는 교육과 요인분석의 효과를 연결시키는 데 관심이 있었다. 그는 서구교육이 대인 간 지능 같은 측면보다는 논리-수학 지능과 언어 지능을 강조한다고 보았다. 그 결과 교육전문가는 논리-수학, 언어 지능은 약하고 대인 간 지능은 강한 사람에게 관심을 덜 갖는다고 보았다. 가드너는 규칙적 패턴으로 변화하는 행동을 발견하기 위해 문헌 연구를 했고 지능에는 9개의 유형이 있다고 제안했다(Gardner et al., 1996; Gardner, 1983, 1998). 언어, 논리-수학, 시공간 지각, 음악, 신체운동감각, 대인 간, 개인내적(자기-이해), 자연주의(자연과 상호작용할 수 있는), 실존주의자(자기의 주변과 장소를 더 큰 도식으로 이해할 수 있는) 능력 등이다.

가드너는 지능을 문제를 해결하거나 문화장면에서 가치 있는 결과를 창출하는 능력으로 정의하면서 지능을 확인하는 한 가지 수치가 있을 수 있다는 IQ의 기존 개념에 도전했다. 오히려 그는 모든 형태의 지능은 그 고유의 지수를 가진다고 보았다. 각각은 뇌의 독립된 영역과 관련 있고 지능은 상호작용하고 협동하지만 중추적 기능은 없다. 모든 사람은 지능의 독특하고 구분되는 집합을 가지고 있을 뿐이다. 가드너는 인간능력에서 문화적 가치의 역할을 보여주는 횡문화적 연구를 참고하여 자신의 관점을 입증하였다. 길포드의 업적과 함께 그의 이론은 교육전문가들 사이에서는 대중적인 지능구조 모델로 알려졌다. 스턴버그(Sternberg, 2000)는 이를 지지하는 연구가 더 많이 필요하다고 보았다.

IQ의 개념을 반대하는 또 한 사람은 스턴버그인데 그가 제안한 '삼각이론'은 지능의 세 가지 형태를 제안한다. 요소적, 경험적, 맥락적 하위 이론으로 불리는 이론으로 미국심리학회는 이것을 분석적, 창의적, 경험적 추리라고 기술했다. 분석적 지능은 지적 기능의 기저에 있는 내적 체계를 말한다. 일반정신능력을 반영하는 것으로 문제 재인과 해결, 지식획득에 포함되는 세 가지 요인이 있다. 창의적 지능은 여러 가지 측면의 경험, 외부 정보가 내부 세계와 어떻게 상호작용하고 새로운 아이디어를 형성하는지와 관련된다. 경험적 측면은 실용적 적용과 관련되는데 적응, 새로운 사고방식을 창출하기, 선택하기 등이 포함된다.

스턴버그는 전통적 지능검사를 이용하여 연구했으며 자신의 이론을 지지하는 측정도구를 개발했다. 이는 지능에 대한 사업가들의 관점과 유사하다. 또한 성격과 지능의 연구 전통을 결합하였다.

7) 인지심리학 모델

요인분석 연구에 기초한 지능에 대한 접근은 심리측정모델이다. 20세기 후반에 인지과학에서 나온 뇌와 행동의 정보처리모델에 대한 관심이 증가하면서 지능을 이해하는 데 적용하게 되었다. IT의 개발과 인공지능연구는 인지의 측면인 정보처리, 주의력과 계획하기라는 관점을 발달시켰다. 이러한 인지심리학 모델은 생물학적, 생리학적 과정을 강조한다(Schie, 1983; Haier, 1991).

뇌 크기, 인지 업무 효율성, 지각변별, 반응속도와 같은 과정을 측정하는 것은 개인의 지능수준을 알아내는 데 효과적이라는 것이 연구로 증명되었다. 뇌 크기와 IQ 간에는 유의미한 상관이 없었다(McDaniel, 2005; Wilson, 1985). 기초 인지과제(예를 들면, Jensen, 1998)는 자극 변별, 시각탐색, 정보회상 등을 포함하는 단순과제인데, 수행점수는 검사점수와 유의미한 상관이 있었다. 러시아 심리학자인 루리아(Luria, 1973)는 신경기능에 관심을 가지고 뇌에서 동시적 처리와 계열적 처리를 구분했는데, 검사는 양쪽 문제를 다 포괄할 수 있다. 그의 생각은 인지심리학모델에 기반을 둔 IQ측정으로 발전하였다.

03 지능검사의 역사

역사적으로 인간특성에 대한 가장 오래된 평가는 지능검사이며 다른 종류의 검사를 사용하기 전부터 존재했다. 과학적 관점에서 지능검사는 표준화된 도구를 사용하여 인지능력에서의 개인차를 측정하여 수량화하려는 시도와 관련된다. 오늘날 우리는 지능이론을 통해 이 측정이 어떻게 만들어지는지를 잘 이해할 수 있게 되었다.

대부분의 지능검사는 지식이나 능력에 기초를 두고 있다. 예를 들면 웩슬러 성인지능척도(Wechsler Adult Intelligence Scale: WAIS)는 지식에 기초한 문항으로 이루어진 하위검사들로 구성되어 있다. 검사는 정·오 반응을 할 수 있는 문항이 있고, 점진적 난이도를 가지고 있으며, 시간제한이 있고, 단일차원척도에서 산출되는 것같이 점수가 합산될 수 있다. 척도를 설계할 때 심리측정학자는 공통경험에서 나온 개인차를 확인하기 위해 공통목적을 가진 문항을 사용한다. 유사한 경험을 했을 때 지능이 높은 사람은 다른 사람들보다 경험으로부터 더 많은 것을 얻을 것이라고 가정한다. 그러므로 제공된 검사가 신뢰성 있고, 타당하고 적합하게 구성되어 있다면, 일반정신능력의 차이가 경험의 차이보다 점수에 더 큰 영향을 미쳐야 한다.

이러한 공통목적에도 불구하고 검사설계는 항상 동일하지는 않다. 몇몇 검사는 시간제한이 없는 규준을 가지고 있지만 대부분은 반응 시간제한이 있다. 몇몇은 문항순서가 섞여 있지만 대부분은 하위검사로 묶여 있다. 일부는 집단실시를 위해 설계되었지만 대부분은 개인 실시용이다. 집단검사의 목적은 대부분 직업이나 학업수행을 예측하기 위한 것으로 시간이 덜 걸린다. 개인별로 대면 실시하는 것은 보통 많은 시간이 걸리고 임상, 교육, 법정, 신경심리학 진단을 위해 사용되며 특성을 더 자세하게 검토할 수 있게 해준다. 검사의 몇 가지 변형은 어린 아이를 위해 구성된, 예를 들면 웩슬러 영유아지능척도(Wechsler Preschool and Primary Scale of Intelligence), 신체장애나 학습장애를 가진 사람을 위한 척도가 있다. 스탠포드-비네 지능척도(Stanford-Binet Intelligence Scale) 4판의 전체 검사시간은 연령과 실시된 검사 수에 따라 대략 75분 걸린다. 이 두 검사는 가장 대표적인 지능검사이다.

1) 초창기

프란시스 골튼(Fransis Galton)은 지능검사의 선구자로 기술되는데 감각을 기반으로 한 생물학적 기법을 사용하여 직접적으로 지능을 측정할 수 있다고 생각했다. '정신 검사(mental test)'라는 용어는 카텔(James Mckeen Cattell)이 양적 접근을 시도하면서 골튼이 촉각변별과 무게변별을 포함한 방법론을 개발했을 무렵 처음 사용했다. 21세기 초 비네와 시몽은 아동의 수행 차이를 예측할 목적으로 새로운 시도를 하였다. 비네는 고차적 정신과정을 대표하는 판단력, 이해력, 추리력을 중심으로 협응력, 언어지식, 재인, 단순명령의 실행이 포함된 측정도구를 개발했다(Binet & Simon, 1916). 결과적으로 표준화 검사(Terman & Merrill, 1960)가 나오게 되었으며 이는 추리능력과 판단력을 평가하도록 설계되었다.

이 검사는 난이도의 수준이 증가하는 것으로 구성된 30개의 짧은 과제로, 3세에서 10세까지의 아동의 '정신연령'을 확인하는 데 사용되었다. 이 검사는 아동이 그 연령보다 더 조숙한지 미숙한지도 알려 준다. 각 연령의 대표수준을 결정함으로써 비네와 시몽은 연령이 지능의 준거가 될 수 있도록 했다. 독서연령으로 독서수준을 평가하는 것과 비슷하다. 이들 연구는 지금까지 지능검사의 초석으로 간주되고 있다. 스탠포드대학에서 터만(Terman)이 미국 개정판을 만들었으며 이것은 전 세계적으로 영향력을 가지게 된다. 고다드(Goddard)는 이를 영어로 번안했고 터만(1925)은 신뢰도와 타당도를 산출해 냈으며, 스턴(Stern)은 '지능지수'라는 개념을 개발했다. 비네는 아동에게 검사를 실시하여 다른 아동의 답과 비교할 수 있게 하였고, 비슷한 능력을 가진 아동의 평균연령을 결정하여 정신연령이라고 불렀다. 그는 정신연령을 생활연령으로 나누면 일정비율을 얻는다는 것을 확인하고 이것을 '지능지수'라 명명하였다. 스턴(1965)은 이 비율에 100을 곱해서 IQ척도를 구성했다. 생활연령에 대응하는 정신연령을 가진 아동은 IQ 100이 된다. 12세 문제를 다 푼 10세 아동은 120이라는 IQ를 갖는다. 이후에 지능은 약 17의 표준편차를 갖는 정상분포를 이룬다는 것이 밝혀졌다.

2) 스탠포드-비네 검사

비네와 시몽의 검사는 최초의 심리측정 평가로 널리 알려져 있다. 최초 검사를 더욱 발달시킨 스탠포드-비네 지능척도는 60년 이상 전 세계적으로 사용되고 있다. 네 번째 수정판은 문항반응이론을 포함하는 현대적 기법을 사용하여 구성되었고 원래 검사처럼 2세에서 성인에 이르기까지의 지능을 측정하도록 설계되었다. 2세에서 23세 사이에 있는 5,013명의 표집을 대상으로 하여 표준화되었다. 각 하위검사의 원 점수는 표준연령척도점수로 환산될 수 있는데 평균은 50이고 표준편차는 8.0이다. 4개 영역의 점수는 합쳐져 표준연령점수척도로 환산된다. 다섯 번째 수정판은 유동추리, 상식, 수량적 추리, 시공간처리, 작업 기억 등을 포괄하며 2세 이상의 전체 연령을 대상으로 한다.

3) 알파검사와 베타검사

1917년 당시 지능검사의 문제점은 한 번에 한 명에게만 검사를 해야 해서 시간이 많이 걸리고 18세 이상의 성인에게는 사용할 수 없다는 것이었다. 1차 세계대전에 미군이 참여하면서 많은 성인을 검사할 필요가 생겼다. 적절한 업무와 지위를 배정하기 위해 군인의 지적 능력 평가가 요구되었기 때문이다. 미국심리학회가 구성한 위원회는 집단에게 실시할 검사를 개발하기로 했다. 군대알파검사와 군대베타검사가 개발되었다. 알파는 영어를 읽고 쓸 줄 아는 사람을 위한 것이고, 베타검사는 문맹이거나 영어를 못하는 사람을 위한 것이다.

알파검사는 구어와 문어 양쪽의 지식을 보는데 구두 지시를 올바로 따를 수 있는 능력, 수학문제 풀기, 실용적 판단을 증명하기, 동의어와 반대어를 사용하기, 수열 완성하기, 유추하기 등으로 이루어졌다. 베타검사는 영어에 대한 지식에 영향을 받지 않는 것이지만 내용은 유사하다. 수신호를 사용하여 실시된다.

과제는 미로 찾기, 조각그림문제, 계산하기, 숫자와 기호를 연결하기, 기하학적 구성문제 등으로 이루어져 있다.

두 검사는 다양한 배경을 대표하는 500명의 표집을 대상으로 예비조사가 실시되었다. 집단으로 이용할 수 있는 준거를 개발했고, 비네 척도와 상관을 냈으며, 채점을 쉽게 하고 컨닝을 방지하고 객관성을 유지할 수 있도록 구성되었다. 이러한 구성은 대규모의 프로그램을 만들게 했고, 일정 기간 동안 175만 명이 평가받고 미군으로 징병되었다. 검사의 가치를 공적으로 재인식하게 되었으며 전쟁이 끝난 후에는 국가지능검사(National Intelligent Test)라고 해서 많이 팔렸으며 동시에 평가할 수 있는 사람들의 수도 증가하였다. 이 검사들은 많은 검사의 모델이 되었고 개정판인 베타-III는 아직 사용되고 있으며 이는 70년 이상의 개발로 이루어진 결과다(Harcourt Assessment, 2007).

4) 웩슬러 척도

비네의 IQ 척도와 알파와 베타 척도는 스피어만의 제자인 웩슬러(Wechsler)에게 많은 영향을 미쳤다. 웩슬러는 지능평가에서 가장 중요하고 유명하며 널리 사용되는 웩슬러 성인지능척도(WAIS)를 개발하였다. 1939년 웩슬러-벨르뷰 척도(Wechsler-Bellevue Scale)가 출간되었고 1955년에 WAIS가 출간되었다. 이 검사는 대규모 표집을 대상으로 타당화되었고 성인에게 사용할 수 있었기 때문에 스탠포드-비네 검사를 점차 대체하게 되었다(Wechsler, 1958). 웩슬러 척도에 대한 자세한 내용은 5장에서 다루고 있다.

5) 문화의 문제

웩슬러는 지능을 일반지능이라는 단일화된 속성, 즉 g로 보는 사람과 지능이 많은 독특한 능력으로 이루어졌다고 믿는 이론가들 간에 화해를 이끌어 냈다. 하지만 검사과제에서 문화에 의존하는 어휘와 일반지식 같은 하위검사에서 발생하는 문제를 갖고 있었다. 지능검사는 오랫동안 중류층 서구사회의 관점에서 제작되어 문화편파적이라는 의견들이 많았다. 이런 점 때문에 많은 검사 개발자들은 '문화에 영향을 받지 않는' 검사를 만들려는 노력을 해왔다. 그러나 이런 노력은 수포로 돌아갔고 문화에 영향을 받지 않는 검사를 만드는 것은 완벽하게 성공할 수 없다는 것을 깨닫게 되었다. 결과적으로 '문화-공평' 검사를 만드는 것으로 목표를 수정하였다. 이것은 언어의 특별한 성질을 소유하는 문항이나 문화적으로 영향을 받는 문항은 제외시킨다는 것을 의미한다.

이런 기준을 충족하는 최초 검사 중 하나가 굳이너프 해리스 그림 검사이다(Goodenough Harris Drawing Test: Goodenough, 1926; Harris, 1963). 수검자에게 사람 그림을 그리라는 과제를 제시하여 완성하도록 한다. 예술적 가치는 무시하고 신체와 자세한 복장, 신체 부분 간의 정확한 비율, 다른 특징 등을 보고 채점한다. 시간제한은 없으며, 3~15세 아동을 위한 규준이 있으며 점수는 표준점수와 백분위로 변환할 수 있다.

또 다른 문화-공평 검사는 라벤의 프로그레시브 매트리스(Progressive Matrices: Raven, 1965)이다. 이것은 라벤이 개발했다. 그는 문화적 영향이나 언어에서 자유로울 수 있는 방식으로 스피어만의 g에서 가져온 추상적 능력을 검사하고자 했다. 그는 추상적 추리능력을 측정하는 비언어적 과제에 초점을 맞추고, 유동지능을 더 많이 측정하여 그러한 영향을 최소화하려 하였다. 이 검사는 결정지능 측정보다 학업성공을 덜 예측하기는 하지만 다양한 배경을 가진 사람들을 평가할 때 유용하다. 그 이후로 나온 검사 시리즈—표준형, 색채형, 중급형 프로그레시브 매트리스—는 6세에서 80세까지 이용할 수 있다.

04 지능에 대한 쟁점

1) 천성과 육성의 쟁점

IQ검사에서 어떤 한 사람이 다른 사람들보다 더 좋은 수행을 보였다는 결과가 다음 질문에 대한 대답을 해주지는 않는다. 어떤 사람이 다른 사람보다 더 똑똑한 이유는 무엇인가? 우리의 유전자에 그 답이 있는지에 대해서는 논쟁이 진행되고 있다. 즉, 지능이 생물학적으로 결정되는지 또는 개인적이면서 환경적 경험과 연결된 것인지에 대해서는 논쟁이 벌어지고 있다. 첫 관점은 유전자형에 초점을 맞춘 것으로 이것은 유전자로 이루어진 타고난 유전 암호이다. 유전자형은 우리의 신체적 용모나 특질로 바깥으로 표현되는 표현형의 기초를 이루는 것으로 우리가 무엇이고 우리가 무엇을 하는가를 결정한다. 어떤 사람은 지능이 전적으로 유전자(우리의 천성)로 결정되는 것이라고 하고 다른 사람은 환경과 경험(우리의 육성)으로 결정된다고 말한다. 이것을 천성(nature) 대 육성(nurture) 논쟁이라 한다.

행동유전학은 차이를 만드는 데 어떤 것이 더 큰 역할을 하는지와 그들의 관계를 연구한다. 인간 게놈 안에는 30억 개의 DNA를 제공하는 3만 개의 유전자가 있다. 그 관계를 분석하는 데 사용되는 3개의 주요 연구유형은 가족연구, 쌍생아 연구, 입양연구이다(Plomin, 2004). 가족연구는 같은 가족구성원 간에 평균 IQ 상관을 보는 것이다. 이것은 아이가 각 부모나 형제들과 평균 50%의 유전자를 공유하고 일부 유사성은 환경요인으로 야기될 수 있으므로 많은 것을 말해주지는 못한다. 대신에 이와 같은 유전자를 공유하지 않는 가족을 연구하는 것이 도움이 된다. 더 중요한 것은 쌍생아 연구이다. 어머니의 난자가 수정되고 분리될 때 두 태아가 형성되는 것으로 일란성(MZ) 쌍생아라고 한다. 그들의 유전적 구성요소는 동일하다. 이란성(DZ) 쌍생아는 두 개의 수정된 난자가 동시에 발달할 때 생긴다. 이런 경우 그들은 유전적 구성요소의 평균 50%를 공유한다. 쌍생아가 아닌 형제와 두 종류의 쌍생아를 비교하고 유전자의 상대적 영향을 조사할 수 있다. 입양연구의 경우에는 부모로부터 물려받은 유전자가 없다. 유전자와 환경의 영향은 쌍생아를 따로 양육할 때 연구할 수 있다.

유전성은 지능 측정을 사용하여 3개의 접근으로부터 나온 결과를 검토하여 평가될 수 있다. 이것은 지능의 공유된 변량 비율에 반영된 부모와 아이 사이의 차이를 고려하여 결정된다. 부모와 아이는 공유된 변량 비율이 100퍼센트에 가깝게 근접할 때 유사한 것이고 0에 가까울 때는 다른 것이다. 평균 유전성은 여러 모집단에서 추정할 수 있는데 유전 요인으로 설명되는 지능의 변량비율의 추정치를 제공한다. 유전성 지수(h^2)는 유전과 환경 둘 다에 기인하는 검사점수 변량에 대한 유전에 의한 검사점수 변량의 비율로 정의된다.

이와 관련된 연구들은 일관성 있는 결과를 내놓지는 못하고 있다. 예를 들면 아이젱크(Eysenck)가 일반 모집단에서 69% 정도의 유전성 추정치를 내놓았을 때 초기 연구는 잘못된 해석을 했다(Eysenck, 1979). 대부분의 추정치는 40%~80% 로 다양하다. 가장 낮은 상관은 입양부모와 아이의 상관으로 .02로 밝혀졌다. 같이 양육된 MZ 쌍생아들 간에 상관은 .85로 가장 높았다. 출생 시 분리되어 여러 가족에 배치된, 즉 유사한 환경을 가지지 않은, MZ 쌍생아의 점수는 .76 정도이다. 유전자의 반을 공유한 따로 입양된 형제들은 MZ 쌍생아와 비교했을 때 .24로 훨씬 덜 유사했다.

예를 들면 일부 유전자는 우성이고 반면 일부는 열성이며 이들이 상호작용하기 때문에 그 유전자의 영향은 정확하지가 않다. 대표 연구가 갖는 또 다른 어려움이 있다. 다른 요인에는 부모가 포함된다. 사람들은 지능이 유사한 사람을 찾게 되고 그들에게 더 매력을 느끼며 짝이 될 가능성이 있다. 이것은 유전성 추정치에 영향을 미칠 수 있다(Mackintosh, 1998). IQ는 IQ검사를 사용하여 측정된다는 것을 고려하여 측정요인을 설명할 필요가 있다. 예를 들면 많은 검사 오차의 원천이 개입될 수 있다.

환경의 영향도 여러 가지로 설명될 수 있다. 빈곤과 같은 명백한 것에서부터 TV의 영향과 같은 모호한 것까지 매우 다양하다. 어떤 목록은 아이가 TV를 보는 정도, 출생 시 체중과 키, 학교, 경제적 위치, 교육 등이 포함된다. 그런 요인은 생물학, 가족, 교육, 문화 등으로 넓게 범주화될 수 있고 그들 중 일부 측면은 다른 것보다 인식하기가 더 어렵다. 우리는 그들의 영향과 상호작용에 대해 명확하게 알 수 없다. 우리가 말할 수 있는 것은 지능을 나타내는 특정 유전자를 확인하지 못했다는 것이다. 지능은 다중유전인 것 같고 단일한 주요 유전자보다는 많은 부차적 유전자들의 상호작용과 연결되는 것 같다. 유전자는 환경을 결정하고 적응하는 데 있어서 중요한 역할을 하므로 천성과 육성을 분리시키는 것은 어렵다.

2) 이데올로기와 지능

지능을 평가하는 방법은 항상 발생유전학과 연합하여 발달해 왔다. 발생유전학자는 지능과 도덕적 우월성이 선택에 의해 향상될 수 있다고 믿는다. 골튼은 이러한 이데올로기를 지지했고 사회에서 지능을 높이는 데 인위적 방법을 사용할 수 있다고 제안했다. 20세기 초기에 많은 발생유전학자들은 불임을 법적으로 강요했으며 '정신박약'으로 묘사되는 사람들은 범죄를 저지르는 공격자의 대다수를 차지한다고 생각했다(Zeleny, 1933).

미국에서 터만(1925)은 골튼의 생각을 지지하였다. 그는 일부 인종집단에서 낮은 지능이 존재하고 이는 유전된 것이라고 했다. 래프린(Laughlin)이 1922년에 제출한 법안이 있는데 지능이 낮은 사람, 정신병자, 범죄자, 간질병자, 맹인, 불구자, 하인 등에게 불임을 강요하는 것이다. 일부 다른 나라에서와 같이 미국은 출산 통제, 강요된 불임, 결혼 조절, 그리고 이민 통제를 사용하여 집단에 따라 서로 다른 출산율을 장려하는 포괄적 방법의 프로그램을 추진했다. 알파검사와 베타검사와 같은 IQ검사는 지능이 낮은 사람을 확인하기 위해 사용되었다. 나치의 힘이 커짐에 따라 독일은 발생유전학 집중센터가 되었다. 1933년에 그들은 래프린의 제안에 따라 법을 만들었고, 이는 지적 장애자의 불임으로 이어졌다. 홀로코스트는 정치 활동가, 성직자, 범죄자는 물론이고 유태인, 공산주의자, 동성애자, 정신병자, 정신지체자 등을 몰살하도록 고안되었다.

그러므로 2차 세계대전 이후 대규모의 유죄판결이 있었고 많은 나라들은 그러한 프로그램을 폐기했다. 일부 학자들이 그러한 사건의 기초를 제공한 것으로 보이면서 지능검사 운동과 심리측정 역시 비판받았다. 그러나 발생유전학에 대한 관심은 사라지지 않았다. 1960년에 한 집단을 기초로 백인은 지능을 포함한 여러 면에서 흑인보다 우수하다고 보고되었다. 다른 사람들은 그러한 차이가 문화적 차이에 기인한다고 했지만, 얀슨(Jensen, 1973)과 아이젱크(1973)를 포함한 일부 심리학자들은 그러한 차이가 유전에 기인한다고 했다. 카민(Kamin, 1974)이 이끄는 학자들은 얀슨과 아이젱크의 연구와 지능검사의 이데올로기를 비판했다. 이러한 소동은 미국에서 검사에서의 편파라는 이슈를 넘어서 법정의 사례로 이어졌다.

심리측정은 인종 차별이라는 이슈가 지속되면서 평판이 나빠졌다. 1994년에 두 명의 미국 저자인 헌스타인(Hurrnstein)과 머레이(Murray)는 『벨 커프: 미국생활에서 지능과 계층 구조(*The Bell Curve: Intelligence and Class Structure in American Life*)』라는 책을 출간했는데 거기서 그들은 끝 부분에 높은 지능을 가진 사람을 대상으로 계층 체계의 형성을 예측했다. 그들은 지능이 사회경제적 지위보다 더 중요하다고 했다. 또한 백인미국인이 WAIS상에 평균점수가 흑인미국인보다 15점 더 높았다고 주장했다. 스탠포드-비네에서 그 차이는 더 커져서 18점이었다. 지능수준이 낮은 집단은 잠재적으로 평균 IQ를 저하시키고 사회적 문제를 일으킨다고 결론 내렸다. 이러한 결론이 잘못되었다는 비판은 물론이고 지지하는 출판물도 많았다. 미국심리학회(APA)는 차이가 있다는 것을 받아들이면서 그것은 문화적 차이의 결과가 될 수 있다고 했다.

헌스타인과 머레이의 책에 대해 계속 비판이 이어졌다. 일부 학자는 사람이 서로 다른 일반지능요인이 있다고 가정했다(Maltby, Day, & Macaskill, 2007). 이것은 논쟁이 될 수 있다. IQ 검사는 정확하게 측정한다고 가정했지만 논쟁이 된다. 다양한 접근에 따라 측정도구가 구분될 수 있지만 심리측정 IQ 검사점수에 대해서는 논쟁이 있어 왔다. 다른 사람들은 IQ 점수가 시간이 지나도 안정적이고 유전적이라고 가정했다. 카민(1995; Kamin & Goldberger, 2002)의 비판은 통계적 사고와 연구 증거에 초점을 맞췄고 그가 제기한 주요한 포인트는 상관을 오용한다는 것이다. 예를 들면 그들은 IQ 점수와 사회경제적 지위를 미래의 경제적, 사회적 복지의 원인적 변수로 본다는 것이다. 그들은 많은 원천에서 나온 손상된 증거와 결함 있는 통계적 사고를 결합시켰다.

3) 플린 효과

지능의 역사에서 가장 놀라운 사건 중 하나는 플린 효과(Flynn effect)를 발견한 것이다. 이것은 지능이 세대가 지나면서 증가한다는 것이다. 주요 질문은 다음과 같다. 어떻게 이런 발견이 나오게 되었는가? 그것이 사실인가? 만일 그렇다면 그 원인은 무엇인가? 이야기는 1987년에 제임스 플린이 연구 결과를 발표하면서 시작되었다(Flynn, 1999). 검사 점수는 변동이 있을 수 있지만 시간이 지나면서 전 세계적으로 규칙적인 변동이 있었다. 지능이 증가한다면 지능이 낮은 사람들이 더 아이를 많이 낳고 지능이 높은 사람들은 그렇지 않기 때문에 지능이 점점 쇠퇴한다고 주장하는 우생학자들은 궁지에 빠지게 된다.

두 가지 원천에서 이러한 발견이 나왔다. 하나는 대규모의 조직체가 구직자의 정신능력을 규칙적으로 평가하면서 밝혀졌다. 다른 한 가지는 지능검사의 새로운 판을 만들 때 출판업자가 규준을 갱신할 필요를 느끼면서 발견되었다. 1981년에 플린은 WAIS와 스탠포드-비네 검사의 매뉴얼을 조사했는데, 한 집단에게 개정된 검사와 이전 검사를 실시했을 때 항상 새 검사의 점수가 더 높게 나온다는 것을 발견했다(Flynn, 1987). 예를 들면, 그는 한 집단이 WISC의 1972년 판에서 평균 IQ 100이었다면 그들은 1947/48년 판으로 보면 평균 108이라는 것을 밝혀냈다. 이것은 나중 검사에서 평균이었지만 1947/48년 판에서는 평균 상이 되는 것이다. 집단은 시간이 지남에 따라 평균보다 더 높은 표준을 형성했다.

1932~1978년 결과에 기초하여 플린은 백인 미국인 전체가 매년 .3점을 평균으로 하여 14점이 상승되었다는 것을 발견했다. 그는 14개 나라에서 나온 자료를 취합하여 보고했는데 군대 조직에서 나온 대규모 자료도 포함되었다. 1994년에는 20개 나라의 자료를 모았다(Flynn, 1994). 플린은 IQ 점수가 50년에 걸쳐 계속적으로 15점 정도 상승했으며 많은 나라에서 매년 상승했다는 것을 증명했다. 유동지능을 측정하는 비언어적 수행이 가장 많이 증가했으며 결정지능과 관련된 것은 가장 낮은 증가를 보였다. 더 많은 연구가 이러한 결과를 지지했으며, 플린은 유동지능은 세대당 평균 15점 정도 증가하고 결정지능은 세대당 9점 정도 증가했다고 결론지었다.

이런 현상이 부분적으로 문화와 관련 있고 세계적 증가를 설명하지는 못한다고 할지라도, 교육의 개선과 지식에 대한 접근편리성이 이런 현상을 설명해 줄 수 있을 것이다. 플린은 세대가 바뀔수록 더 지능적이 된다는, 즉 더 많은 천재가 생긴다는, 생각을 평가 절하했다. 그는 지능보다는 오히려 추상적 능력이 증가했고 환경적 요인이 점수를 높였다고 생각했다(Flynn, 1994, 1999). 많은 가설들이 환경적 이슈로 상승효과를 설명하였다(Neisser, 1998). 이런 점들이 적절한 설명을 하지는 못하지만, 재학기간, 검사의 정교화, 초기에 이루어지는 정신적 자극 등이 환경적 이슈에 포함된다(McKey et al., 1985). 인지자극가설은 시각매체나

IT의 영향과 연결되지만, 이것을 지지하는 연구증거는 없다. 린(Lynn, 1990)은 그것이 영향과 관련된다고 했고 몇몇 연구는 이런 관점을 지지한다. 특히 모유 먹이는 것과 비타민과 무기질 보충제와 관련된다는 것이다(Smith, Durkin, Hinton, Bellinger, & Kuhn, 2003; Oddy et al., 2004). 다른 사람들은 이런 제안에 동의하지 않았다. 영양은 지지적 환경의 일부라고 본다.

두 개의 연구는 그 효과가 정반대가 될 수 있다고 제안한다. 하나는 지능점수의 증가가 멈춘 것을 발견한 노르웨이에 있었고(Sundet, Barlaug, & Torjussen, 2004), 그 반대는 덴마크에 있었다(Teasdale & Owen, 2005). 확실한 결론은 없다. 일부 연구자들은 플린 효과가 존재한다는 것을 확신하고 있고, 일부는 의심하고 있다. 그리고 그것을 설명할 만한 명확한 증거는 없다. 더 많은 연구가 이루어져야 할 것이다.

05 능력과 적성의 측정

IQ에 대한 논쟁의 결과로서 IQ의 평판은 좋지 않게 되었다. 이런 이유로 능력이나 적성이라는 용어가 사회적으로 더 많이 수용되고 있다. 지능의 위계적 모델에서 나온 사람의 능력이 지능보다 더 실용적으로 사용되고 있다. 많은 특수능력은 실제 응용분야에서 특히 더 중요하다. 어떤 한 사람이 어떤 부분에서는 높은 점수를 받고 다른 부분에서는 낮은 점수를 받는, 즉 능력 프로파일로 생각하는 것이 더 쉽게 수용될 수 있다. 모든 사람은 강점과 약점을 가지고 있을 것이다. 고차적 능력은 많은 특수 기본능력과 적성에서 나온 추출물로 볼 수 있다. 플리시먼은 네 가지 범주로 능력을 구분했다. 즉 인지, 정신운동, 지각, 신체능력이다(Fleishman & Quaintance, 1984; Fleishman & Reilly, 1991). 대부분의 연구는 수행과의 강력한 관계 때문에 인지능력검사를 주축으로 한다. 정신운동능력의 성질에 대해 많은 논쟁이 있었다.

능력검사는 사람의 잠재력을 측정하고 미래의 수행을 예측하기 위해 사용된다. 대조적으로 성취검사는 현재의 수행을 평가하며 검사하는 그 시점의 능력에 초점을 맞춘다. 적성검사와의 구분은 항상 명확하지 않으며 논쟁이 될 수 있다. 능력은 적성의 기저에 있는 것으로 가정된다. 어떤 정신작용을 실행할 수 있는 정도를 기술하거나 일반적 추리를 포함하는 것이다. 더 좁은 것에 초점을 맞추는 적성검사는 문서정리, 기술적 검토, 혹은 손재주 등과 같은 어떤 유형의 일을 잘 하고 특수기술을 배울 수 있는 가능성을 결정해 준다. 그러나 능력검사 점수와 적성검사 점수는 주로 교육적 성취와 연결된다. 예를 들면 사람은 검사를 읽을 충분한 기술을 가질 필요가 있을 것이다. 거의 아무 것도 읽을 것이 없는 추상적/공간적 추리 검사만이 예외이다.

사람의 능력에 대한 전체 윤곽을 잡기 위해서 우리는 수행유형에 따라서 일반지능의 수준은 물론이고 폭넓은 능력을 평가할 필요가 있다. 예를 들면 수리추리검사는 좋은 측정치가 될 수 있다. 오늘날 사용가능한 다양한 검사를 이해하기 위해 카텔이 일반정신능력을 분리한 것처럼 능력을 연속적 스펙트럼의 일부로 보는 것이 도움이 된다(Cattell, 1987; Stankov et al., 1995).

지능과 함께 문화와 배경은 능력에 중요한 영향을 미친다. 앞에서 봤듯이 다양한 문화는 다양한 유형을 강조할 것이다. 결정능력의 질은 한 개인의 유동능력의 함수이다. 이러한 성질 때문에 높은 수준의 유동능력은 추상적 추리점수에 더 직접적 영향을 미칠 것이다. 추상적 추리검사는 IQ검사에서와 같이 형태에 대한 결정을 내리는 것이다. 그러므로 추리를 강조하며 간혹 언어적 추리와 수리 추리라고 한다.

일반적 용어로 능력검사는 언어유창성, 공간 방향성, 수리 추리와 같은 추상적 개념에서부터 서기 속도나 컴퓨터 프로그램하기와 같은 실용적 능력까지 걸쳐 있다. 능력검사는 보통 반응속도가 포함된 것으로 시간제한이 있다. 다음과 같이 정의될 수 있다.

- 능력 영역: 예를 들면 공간적, 수리적, 언어적 사고로, 사용되는 '언어'를 대표한다.
- 정신적 조작세트: 조작이나 과제세트
- 난이도 수준: 요구되는 능력의 정도

일반능력검사는 더 폭이 넓고 한 영역 이상에서 표집되는데 보통 언어, 수, 또한 공간 능력 등을 포함하지만 특수검사는, 예를 들면 고차적 수리추리검사나 언어비판추리검사처럼 제한된 영역, 단일 영역에서 문항을 표집한다. 비판적 추리검사는 정보나 자료의 후보를 제시하고 그다음에 그것에 대한 질문을 한다. 일부 연구자들은 대부분 단일능력 이상을 측정한다고 생각하므로 단일차원이 아니다(Ree & Carretta, 1997, 1998).

다음을 포함하여 능력검사에서 다양한 접근이 이용될 수 있다.

- 지필검사 (가장 일반적 접근)
- 도구 검사 (운동속도나 정확성과 같은)
- 컴퓨터로 된 검사 (출판사에서 제공이 증가)

작업 표본검사는 직업 평가에서 보통 사용되고 직무의 중요한 일부분을 시뮬레이트한다. 이들은 기본적으로 성취검사로서 직무의 표집은 간혹 경험에 기초한 것으로 타이핑 기술검사 등이 있다. 이와 유사하게 직무 시뮬레이션 연습은 그것들이 직무의 요구를 시뮬레이트하는 평가 센터에서 사용된다. 그들은 객관적 방식으로 직무의 일부를 수량화하기 위해 설계된다.

능력검사는 카메라로 사람을 찍는 상황으로 설명될 수 있다. 넓은 각도의 관점은 일반적 인상을 파악할 수 있으며 폭넓은 전체적 이해를 할 수 있게 해준다. 한편 완성된 사진을 줌을 이용해서 더 자세히 볼 수 있다. 일반능력검사는 더 큰 관점으로 더 많은 정보를 알게 해 준다. 일반능력검사(General Ability Test: GAT)를 구성하는 특수능력검사는 피사체를 클로즈업해서 보는 것과 같다. GAT는 언어, 공간, 추상, 수리추리검사를 포함하고 있다. 다른 일반능력검사는 일반추리검사(General Reasoning Test: GRT)나 대학원관리평가(Graduate Managerial Assessment: GMA)가 있다. 그런 검사는 특수능력을 분리해서 볼 수 있고 더 큰 그림으로 모아서 볼 수도 있다.

위계적 구조(Burt, 1949; Vernon, 1950, 1969)를 반영한 다중적성 배터리는 널리 알려져 있는 검사이다. 카텔(1971)과 혼(1978) 역시 위계적 모델을 제안했는데, 그들은 위계의 제일 꼭대기에 g를 넣지 않았다. 그러나 배터리 변량의 대부분은 g에 기인하며(Jensen, 1998), 단일능력으로 설명되는 가장 큰 비율의 변량은 8% 가량이다(Ree & Carretta, 1994; Carretta & Ree, 1996). 배터리의 대표적 예는 일반적성검사 배터리(General Aptitude Test Battery)이다. 여기에는 일반능력, 서기 지각력, 운동 협응력, 손의 기민성, 그리고 차이적성검사 배터리 등의 검사가 포함되어 있다.

5장 웩슬러 지능검사

1. 일반적 특징
2. 한국형 웩슬러 성인용 지능검사
3. 한국형 웩슬러 아동 지능검사

5장

웩슬러 지능검사

01 일반적 특징

웩슬러 지능검사가 개발된 당시에는 지능 이론에 대한 고려 없이 제작되었지만 네 번째 개정에서는 신경심리학, 인지신경학, 지능 이론들의 발전과 경험적 지식 등에 근거하여 상당한 변화가 검사내용과 구조에서 일어났다. 검사내용과 구조에서 가장 큰 변화는 언어성 지능과 동작성 지능의 개념이 완전히 사라졌다는 것이다. 네 번째 개정판에서는 전체지능지표[1)]와 언어이해, 지각추론, 작업기억, 처리속도 등 다섯 가지 지능지표를 산출한다. 지표점수들의 세분화는 인지능력의 구체적 영역에서의 수행에 대한 분화된 진단으로 더 자세한 정보를 제공한 임상적 연구들에 일부 기인한다. 이전 버전의 언어성 능력과 관련된 지표는 언어이해와 작업기억지표, 동작성 능력과 관련된 지표는 지각추론과 처리속도 지표다(Lichtenberger & Kaufman, 2009). 이전의 지능검사의 소검사들 중 삭제된 소검사도 있고 새롭게 더해진 소검사도 있다. 이런 변화는 결정성 지능보다는 비결정성 지능(예: 작업기억, 처리속도)을 상대적으로 더 강조하고 있음을 반영한

1) '지능지수'로 번역되기도 한다.

결과로 볼 수 있다. 마지막으로 정답 또는 오답을 아는 것만큼 이를 어떻게 아는지도 중요하므로 수행평가에서 과정접근이 더 강조되었다.

심리측정학적 수준에서도 향상이 있었다. 다시 말해서 타당도와 신뢰도를 증가시키기 위한 노력들이 더해졌다. 자세하게 기술하면, 요인분석에 근거하여 지능의 여러 요인들을 분류하였으며 다른 유형의 인지기능과 성취, 지능검사들 간 통계적 관련성을 확보하여 타당도 관련 쟁점을 해결/개선하였다. 그리고 검사-재검사 신뢰도를 비롯하여 다른 유형의 신뢰도를 보장하기 위해 광범위한 노력이 투자되었다.

임상적 유용성도 증가시켰다. 예를 들면, 천장효과와 바닥효과가 덜 나타나도록 더 쉬운 문제와 더 어려운 문제를 포함시켜 문제난이도를 조절하였다. 그리하여 더 낮은 인지능력을 가진 사람에게도, 더 높은 인지능력을 가진 사람에게도 검사를 실시할 수 있게 되어 검사대상의 범위가 넓어졌다. 마지막으로, 전체 지능지표를 산출하는 데 사용하는 검사의 개수가 줄어들었다.

02 한국형 웩슬러 성인용 지능검사

웩슬러 아동용 지능검사와 성인용 지능검사는 웩슬러가 (비네 지능검사의 문제점을 보완하여) 1939년 웩슬러-벨레뷰 척도(Wechsler-Bellevue Intelligence Scale: WBIS)[2]라는 이름으로 최초로 출간한 검사에 뿌리를 두고 있다. WBIS는 그 당시 사용되고 있는 지능검사들의 하위검사들을 조합하여 구성한 검사였다. 그 후 개정작업에서는 지능이론들이 고려되었다. 성인용 지능검사는 1955년 웩슬러 성인용 지능검사(Wechsler Adult Intelligence Scale: WAIS)를 출간하면서 시작되었으며, 이 검

2) 웩슬러가 뉴욕시티의 벨레뷰 종합병원의 책임 심리학자였기 때문에 붙여진 이름이다.

사는 언어로 된 검사항목과 함께 비언어(동작성)로 구성된 검사항목이 포함되어 있었다. 그 후, 웩슬러 지능검사는 비네(Binet)의 지능검사를 대체하기 시작하여 현재 세계에서 가장 많이 사용되고 있는 검사들 중 하나로 자리 잡았다.

한국에서 사용되고 있는 한국형 웩슬러 성인용 지능검사(K-WAIS-IV)는 미국에서 2008년 출간된 WAIS-IV를 표준화시킨 것이다. 이 표준화 작업은 2012년도 황순택, 김지혜, 박광배 외에 의해 이루어졌다.

1) K-WAIS-IV의 기본 특징

K-WAIS-IV는 초등학교 학력을 가진 16세 0개월부터 69세 11개월까지의 청소년·성인을 대상으로 실시할 수 있다. 이 검사의 소검사는 모두 15개로 구성되어 있으며 이 중 10개는 핵심소검사, 나머지 5개는 보충소검사다. 핵심소검사는 지능지표 산출을 위해 반드시 실시해야 하는 필수 소검사이고 보충소검사는 핵심소검사에서 얻은 점수를 사용할 수 없는 경우에 핵심소검사 대체용으로 사용할 수 있는 검사다. 하지만 보충소검사의 역할이 대체용에 국한되는 것은 아니다. 소검사 15개를 모두 실시하면 수검자의 인지능력에 대해 더 넓고 더 정확하게 결정할 수 있는 추가 정보를 가질 수 있다. 이 정보들에는 수검자의 더 광범위한 인지기능에 대한 정보와 임상실제에 도움이 되는 정보, 소검사들 간 점수 불일치를 분석할 수 있는 정보 등이 포함된다. 지표산출에 핵심소검사 점수를 사용하지 못하거나 또는 핵심소검사 대신 보충소검사를 사용해야 하는 경우는 실시오류, 최근 검사경험, 수검자의 신체조건, 반응태도 등으로 검사점수의 타당성에 대한 의심이 드는 상황에서다. 각 지표 내에서 핵심소검사를 대체할 수 있는 보충소검사 1개를 사용할 수 있다.

2) K-WAIS-IV의 지표와 소검사

K-WAIS-IV는 15개의 소검사들로 구성되어 있다. 소검사들 중 10개의 소검사들은 핵심소검사, 5개는 보충소검사다. 핵심소검사에는 공통성과 어휘, 상식, 토막짜기와 행렬추론, 퍼즐, 숫자와 산수, 동형찾기와 기호쓰기 등이 있다. 보충소검사 5개는 이해, 무게비교, 빠진 곳 찾기, 순서화, 지우기 등이다.

K-WAIS-IV의 검사결과는 조합점수(Composite Scores) 또는 지표점수(Index Score)로 불린다. 조합점수는 전체지능지표와 네 개의 지표들이 여러 개의 소검사 점수들을 합해서 산출되기 때문에 붙여진 명칭이다. 지표는 글자 그대로 점수 아래의 기저에 있는 능력의 양을 가리킨다. 지능검사의 지표들을 보면, 전체지능지표(Full Scales Intelligence Quotient: FSIQ)[3] 및 네 유형의 지표들—언어이해지표, 지각추론지표, 작업기억지표, 처리속도지표—이 있다. 전체지능지표는 검사결과로 나타난 개인의 인지능력을 단일 수치로 제시한 값이다. 전체지능지표는 네 유형의 조합점수들의 평균으로 볼 수 있다. 네 유형의 지표들은 언어이해지표(Verval Comprehension Index: VCI), 지각추론지표(Perceptual Reasoning Index: PRI), 작업기억지표(Working Memeory Index: WMI), 처리속도지표(Processing Speed Index: PSI) 등이다. 또한 추가적으로 언어이해지표와 지각추론지표를 더하여 일반능력지표(General Ability Index: GAI), 작업기억지표와 처리속도지표를 더하여 인지효능지표(Cognitive Proficiency Index: CPI)를 산출할 수 있다.

각 지표를 산출하는 데 있어 명심할 점이 있다. 각 지표에서 사용할 수 있는 보충소검사는 한 개만 가능하고 전체지능지표를 산출하기 위해서는 보충소검사가 사용된 지표가 두 개 이하여야 한다(Lichtenberger & Kaufman, 2009).

3) 전체지능지표는 전체지능지수로 번역되기도 한다.

(1) 전체지능지표

전체지능지표는 수검자의 전체능력을 가리키는 점수로 지능검사 분석에서 제일 먼저 고려되는 지표다. 전체지능지표는 네 개의 지표를 산출하는 데 사용된 소검사 10개의 환산점수들의 합이다.

(2) 언어이해지표와 소검사들

언어이해 과제들은 장기기억에서 언어정보인출, 단어의미인출, 개념적으로 관련된 단어인출, 실생활에서 원인-결과 관계 이해 등의 능력을 일차적으로 측정하며 개념의 유사성 파악능력, 추상적 언어능력, 어휘와 학습한 내용에 대한 이해력, 표현력, 일반적으로 습득하는 정보 및 상식 수준 등이 어느 정도인지를 평가한다. 이 검사문항들은 수검자가 오답여부를 확인하기가 상대적으로 더 용이하므로 좌절에 대한 수검자의 대처방식에 대한 정보도 얻을 수 있다. 이 정보는 수검자의 스트레스 대처방식을 알 수 있는 정보이며 이를 통해 수검자를 더 정확하게 이해할 수 있다.

언어이해지표의 산출에는 네 개의 핵심소검사가 사용된다. 핵심소검사에는 공통성(Similarity), 어휘(Vocabulary), 상식(Information) 등 세 개가 있다. 핵심소검사의 결과에 대한 의심이 들 경우를 포함해 여러 이유로 핵심소검사결과를 사용할 수 없을 경우에는 보충소검사, 이해(Comprehension) 소검사로 대체할 수 있다.

공통성(Similarity: SI)

사물이나 개념을 나타내는 두 개의 단어가 제시된다. 수검자는 두 단어가 어떤 점에서 비슷한가를 찾아야 한다. 이 소검사의 수행에는 언어적 개념형성과 추론의 과정 등이 관여한다. 이 검사의 채점은 수검자가 찾은 유사점의 내용을 추상적 수준, 기능적 수준, 구체적 수준에서 구분하여 채점한다.

어휘(Vocabulary: VC)

이 검사의 문항은 어휘와 그림으로 제시된다. 그림으로 제시되는 문항에서는 물건의 명칭을, 어휘 문항에서는 단어카드 또는 검사자가 구두로 제시하는 단어의 뜻을 설명해야 한다. 이 검사는 단어지식과 언어적 개념을 측정하는 것으로 수검자의 결정성 지능, 학습능력, 장기기억, 언어발달 능력 등이 관여한다.

상식(Information: IN)

광범위한 일반지식에 대한 질문으로 구성되어 있다. 이 질문에 대한 응답은 대부분 정규교육과정과 풍부한 지적 환경 등의 영향을 많이 받는다. 이 소검사의 수행에는 실제적 지식에 대한 학습 정도, 파지(retention)[4] 및 재인(recognition)[5] 능력 등이 관여한다.

이해(Comprehension: CO)

이 검사는 보충소검사로 사회적 상황에 대한 이해와 상황에 담겨 있는 원리에 대한 질문으로 구성되어 있다. 이 검사는 언어적 추론, 개념화, 표현력, 과거경험을 활용하고 평가하는 능력, 실제적 지식, 판단력 등을 평가한다. 질문에 대한 수검자의 반응은 추상화 수준에서 다를 수 있으며, 채점에서 이 능력수준을 반영한다.

(3) 지각추론지표와 소검사들

지각추론 과제들은 일차적으로 시각적인 비언어적 자극을 사용하는 추론, 양에 대한 추론, (추상적이 아닌) 구체적 시각 자극을 개념적으로 연결하는 능력, 부분을 통합해 전체를 만드는 능력 등을 평가한다. 이 지표는 공간에 대한 지각 및 공간관련 문제해결, 연역 추리, 공간 추리, 시각적으로 제시된 자극의 미세한 차이 감지 등의 능력을 평가한 결과를 반영한다.

4) 정보처리과정에서 정보입력 후 산출까지의 과정인 '정보 보유, 또는 저장, 유지'를 가리킨다.
5) 재인(recognition)은 정보인출의 한 방식으로 '본 것을 봤다고 기억하는 것'을 가리킨다.

지각추론지표를 산출하기 위해서는 세 개의 핵심소검사결과를 사용한다. 토막짜기(Block Design), 행렬추론(Matrix Reasoning), 퍼즐(Visual Puzzles) 등이 핵심소검사다. 보충소검사는 무게비교(Figure Weights)와 빠진 곳 찾기(Picture Completion)가 있다.

토막짜기(Bock Design: BD)

검사자가 제시한 모형이나 그림에 있는 모양과 똑같은 모양을 수검자는 정육면체 토막을 이용해 만든다. 토막으로 모양을 완성하는 데 시간제한이 있다. 이 검사는 시각적 자극을 분석하여 통합하는 능력을 측정하는 것으로 비언어적 개념형성과 추론, 유동성 지능, 시지각 및 조직화 능력, 시각-운동 협응 등의 능력이 필요하다.

행렬추론(Matrix Reasoning: MR)

어떤 규칙을 가진 그림들이 (행렬 형식으로) 제시되며, 수검자는 이 행렬의 빠진 부분을 보기에서 선택해 행렬을 완성해야 한다. 이 문제를 해결하는 데 요구되는 능력은 유동성 지능, 분류와 공간 능력, 부분과 전체 관계 파악의 능력이다. 특히, 행렬추론은 유동성 추론능력을 측정하는 대표적 검사들 중 하나다.

퍼즐(Visual Puzzle: VP)

완성된 퍼즐을 만들 수 있는 세 개의 선택안을 제한된 시간 내에 찾아야 하는 과제다. 이 과제를 해결하기 위해서는 비언어적 추론과 추상적 시각자극의 분석과 통합, 공간적 시각화와 조작, 부분들 간 관계 파악 등의 능력이 필요하다.

무게비교(Figure Weights: FW)

그림으로 균형이 맞지 않는 양팔저울[6]이 제시된다. 수검자는 저울의 균형을

6) 문제가 과반수를 넘기면, 저울 모양이 달라져 문제가 더 어려워진다.

회복하는 데 필요한 대안을 제시된 보기에서 선택한다. 이 소검사의 문제에 응답하기 위해서는 양적(量的) 추론, 유동적 추론 등의 능력이 필요하다. 이 과제의 해결에는 특히 귀납적 및 연역적 추론 능력이 중요하다.

빠진 곳 찾기(Picture Completion: PC)

어떤 대상의 중요한 부분이 생략된 그림이 제시된다. 수검자는 정해진 시간 안에 빠진 부분이 어떤 부분인지를 찾아야 한다. 이 소검사의 수행에는 시지각(視知覺)과 조직화 능력, 집중력, 대상의 핵심적 세부사항을 인식해내는 능력 등이 필요하다.

(4) 작업기억지표

작업기억 과제들은 자극의 최초 입력과 자극의 심상 조작을 일차적으로 측정하며 청각자극 변별, 장기기억에서 언어 정보 인출, 주의력, 집중력 및 정신 통제력, 수학적 심상조작능력 등을 평가한다. 작업기억은 감각 등록기를 통해 들어오고 있는 정보(예: 청각 정보, 시각 정보)와 장기기억에서 인출된 정보(예: 개념, 범주 등)를 함께 통합적으로 효율적으로 처리하는 과정을 가리킨다. 작업기억의 정보처리능력은 한 번에 처리될 수 있는 정보의 양과 밀접한 관련이 있다. 이 지표를 산출하는 소검사들의 수행은 검사상황에서의 심리적 상태(예: 불안), 성격 및 동기 등의 영향을 많이 받을 수 있다.

작업기억지표의 산출에는 숫자(Digit Span)와 산수(Arithmetic) 등의 두 개의 핵심소검사가 사용된다. 보충소검사로 순서화(Letter-Number Sequences)가 있다.

숫자(Digit Span: DS)

검사자가 말하는 숫자들을 들은 후 '바로 따라하기 절차'에서는 숫자를 들은 순서대로(바로 따라하기 절차), '거꾸로 따라하기 절차'에서는 들은 순서의 역순으로 숫자를 회상[7]하는 과제다. 이 소검사의 문제에 답하기 위해서는 주의력,

되뇌기 능력, 정보의 조직화 능력 등이 필요하다. '바로 따라하기 절차'는 단기기억[8]의 폭, 암기학습, 부호화, 청각적 정보처리 능력을, '거꾸로 따라하기 절차'는 작업기억, 정보변형과 정신적 정보조작, 정보의 심상화(imagination) 능력을 측정한다.

산수(Arithmetic: AR)

검사자가 산수문제를 수검자에게 읽어준다. 수검자는 정해진 시간 내에 검사자가 읽어준 문제의 답을 암산으로 해결해야 한다. 이 소검사는 주의력, 집중력(concentration), 정신적 조작(操作), 단기 및 장기 기억력, 수리적 추론 능력, 순차적 처리(serial processing), 유동성 지능 등을 측정한다.

순서화(Letter-Number Sequencing: LN)

순서화 문제는 검사자가 읽어 주는 여러 개의 숫자와 글자를 들은 후, 수검자가 숫자와 글자의 규칙에 맞게 숫자와 글자들을 회상하는 과제다. 이 소검사는 주의력, 되뇌기, 정보조직화, 순차적 처리능력, 정신적 조작능력, 기억폭, 청각기억력 등을 측정한다.

(5) 처리속도지표와 소검사들

처리속도 과제들은 시각적 처리속도, 탐색 속도, 운동 협응, 운동과 심상 속도를 기본으로 측정하고, 시지각, 다중과제처리, 조직화능력/기술 등에서의 능력을 평가한다. 감각등록기에 제시되는 수많은 정보들을 얼마나 빠르게 처리할 수 있는가 하는 것은 그 이후의 정보처리과정 및 결과(정보저장 및 인출)에 영향을 미칠 수 있어 중요하다.

---

7) 회상(recall)은 기억검사에서 정보 인출(retrieval)을 검사하는 절차 중 하나다. 주관식 시험문제의 답을 찾는 방식이라고 생각하면 된다.

8) 입력되는 정보를 되뇌기 하지 않고서 저장할 수 있는 정보의 양으로 단기기억력을 측정할 수 있다.

처리속도지표의 산출에는 동형찾기(Symbol Search), 기호쓰기(Coding) 등의 핵심소검사가 두 개 있다. 보충소검사로는 지우기(Cancellation)가 있다. 이 소검사들 수행에는 시간제한이 있다.

도형찾기(Symbol Search: SS)

수검자는 5개의 탐색기호들 중에서, 2개의 표적 기호 중 하나와 같은 기호가 있었는지를 표시한다. 이 문제를 해결하기 위해서는 정보처리속도, 단기적 시각기억력, 시각-운동 협응 능력, 변별력, 정신운동 속도, 정신적 조작 능력 등이 필요하다.

기호쓰기(Coding: CD)

숫자-기호의 쌍으로 된 기호표를 사용해 숫자와 짝을 이룬 기호를 그려야 하는 과제다. 이 소검사는 속도검사이며 과제수행에 필요한 능력은 정보처리속도, 시각 기억력, 학습능력, 시지각(視知覺) 능력, 시각적 탐색 능력, 인지적 유연성, 주의력, 집중력, 동기 등이다.

지우기(Cancellation: CA)

도형들의 배열 안에서 표적 도형의 모양과 색이 똑같은 동형을 이 배열에서 찾아내는 과제로 문제해결 시간이 정해져 있다. 이 소검사의 수행에는 정보처리속도, 시각적 선택적 주의 능력, 반응 억제, 경계(vigilance)[9] 능력, 지각속도, 시각-운동 협응 능력 등이 요구된다.

(6) 기타 조합점수

그 외 조합점수로 일반능력지표(General Ability Index: GAI)와 인지효능지표(Cognitive Proficiency Index: CPI)가 있다. 일반능력지표는 언어이해지표의 소검사

9) 상대적으로 긴 시간 동안 주의(attention)를 지속하면서 초점화된 주의상태를 유지하는 것.

들과 지각추론지표의 소검사들로 구성된 조합점수다. 대뇌손상으로 인한 신경심리학적 문제가 전체지능지표를 저하시킬 가능성이 있는 경우, 또는 대뇌손상의 영향이 강하게 나타나지 않는 인지능력의 평가가 필요한 경우 등에서 사용하는 조합점수다. 인지효능지표는 작업기억지표의 소검사들과 처리속도지표의 소검사들로 구성된 조합점수다. 이 지표는 언어능력이나 이해, 성장환경 등의 영향을 배제한 능력평가가 필요한 상황, 또는 언어이해나 지각추론에 덜 민감한 인지능력에 대한 정보가 필요한 경우에 사용된다.

3) K-WAIS-IV의 지표산출과 분석

(1) 지표 산출

K-WAIS-IV에서는 세 유형의 점수들을 볼 수 있다. 즉, 원 점수, 환산점수, 조합점수(FSIQ, VCI, PRI, WMI, PSI) 등이다. 지표 산출 절차를 간단히 제시하면 다음과 같다.

a. 검사문항에 대한 응답내용의 정답 정도를 채점하여 원 점수를 구한다.
b. 검사 지침서에 제공되는 환산표를 활용해 원 점수에 대응하는 환산점수를 찾는다. 이때, 각 지표산출에 필요한 소검사들의 환산점수를 더해 지표의 환산점수를 구한다. 네 지표의 환산점수들을 더해 전체지능지표의 환산점수를 산출한다. 단, 기본적으로는 핵심소검사만으로 지표들을 산출한다는 것을 기억해야 한다.
c. 검사 지침서에서 제공되는 표를 이용해 각 환산점수에 대응하는 지표들, 백분위, 신뢰구간도 함께 기록한다.

〈표 5-1〉 조합점수와 범위의 기술적 분류와 비율

조합점수 범위	기술적 구분
130 이상	매우 우수
120~129	우수
110~119	평균 이상
90~109	평균
80~89	평균 이하
70~79	경계선
69 이하	매우 낮은

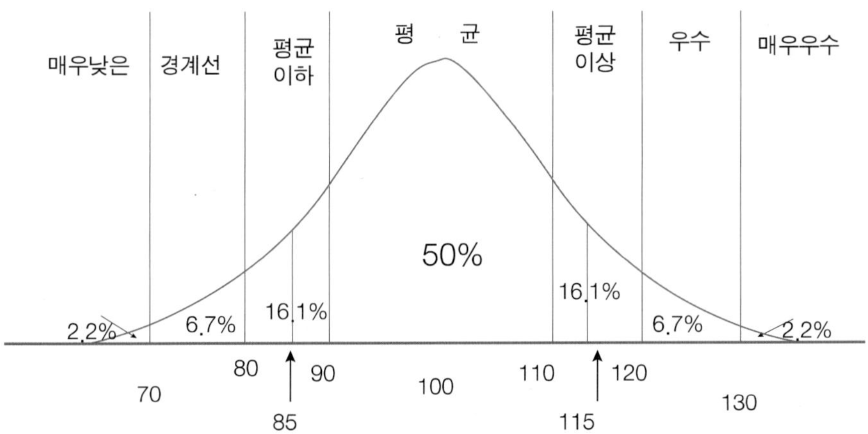

[그림 5-1] 지능지표의 기술적 분류와 각 분류의 백분율

이 지표가 갖는 의미는 특정 집단의 구성원인 한 사람이 이 집단의 다른 사람과 비교해서 어느 정도의 능력을 갖고 있는지를 가리킨다. 그렇기 때문에 지능지표는 한 개인의 '절대적' 능력이 아니라 '상대적' 능력을 반영하는 값이다. 이런 검사의 특징을 정확하게 알지 못할 수 있는 수검자와 그 보호자에게 지능검사결과를 하나의 수치로 제시하는 것은 바람직하지 않는 의외의 일을 만들어

낼 수 있어 가능한 점수로 제시하지 않도록 노력해야 한다. 이런 부작용의 가능성을 줄이기 위해 일반적으로 지능검사결과는 범주 용어 또는 구간 점수로 제시한다. 〈표 5-1〉에 조합점수의 범위에 대응하는 기술적 용어들이 제시되어 있다.

어떤 사람의 지능검사결과, 전체지능지표가 105로 산출되었다면, '전체지능지표가 평균 범위에 속합니다.'라고 기술하면 된다. 평균 범위에 속한다는 의미는 [그림 5-1]에 제시된 정규분포 표를 보면 더 잘 이해하기 쉬울 것이다. 정규분포 체계에서 제시되는 점수는 평균에서 떨어진 정도를 표준편차 단위로 표시한 것이다. 예를 들면, FSIQ 115란 평균 100에서 표준편차 단위 1만큼 큰 값이고, FSIQ 85는 평균 100보다 표준편차 단위 1보다 적은 값이다. 지능지표의 분포를 정규분포에서 생각하면 평균 100에서 표준편차 1단위의 범위에 속하는 지능지표는 85에서 115이며 이 범위에 속하는 사람들은 전체의 약 68%, 평균에서 표준편차 2단위의 범위에 대응하는 지능지표는 70에서 130이며 이 범위에 있는 사람들은 전체의 약 95.4%로 대부분의 사람들이 표준편차 2단위 안에 있다.

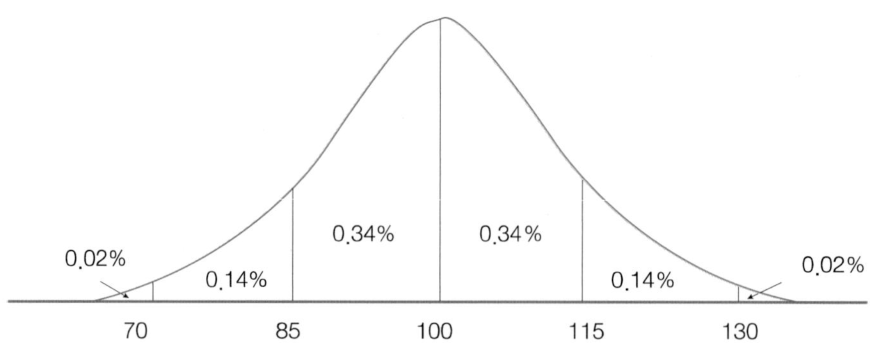

[그림 5-2] 정규분포 상에서의 지능지표

지능지표의 기술적 분류뿐만 아니라 점수도 함께 보고해야 하는 경우도 있다. 이때 기억해야 할 쟁점이 모든 측정치에는 측정오차가 있다는 것이다. 그러므로 이 측정오차를 고려하여 지능검사에서 점(단일점수) 추정치보다는 구간 추정치를 보고하는 것이 좋다. 구간 추정치는 점수의 신뢰구간을 가리키며 이 추정치는 지능검사 지침서에 제시되어 있다.

(2) 분석절차와 보고서 제시순서

분석 절차

K-WAIS-IV의 검사결과의 분석절차에 대해 간략하게 설명하겠다.

a. 검사자는 수검자의 FSIQ에 대해 검토해야 한다. 이때, FSIQ가 의미 있는 지표가 되기 위해서는 선행조건을 충족시켜야 한다. 지표의 최고점수와 최저점수 간 차이가 표준편차 1.5(원 점수 23점)보다 작은 경우에만 FSIQ를 사용할 수 있다. 만약, 지표 간 차이가 이 기준을 넘어서면, FSIQ는 지능에 대한 정보로서 가치를 상실한다.

b. VCI, PRI, WMI, PSI 등의 순으로 지표를 검토한다. 이때도 각 지표의 산출에 사용된 소검사들 간 표준편차가 1.5(원 점수 5점)보다 작아야 한다. 만약 표준편차 1.5를 초과하면, 단일한 지표로서 정보적 가치를 상실한다.

c. 지표 간 차이를 평가한다. 네 개의 지표가 있으므로 6개의 차이 값이 산출된다. 이 차이가 통계적으로 유의한지를 결정한다. 유의한 차이가 발견될 경우, 차이가 어떻게 해서 생겼는지를 분석한다.

d. 강점과 약점의 평가, 소검사 점수들 간 차이 값 비교, 소검사 내 점수패턴 평가, 과정 분석(선택적 분석) 등을 실시한다.

보고서 작성

보고서에 제시되는 지능검사결과에는 다음과 같은 내용이 제시되어야 한다.

a. 수검자의 일반적 정보

이름, 생년월일, 나이, 학년, 검사 실시 날짜, 보고서 작성일, 검사자 이름

b. 검사의뢰의 원인

의뢰한 사람의 이름과 지위, 의뢰하는 원인, 수검자의 과거행동과 현재행동에 대한 요약문, 의뢰하는 사람으로서 내담자에 대한 특별히 염려되는 사항

c. 수검자의 배경

현재 가족상황, 이전 병력, 발달 이력, 교육 및 직업과 관련된 정보, 심리상담 및 검사를 받은 경험, 최근 경험(스트레스를 주는 일들) 등

d. 수검자의 외양과 행동관찰 정보

검사를 수행하면서 보이는 행동(관찰한 순서로 기록하기보다는 중요한 순서로 기록), 검사자로서 가진 가설에 참고할 만한 행동들, 수검자의 독특한 행동, 수검자의 신체적 특징, 언어습관, 버릇, 반응 특징 등

e. 실시한 검사들

f. 검사결과와 해석

전체지능지표와 네 개의 지표점수들의 신뢰구간과 백분위 제시, 소검사들에서 수행에 대해 기술(백분위 정보 제시), 검사결과와 수검자의 행동의 논리적 설명 등

g. 요약

앞의 내용을 간단하게 정리해 제시

h. 제안

수검자의 강점을 더 강화시킬 수 있는 방안과 어려움을 줄일 수 있는 방안

i. 검사점수들의 정리 및 요약

검사의 환산점수와 백분위 정보를 포함한 검사결과표

(3) K-WAIS-IV 검사결과의 활용

K-WAIS-IV는 기본적으로 개인의 인지능력을 평가하는 데 사용되고 있다. 이 평가 정보를 바탕으로 준거에 도달한 개인을 선발하여 강점으로 확인된 개인의 능력에 적합한 직무에 배치시킬 수도 있다. K-WAIS-IV는 신경심리검사로 활용할 수도 있다. 이번 개정판에는 인지신경심리이론, 특히 CHC 모델(Cattel-Horn-Caroll theory)에 토대를 두고 개발한 문항들이 많으므로 대뇌손상과 인지능력 간 관련성을 조사할 수 있다. 지능검사의 규준이 정상집단을 대상으로 제작되었지만 다양한 집단들(예: 영재, 지적 장애-경도 장애, 지적 장애-중도 장애, 경계선 지적 장애, 읽기 장애, 산수 장애, ADHD, 뇌손상, 자폐증, 야스퍼거 장애, 주요 우울장애, 경도 인지손상, 알츠하이머형 치매)에 대한 연구결과도 보고되어 있어, 정상집단이 아닌 특수 집단에서도 지능검사를 실시할 수 있다(Weiss, Saklofske, Coalson, & Raiford, 2010).

4) K-WAIS-IV의 심리측정적 특징[10)]

WAIS-IV의 한국표준화는 16세 0개월부터 69세 11개월까지의 1,228명의 수검자를 대상으로 실시되었다. 표집은 이 연령대의 전집에서 성, 연령, 학력, 거주지역 등의 인구통계학적 표집요소에 따라 층화표집으로 구성되었다. 여기서 연령은 9개로 구분되었으며 최종규준에서는 35~64세를 5년 단위로 세분화해 연령 범주는 12개로 제시되어 있다.

(1) 신뢰도

반분신뢰도와 검사-재검사 신뢰도를 구하였다. 처리속도와 관련된 소검사인 동형찾기, 기호쓰기, 지우기 소검사는 검사-재검사 방식을 사용하였다. 전체 규준집단에서 소검사 신뢰도는 .78에서 .94의 범위를 가진 것으로 나타났다. 신뢰

10) K-WAIS-IV 기술 및 해석(황순택 외, 2012)의 내용을 정리하였다.

도가 가장 낮은 소검사는 지우기, 가장 높은 것은 상식이었다. 조합점수의 신뢰도 범위는 .87에서 .97로 나타났다. PSI의 평균적 신뢰도가 .87로 다른 지표들의 신뢰도에 비해 상대적으로 낮았다. FSIQ의 신뢰도는 .97이었다.

미국판 WAIS-IV에서 소검사들의 평균적 신뢰도 계수의 범위는 .78(지우기)에서 .94(상식), 네 개 지표의 평균적 신뢰도 범위는 .90~.96, FSIQ의 평균적 신뢰도 계수는 .98이었다.

검사-재검사 안정성 계수는 30명을 대상으로 시간 간격을 평균 43일로 하여 소검사를 실시해 과정점수, 조합점수 등이 산출되었다. 숫자, 행렬추론, 어휘, 산수, 상식, 기호쓰기, 순서화 소검사의 안정성 계수는 .80 이상, 나머지 소검사들은 .70 이상이었다. 과정점수의 안정성 계수는 .70이었고 조합점수의 평균적 안정성 계수는 PRI를 제외하고는 .80이었다. PRI는 .72였다.

미국판 WAIS-IV에서 안정성 계수는 상식 소검사가 .90으로 가장 높았고 행렬추론과 시각퍼즐이 .74로 가장 낮았다. 보충소검사에서 이해 .86, 무게비교와 빠진 곳 찾기는 .77이었다(Keithe, 2009: Lichtenberger & Kaufman, 2009 재인용).

(2) 검사의 요인구조: 확인적 요인분석

핵심소검사 10개와 소검사 15개 전체를 각각 확인적 요인분석을 실시한 결과, 4개의 요인구조가 지지되었다. 미국판 WAIS-IV에서 일반지능 또는 일반정신능력(Spearman, 1972)은 g로 표기되며 다양한 방식으로 측정된다. K-WAIS-IV의 소검사들을 확인적 요인분석으로 일반지능 g의 부하값을 확인한 결과, 이전 판에서 언어이해를 측정하는 소검사들의 g 부하값이 높았던 것과 달리 산수와 지각추론 과제(무게비교, 행렬추론)의 g 부하값이 가장 높았다(Keity, 2009: Lichtenberger & Kaufman, 2009 재인용). 일반지능 g에 대한 지능이론가들의 의견은 일치하지 않는다. g의 부하량이 높은 하나의 소검사만으로 다양한 인지능력을 알 수 있다고 볼 수는 없다. 하지만 임상 실제에서 소검사의 g 값을 통해 알 수 있는 추가적 정보들이 있다. 가령, FSIQ가 높지만 지각추론과제에서 점수가 낮다면, 이는 수검자의 동기와 주의력, 작업기억 등에 문제가 없는지를 자세하게 살펴봐야 한다는 정보를 제공하는 것이다. 덧붙여, 단 하나의 소검사를 실시해야 하는 경우 *g* 부하량이 낮은 소검사보다는 높은 소검사를 실시하는 것이 인지능력에 대한 상대적으로 더 정확한 정보를 얻을 수 있다.

03 한국형 웩슬러 아동 지능검사

웩슬러 아동용 지능검사(Wechsler Intelligence Scale for Children: WISC)는 6세 0개월부터 16세 11개월까지의 아동과 청소년을 대상으로 하는 인지능력 검사다. 현재 사용되는 개정판은 WISC-V로 미국에서는 2014년, 한국에서는 2019년에 출간되었다. 한국어판은 곽금주와 장승민(2019)에 의해서 출간되었다.[11] 먼저 K-WISC-V가 이전 판과 달라진 점을 간략하게 제시한 후 소검사와 지표에 대해 소개하겠다(곽금주, 장승민, 2019; Flanagan & Alfonso, 2017).

1) 달라진 점

- 점수체계가 전체 IQ, 기본지표 척도, 추가지표 척도 등의 세 수준으로 구성되었다.
- 전체 IQ에 더해 포괄적 일반능력지표와 비언어 지표가 더해졌다.
- 전체 IQ는 기본지표 다섯 개로 구성되며 이 지표들은 소검사 7개의 척도화된 점수의 조합으로 산출된다. 특히 소검사 대체가 가능한 유일한 지표가

11) 미국판에서 소검사는 21개, 한국어판에서는 소검사는 16개다.

전체 IQ다.

- 기본지표 산출에 사용되는 소검사와 추가지표 산출에 사용되는 소검사가 겹치는 경우도 있다.
- 이전 판에서 '핵심'소검사, '보충'소검사라는 용어 대신에 새로운 판에서는 '기본'소검사, '추가'소검사라는 용어가 사용된다.
- 이전 판에 있었던 지각추론지표가 삭제되고 이를 대체할 지표로 시공간 지표와 처리속도지표가 제시되었다.
- 측정결과의 바닥효과와 천장효과를 줄이기 위해 새로운 항목들이 소검사에 추가되었다.
- 지표의 범위를 나타내는 '경계선'(지능 수준)을 삭제하고 '낮음'(지능 수준)이라 분류명을 사용한다. 즉, 인지능력은 '매우 낮음', '낮음', '평균 이하', '평균', '평균 이상', '우수', '매우 우수' 등으로 범주화된다.

2) K-WISC-V의 소검사

소검사는 총 16개로 이 중 기본소검사는 10개, 추가소검사는 6개다.

토막짜기(Block Design: BD)

시공간추론 지표 산출에 사용되는 기본소검사다. 수검자는 흰색과 빨간색으로 된 토막을 사용하여 실제 모형 또는 그림 모양과 동일하게 토막을 완성한다(연령시작점, 역순문항). 이 소검사의 수행에 필요한 능력은 추상적 자극 분석 및 통합 능력, 비언어적 개념형성 능력, 시공간적 문제해결 능력 등이 있다.

공통성(Similarities: SI)

언어이해지표 산출에 사용되는 기본소검사다. 수검자는 들은 두 단어의 공통 속성을 찾거나 어떤 면에서 비슷한 개념인지를 찾아 말하는 과제다(연령시작점,

역순문항). 이 소검사의 수행에는 언어적 추론, 개념형성, 언어적 문제해결 능력이 필요하다.

행렬추리(Matrix Reasoning: MR)

유동성추론 지표의 산출에 사용되는 기본소검사다. 수검자는 그림으로 제시된 행렬에서 비어 있는 칸에 들어갈 항목을 보기에서 선택한다(연령시작문항, 역순문항). 이 소검사의 수행에는 유동성 지능, 비언어적 추론 및 문제해결, 공간적 시각화 등의 능력이 필요하다.

숫자(Digit Span: DS)

작업기억지표의 산출에 사용되는 기본소검사다. 수검자는 검사자가 말하는 숫자들을 들은 순서대로 또는 역순으로 회상하는 과제다. 이 과제의 수행은 단기기억, 계열화 기억, 주의력과 집중력, 작업기억, 정보변환, 정신적 조작 등의 능력이 요구된다.

기호쓰기(Coding: CD)

처리속도지표 산출에 사용되는 기본소검사다. 수검자는 제한된 시간 안에 다양한 도형과 짝을 이룬 기호 또는 숫자와 짝을 이룬 기호로 구성된 보기들을 살핀 후, 제시된 순서에 맞게 도형 또는 숫자의 짝인 기호를 쓴다. 이 소검사의 수행에는 단기기억, 학습능력, 시지각, 시각-운동 협응 능력, 인지적 유연성, 주의력, 동기, 시각적 순차처리 능력 등이 필요하다.

어휘(Vocabulary: VC)

언어이해지표의 산출에 사용되는 기본소검사다. 수검자는 제시된 그림이 무엇을 나타내는지 말하고 들은 단어의 정의를 말하는 과제다. 이 소검사의 수행에는 결정성 지능, 축적된 지식, 언어적 개념화, 언어적 추론, 학습능력, 언어발달, 청각적 지각과 이해, 추상적 사고 등이 필요하다.

무게비교(Figure Weigh: FW)

유동성추론 지표에 산출되는 기본소검사로 수검자는 그림으로 제시되는 양팔저울의 두 접시가 균형이 되는 데 필요한 것을 보기 중에서 선택한다. 이 과제의 수행을 위해서는 양적 추론, 유동적 추론 등이 필요하다.

지금까지 소개된 기본소검사 7개로 전체지능지표를 산출한다.

퍼즐(Visual Puzzle: VP)

시공간 지표 산출에 사용되는 기본소검사로 수검자는 정해진 시간 안에 퍼즐을 완성하는 데 필요한 세 개의 선택안을 찾아야 한다. 이 과제 수행에는 비언어적 추론, 추상적 시각자극 분석과 통합, 공간적 시각화와 조직, 부분들 간 관계 파악 등의 능력이 필요하다.

그림기억(Picture Span: PS)

작업기억지표의 산출에 사용되는 기본소검사다. 이 소검사에서 수검자는 자극 쪽에서 본 그림(한 개 또는 한 개 이상)이 반응 쪽의 그림들 중에 있는지를 판단한다. 자극 쪽의 그림이 한 개 이상인 경우, 가능하다면 제시된 순으로 반응 쪽의 그림들을 선택한다.

동형찾기(Symbol Search: SS)

처리속도지표에 속하는 기본소검사다. 이 소검사에서 수검사는 한 개(6~7세) 또는 두 개(8~16세)로 제시되는 추상적 도형을 본 후, 이 도형이 보기에 있는지를 찾는다(연령시작문항, 역순실시). 이 과제 수행에는 시각-운동 처리속도, 단기기억, 시각-운동 협응, 인지적 유연성, 시각적 변별력, 집중력, 지각적 조직화, 계획하고 학습하는 능력 등이 필요하다.

지금까지 기본소검사에 대해 소개하였다.

상식(Information: IN)

언어이해지표 산출에 사용되는 추가소검사다. 수검자는 일반지식 및 상식에 대한 질문에 답한다(연령시작문항, 역순실시). 이 과제 수행에는 결정성 지능, 장기기억, 학교와 환경에서 획득한 정보를 저장 또는 인출하는 능력, 언어적 표현력, 청각적 지각과 이해 등이 필요하다.

공통그림 찾기(Picture Concepts: CP)

유동성추리 지표 산출에 사용되는 추가소검사다. 수검자는 두 줄 또는 세 줄로 제시된 그림들을 보고 각 줄에서 공통 속성을 가진 그림을 하나씩 선택한다(연령시작문항, 역순실시). 이를 수행하는 데 필요한 능력으로 추상적 추론 능력, 언어적 표현력 등이 있다.

순차연결(Letter-Number Sequences: LN)

작업기억지표 산출에 사용되는 추가소검사다(연령시작문항, 역순실시). 수검자는 검사자가 들려주는 숫자와 글자가 무질서하게 섞여 있는 목록을 듣고서 글자는 한글은 가나다라 순서로, 숫자는 오름차순으로 회상한다. 이 소검사를 수행하는 데 필요한 요인으로 계열화, 정신적 조작, 주의력, 유연성, 청각작업기억, 처리속도 등을 들 수 있다.

선택(Cancellation)

처리속도지표의 산출에 사용되며 추가소검사다. 이 소검사는 무선적 배열의 그림과 구조화된 배열의 그림, 두 개로 구성되어 있다. 수검자는 그림에서 표적자극을 정해진 시간 안에 찾아야 한다. 이 소검사의 수행에 영향을 미치는 요인은 정보처리속도, 시각적 선택적 주의, 각성, 시각적 무시 등을 들 수 있다.

이해(Comprehension: CO)

언어이해지표의 산출에 사용되는 추가소검사다. 수검자는 삶의 일반 원리와 사회 상황에 대한 질문에 답을 해야 한다(연령시작점, 역순실시). 이 소검사의 수행에 영향을 주는 요인으로 언어적 추론, 언어적 개념화, 언어적 표현, 경험을 평가하여 사용하는 능력, 문제해결 능력, 실제적 지식, 사회적 판단력, 상식 등을 들 수 있다.

산수(Arithmetic: AR)

유동추론지표의 산출에 사용되는 추가소검사다. 수검자는 보거나 들은 산수 문제를 암산으로 해결해야 한다(연령시작점, 역순실시). 이 소검사의 수행에 영향을 주는 요인으로 청각적 언어이해, 정신적 조작, 집중력, 작업기억, 수와 관련된 추론 능력 등이 있다.

3) K-WISC-V 지표

새로운 판에서 산출되는 지표는 총 11개다. 먼저 언어이해, 시공간, 유동추론, 작업기억, 처리속도 등은 기본지표로 전체척도(전체 IQ) 산출에 사용되기도 한다. 기본지표 척도들은 전체 IQ와 함께 아동의 일반 능력을 반영한다. 앞서 언급한 것처럼, 기본지표 척도들의 산출에서는 소검사 대체가 허용되지 않는다. 지표 값은 지표에 따라 차이가 있으나 최소 두 개 이상의 소검사 점수를 합하여 산출된다. 그리고 추가지표 척도에 속하는 지표들로 양적 추론, 청각작업기억, 비언어, 일반능력, 인지효율 등의 다섯 개 지표들이 있다. 이 지표들의 값은 평균 100, 표준편차 15의 정규(정상)분포를 이룬다.

기본지표 다섯 개가 측정하는 능력을 간단히 소개하면 다음과 같다(Flanagan & Alfonso, 2017; Kaufman, Raiford, & Coalson, 2016).

- 언어이해지표는 획득된 지식, 언어추리, 언어개념형성 등에서의 능력을 반영한다.
- 시공간지표는 시공간 정보처리, 전체-부분 관계의 통합과 조합, 시각-운동 통합 등에서의 능력을 반영한다.
- 유동추리지표는 귀납적, 유동추리, 광범위한 시각지능, 개념적 사고, 동시 정보처리, 분류화 등의 능력을 반영한다.
- 작업기억지표는 청각작업기억과 시각정보기억, 이전 정보의 간섭을 덜 받으면서 현재 정보를 처리하는 능력을 반영한다. 측정한다는 능력 등을 반영한다.
- 처리속도지표는 처리속도, 특히 단순한 시각적 정보를 빠르게 탐색하고 변별하는 능력을 반영하다.

추가 지표들을 간단히 소개하면 다음과 같다.

- 양적 추론지표는 아동의 양적 추리기술 능력을 반영한다.
- 청각작업기억지표는 순행간섭(과거 정보가 현재 정보의 처리과정을 방해하는 효과)을 막아내는 능력과 청각작업기억 능력을 반영한다.
- 비언어지표는 문제해결 및 정보처리 과정에서 언어 손상으로 인해 겪을 수 있는 불이익의 영향을 상대적으로 적게 받는 능력을 반영한다. 모국어가 한국어가 아닌 아동에게 일반능력지표로 사용될 수 있다.
- 일반능력지표는 전체 IQ에 비해 상대적으로 작업기억과 처리속도의 영향을 적게 받는 인지능력을 추정하는 지표다.
- 인지효능지표는 작업기억과 처리속도 소검사들의 수행을 통해 정보를 얼마나 효율적으로 처리하는가를 반영하는 지표다.

〈표 5-2〉 K-WISC-V의 조합점수와 소검사

조합점수		소검사
기본 지표	전체지능지표	**토막짜기**(퍼즐), **공통성**(상식, 이해), **행렬추리**(공통그림찾기, 산수), **숫자**(그림기억, 순차연결), **기호쓰기**(동형찾기, 선택), **어휘**(상식, 이해), **무게비교**(공통그림찾기, 산수)
	언어이해지표	**공통성**, **어휘**
	시공간지표	**토막짜기**, 퍼즐
	유동추론지표	**행렬추리**, **무게비교**
	작업기억지표	**숫자**, 그림기억
	처리속도지표	**기호쓰기**, 동형찾기
추가 지표	양적 추론지표	**무게비교**, 산수
	청각작업기억지표	**숫자**, 순차연결
	비언어지표	**토막짜기**, 퍼즐, **행렬추리**, **무게비교**, 그림기억, **기호쓰기**
	일반능력지표	**공통성**, **어휘**, **토막짜기**, **행렬추리**, **무게비교**
	인지효능지표	**숫자**, 그림기억, **기호쓰기**, 동형찾기

* 괄호는 전체지능지표 산출에서의 대체소검사
** 진한 글씨체는 기본소검사, 보통글씨체는 추가소검사
*** 밑줄 그어진 지표는 포괄적 능력을 반영하는 지표다.

4) 지능검사 해석 단계

지능검사 결과 해석에 근거해 아동의 능력에 대한 가설을 설정할 때는 지능검사결과와 함께 아동의 심리사회적 배경, 학업수행 및 학교생활 관련 정보, 의학적 정보, 수검 동안의 행동 관찰 정보, 다른 검사에서 얻은 정보 등을 통합적으로 사용해야 된다. 더하여 수검 상황에서의 환경요소도 고려해야 한다. 어떤 경우에도 단일점수만으로 아동의 능력에 대한 가설을 세워서는 안 된다. 점수해석은 다섯 가지 원칙에 근거해 이루어진다(Kaufman et al., 2016).

- 해석은 규준집단 비교와 개인 내 비교에 근거해 이루어진다.
- 아동 능력의 가장 신뢰도가 높고 포괄적인 표상으로 조합점수(전체 IQ, 각 지표들)가 분석의 기초다.
- 각 하위 영역에 대한 검토는 포괄적 능력에 대한 이해를 확장시킨다. 예를 들면 항목 수준에서 분석은 소검사 수행결과에 대한 더 심층적 이해를, 소검사 수행에 대한 분석은 특정 지표에 대한 더 광범위한 이해를 촉진한다.
- 해석은 검사 상황에서 발생한 제한점과 문제를 고려하면서 유연하게 이루어져야 한다.
- 아동의 수행에 대한 가설을 설정하면서 단일점수를 사용해서는 절대로 안 된다.

단계 1: 전반적 인지능력 기술하기

전체 IQ, 비언어지표, 일반능력지표 중 한 가지를 선택하여 전반적 능력에 대해 진술한다. 대부분의 경우, 전체 IQ가 매우 종합적이고 매우 신뢰도가 높은 지표로 가장 많이 사용된다. 이때 아동의 전반적 능력은 규준집단의 수행과 비교하여 범주명('매우 낮음', '낮음', '평균 이하', '평균', '평균 이상', '우수', '매우 우수')으로 제시된다. 이에 더하여, 표준점수, 백분위, 신뢰구간 등의 정보도 제시한다.

단계 2: 지표점수 선택하여 기술하기

가능하면, 기본 지표점수들을 모두 보고하는 것이 좋다. 그 외 지표들은 검사 의뢰 이유와 임상적 상황 등을 고려해 선택한다. 특히 지표점수의 해석은 해석하는 사람의 지능검사의 이론적 지향에 근거한다. 그러므로 지능검사의 이론적 토대에 대한 지식이 충분하지 않다면, 지표점수의 해석은 어려울 수 있다.

단계 3: 소검사의 표준점수 보고하기

단계 4: 지표 수준에서 강점과 약점 평가하기

각 지표점수는 (전반적 능력을 반영하는 지표로 전체 IQ를 선택한 경우) 전체 IQ와 비교하는 것이 일반이다. 예를 들면 전체 IQ와 언어이해지표 또는 전체 IQ와 유동추론지표를 비교한 결과, 두 지표 간 점수 차이가 10점 이상이라면, 이 차이에 대해 임상적으로 해석할 필요가 있다.

단계 5: 소검사 수준에서 강점과 약점 평가하기

소검사 수준에서 수행으로 개인 내 강점과 약점을 살필 수 있다. 이를 통해 구체적 능력 또는 조합점수에 대한 해석이 명확해질 수 있다. 만약 기본 소검사 10개의 척도화된 점수를 모두 사용할 수 있다면, 이 점수들의 평균과 각 기본소검사 간 점수차를 구하여 그 차이가 4점 이상이면 이 차이를 해석해야 한다.

단계 6: 지표 수준에서 강점과 약점 평가하기

지표 쌍 비교를 통하여 구체적 인지능력 중 어떤 영역이 다른 영역에서의 능력과 다른가에 대한 정보를 얻을 수 있다.

단계 7: 소검사 수준에서 쌍 비교하기

지표점수 산출에 사용된 소검사들 간 쌍 비교를 통해서 지표점수의 해석을 어떻게 하는 것이 좋을지에 대한 정보를 얻을 수 있다. 소검사 쌍에서 점수 차이가 4점 이상 나면, 이 차이를 임상적으로 해석해야 한다.

6장 미네소타 다면적 인성검사

1. 역사적 배경과 특징
2. MMPI-2
3. MMPI-A

6장 미네소타 다면적 인성검사

01 역사적 배경과 특징

미네소타 다면적 인성검사(Minnesota Multiphase Personality Inventory: MMPI)는 미네소타 대학교의 임상심리학자 호스웨이(S. R. Hathway, 1903~1984)와 정신과 의사 맥킨리(J. C. Mckinley, 1891~1950)가 개발한 검사다. 이들의 검사개발 목적은 정신장애의 정확한 진단을 통해 신체질환의 표준화된 진료방식과 치료과정을 도입하는 데 있었다. 호스웨이와 맥킨리는 정신질환자의 진술, 임상보고, 학술논문 등을 참고하여 문항을 개발하여 이 문항들이 일반인 집단과 정신장애 집단을 변별할 수 있는지에 근거해 문항들을 선별하였다. 즉, 문항구성과 선별은 경험적 방식에 의해 이루어졌다.

미네소타 다면적 인성검사가 1943년 미네소타대학교 출판부에서 첫 출간된 후 지금까지 이 척도의 타당성과 정확성에 대한 연구들은 여전히 진행 중이다. 이런 노력 덕분에 타당성 척도와 보충척도, 내용척도 등의 척도 수십 개가 원판 MMPI에 더해졌으며 1989년에는 MMPI의 첫 개정판인 MMPI-2(Butcher, Dahlstroms, Graham, Tellegen, & Kaemmer, 1989)가, 2008년에는 MMPI-2의 재구성판인 MMPI-2-RF가 출간될 수 있었다. 만 14에서 18세까지의 청소년에게 실시할 수 있는 청소년용 MMPI-A도 1992년에 출간되었다.

MMPI에는 심리검사의 역사에서 '최초'라는 수식을 붙일 수 있는 몇 가지 특징이 있다. 첫째, 경험론적 절차에 의해 최초로 개발된 검사다. 헤스웨이와 맥킨리는 정신질환을 다룬 서적들과 다양한 성격검사문항, 자신들의 임상경험 등을 바탕으로 천 개 이상의 문항들을 작성하여 중복되거나 의미가 없다고 판단한 문항을 제거한 후[1] 이 중 504개의 문항을 선별하여 특정 정신과 환자집단과 정상 집단 등에게 검사를 실시하여 이 두 집단을 변별할 수 있는 문항들을 선정하였다. 그 후 각 임상척도의 타당성을 확인하기 위해 각 임상척도에 해당하는 진단을 받은 정신과 진단 집단과 일반 정신과[2] 환자집단을 구분할 수 있는지를 확인했다. 둘째, MMPI는 최초로 검사문항에 대한 수검자의 태도를 측정하는 척도[3]가 있다. 진술문으로 구성된 자기보고형 성격검사에서 수검자들은 검사의 목적을 상대적으로 쉽게 파악할 수 있다. 다시 말해 반응왜곡 또는 편파가 발생할 수 있어 이를 탐지하기 위해 타당성 척도를 개발하였다.

우리나라에서는 정범모과 이정균, 진위교(1967)가 한국판 MMPI를 처음으로 표준화시켰으며 1989년 김영환과 김재환, 김중술, 노명래 외(1989)가 이를 다시 표준화시켰다. 현재 우리나라에서 사용되고 있는 MMPI-2는 2006년 김중술, 한경희, 임지영 등이 표준화시켰다. 이 검사를 사용하기 위해서는 소정의 교육을 받아야 한다.[4]

원판 MMPI와 MMPI-2의 관련성을 조사한 연구들은 주로 외국에서 더 많이 진

1) 타당도 중 내용 타당도 기준에서 이루어진 문항선별이다.
2) 문항의 최종 선정은 최종적으로 경험론적 접근법을 통해 이루어졌다.
3) MMPI의 validity scales의 기저 개념은 심리측정학적 개념인 타당도와 다르지 않다. 그러나 여기서는 심리검사에 솔직하고 진솔하게 응했는지에 대한 수검자의 태도를 가리키는 지표로 간주하여 심리측정학적 개념인 타당도와 구분하는 것이 혼돈을 덜 유발할 것 같아 '타당성'으로 번역하였다. 일반적으로는 타당도로 번역한다.
4) MMPI-2 실시자격에 대해 궁금한 분은 '마음사랑' 홈페이지를 방문하세요.

행되었으며 이 연구들에서는 두 검사의 원 점수 간 차이가 나타나지 않았으나 T 점수가 원판 MMPI 보다 MMPI-2에서 더 낮았다(Anderson, 1991; Blake, Penk, Mori, Kleespies, Walsh, & Keane, 1992: 최미례, 2011 재인용). 이를 반영해 원판 MMPI에서 높은 점수는 70 T였으나 MMPI-2에서는 65 T로 제시되었다. 최미례(2011)에 의하면, 국내에서는 원판 MMPI와 MMPI-2 간 관련성은 잘 밝혀지지 않았으며 임상적으로 유의한 절단점수의 명확한 지침도 제공되지 않고 있다. 그러므로 MMPI-2의 사용과 해석에 있어서 매우 조심스러운 접근이 필요할 수 있다.

글상자 6-1. MMPI-I과 MMPI-2의 비교

MMPI-2를 배우는 학생들은 MMPI-1과 MMPI-2 간 다름을 굳이 알 필요는 없지만 척도 변화에 대한 정보는 척도의 강점과 한계를 더 잘 이해하여 검사를 더 정확하게 사용하는 데 도움을 줄 것이므로 간단히 제시하였다.

첫째, MMPI-1의 척도문항 566문항(중복되는 문항 16개) 중에서 종교적 문항 15개를 포함해 90개의 문항이 삭제되고 107개의 문항이 추가되었다. 원판 척도의 1번에서 370번 문항은 문장표현의 수정이나 문항배열에서의 변화만 있었고 그 뒤 번호 문항들에서는 대대적 변화가 있었다.

둘째, 원판의 타당성 척도 네 개(무반응, L, F, K)와 기본 임상척도는 변하지 않았으나 새롭게 추가되거나 수정된 타당성 척도(validity scales) 및 내용척도(content scales), 보충척도(supplement scales), Haris-Lingoes 하위척도 등의 수십 개의 척도들이 원판척도에 포함되었다.

셋째, 임상진단을 위한 중요한 기준점수인 T 점수가 70점에서 65점으로 이동하였다.

02 MMPI-2

1) 검사 실시와 채점

(1) 검사 실시를 위해 갖춰야 할 일반적 요건

MMPI-2 검사는 구조화된 검사이며 채점은 컴퓨터 프로그램에 의해 이루어진다. 진술문 형식으로 된 검사이므로 검사 실시는 그리 어렵지 않다. 그렇다고 해서 이 검사를 누구나 실시하여 해석할 수 있다는 것은 아니다. 그 이유는 MMPI-2가 문항으로 묻는 내용은 행동 및 사고, 감정 등의 외현적으로 관찰 가능한 것이지만 실제로 측정하는 내용은 이 문항들에 대한 답의 기저에 있는 구성개념이기 때문이다. 앞에서 언급한 것처럼, 구성개념을 조작적으로 정의하여 측정하는 경우에는 항상 오차가 발생하며 문항으로 물을 수 있는 구성개념과 관련된 행동의 범위는 매우 제한적이고 구성개념 자체가 정확한지에 대해서도 확신할 수가 없는 등 검사의 타당도에 대한 심리측정학적 문제가 있다. 검사의 심리측정학적 지식이 부족한 사람이 검사를 실시하면, 특정 임상척도에서의 높은 점수와 심리질환이 선형적 관계를 갖고 있다고 오해할 가능성이 아주 높다. 그리고 심리질환 간 경계가 잘린 두부의 경계처럼 분명하지 않아서 각 심리질환의 독특한 증상은 공병하는 증상들과 함께 나타나기 때문에 MMPI의 검사결과만으로 진단을 합리적으로 내리기는 어렵다. 그래서 이상심리학에 대한 지식도 상당히 많이 요구된다. 또한 각 심리적 질환을 중재할 수 있는 기법에 대한 지식도 갖추고 있어야 한다. 성격을 평가하는 도구로도 사용할 수 있는 MMPI-2이지만 이를 정확하게 사용하기 위해 갖추고 있어야 하는 필수지식은 일반적으로 학부 수준을 넘어선다고 보는 것이 타당할 것 같다.[5]

5) 마음사랑 홈페이지를 방문하면 검사해석의 필수요건을 확인할 수 있다.

(2) 검사 실시 절차 및 방법

MMPI-2를 실시할 수 있는 대상은 초등학교 졸업 이상의 학력을 가진 만 19세 이상 성인이다. 일반적으로 검사 실시에 소요되는 시간은 약 90분~120분 정도다.

MMPI-2 검사를 실시하기 전에 먼저 살펴야 하는 사항들이 있다. 첫째, 검사환경이 검사 실시에 적합한가를 살펴야 한다. 물론, 대부분의 병원이나 상담센터 등의 환경에서는 심리검사에 적합한 조용하고 안정된 환경을 가진 검사실이 마련되어 있을 것이다.

다음으로 표준화된 검사 특징상, 검사자의 역할이 검사수행에 직접적으로 영향을 미치지 않는다고 하더라도 검사자와 수검자 간 라포형성은 중요하다. 검사자와 수검자의 대인관계는 수검자의 검사에 대한 동기, 정서적 안정, 검사 자체에 대한 신뢰 등에 영향을 주어 검사수행에 영향을 줄 수 있다. 마지막으로 수검자의 문해력을 확인할 필요가 있다. 수검자의 학력이 중학교 졸업이라고 하더라도 문해력에 어려움을 가지고 있을 가능성이 있기 때문이다.

이렇게 검사에 필요한 요소들을 모두 점검했다면, 다음으로는 수검자에 대한 정보를 확보해야 한다. 어떤 심리검사라도 하나의 검사만으로 수검자를 정확하게 파악할 수는 없기 때문에 검사결과로 제시되는 점수, 이 경우에는 T 점수의 기저에 있는 의미를 탐색하기 위해서는 검사를 통해 얻게 되는 정보 이외의 정보들이 필요하다. 여기에는 수검자의 과거병력, 현재 호소하는 어려움, 가족과 관련된 정보, 행동관찰을 통해 수집된 정보, 의뢰자와 의뢰 이유, 주변인의 보고 등이 포함된다.

수검자에게 MMPI-2를 실시하는 첫 단계는 검사의 필요성에 대해 설명을 제공하는 것이다. 이때 검사를 받음으로써 수검자가 얻을 수 있는 이점도 설명하는 것이 좋다.[6] 그런 다음, 검사수행에 필요한 요령을 안내한다. 시간제한은 없으

6) 이 점을 설명하는 것은 검사 실시가 궁극적으로 수검자를 돕기 위한 절차임을 이해시키는 데 도움이 된다.

나 한 문항에 대한 응답을 너무 지체하지 않도록 지도할 수 있다.

2) MMPI-2의 척도들

MMPI-2의 척도는 타당성 척도, 주요 임상척도, 재구성 임상척도, 성격병리 5요인척도, 임상소척도, 내용척도, 보충척도, 내용소척도 등으로 구성되어 있다.

(1) 타당성 척도

MMPI-2의 결과지를 보면서 제일 먼저 살펴봐야 하는 척도가 타당성 척도다. 검사에 대한 수검자의 태도를 반영하는 것으로 기본적으로 세 유형이 있다. 첫째, 문항을 제대로 읽고 반응했는가를 탐지하는 척도들이 있으며, 둘째, 수검자 자신의 심리적 증상을 과장하거나 심각하게 보고하는지의 여부를 탐지하는 척도들이 있고, 마지막으로 심리적 증상을 과소보고하는지를 평가하는 척도들이 있다. 이 타당성 척도들은 검사자에게 검사채점 및 결과해석과 관련된 여러 정보들을 제공한다. 검사자는 이 척도들을 통해서 검사지의 채점가능성 판단, 수검자의 문항에 대한 이해력 판단, 수검태도와 관련된 태도 및 태도의 동기 및 원인, 태도가 검사결과에 미치는 영향 등을 판단할 수 있다(Nichols, 2011). 즉, 임상심리사는 이 정보들을 활용해 임상척도 결과의 의미를 더 정확하게 파악할 수 있다.

문항을 제대로 읽고 응답했는가에 대한 지표

MMPI-2의 문항들을 제대로 읽고서 반응했는지를 반영하는 척도는 무응답(not answered), 무선반응 비일관성 척도(Variable Inconsistency Response: VRIN), 고정반응 비일관성 척도(True Inconsistency Response: TRIN) 등이다.

TRIN 척도는 의미적으로 불일치한 내용으로 된 23개 쌍(20쌍은 이 척도에서만 채점된다.)으로 된 문항들로 구성되어 있다. 문항에 대한 고정반응이란 문항의 내용과 관계없이 수검자가 한 유형으로만 반응했음을 가리킨다. 높은 점수인 13점 이상은 거의 모든 문항에 '그렇다'로 반응하였음을, 5점 이하는 거의 모든 문항에 '아니오'로 반응하였음을 나타낸다.

VRIN은 의미적으로 불일치한 49개 쌍의 문항들로 구성되어 있다. VRIN 척도에서 채점되는 각 쌍은 비슷한 내용이거나 대립되는 내용으로 쌍을 이루며 모두 67개 쌍으로 구성되어 있다. 원 점수 13점 이상이면 검사결과를 타당하지 않는 것으로 판단할 수 있다.

?(Can not say)는 문항에 대한 응답을 채점할 수 없음을 가리키는 지표로 문항에 응답을 하지 않았거나 선택안 두 개에 모두 응답한 경우다. 일반적으로 원점수 30 이상이면 임상척도 점수의 기저에 있는 의미를 확인할 수가 없다. 즉, 임상척도를 분석할 수 없다.

심리적 증상을 숨겼거나 축소시켰을 가능성이 있는가에 대한 지표

수검자가 자신의 심리적 증상을 축소시키거나 숨기고자 하는 동기에 의해 응답의 왜곡이 발생했는지를 확인하는 척도로 부인척도(Lie scale: L 척도), 방어척도(Defensiveness scale: K 척도), 과장된 자기제시척도(Superlativeness scale, S 척도) 등이 있다.

L 척도는 자신을 사회 대다수의 사람들이 생각하는 방향으로 의도적으로 제시하고자 하는 정도를 탐지한다. 척도문항은 15개이며 높은 점수는 반응 편파 및 억압/부인, 통찰부족 등을 통해 호의적 인상을 주기 위해 반응을 왜곡한 것으로 볼 수 있다. L 척도의 점수 상승은 자신의 반응이 평가되는 것에 대한 두려움 또는 자신의 인상을 좋게 보이려는 인상관리 동기에 의해 주로 이루어진다(Nichols, 2011).

K 척도는 30개 문항으로 구성되어 있으며 수검자의 방어성을 탐지하고 이를 교정할 수 있는 성질을 갖고 있다. K 척도는 심각하고 분명한 심리적 문제를

갖고 있으나 정상적 프로파일을 나타내는 사람을 확인하기 위해 개발되었다. 이 척도는 스스로 정신병리 또는 심리적 문제가 있다는 것을 인정하는 것을 망설이는 정도(즉, 방어성)를 평가한다.

S 척도는 비임상집단에서 도덕적 결함을 부인하고 자기를 과장하는 정도를 평가하는 척도로 상대적으로 최근에 개발되었다(Butcher & Han, 1995). 비행기 조종사 집단과 MMPI-2의 남자 규준 집단 간 반응률을 비교해 문항선정이 이루어졌다. 이 척도는 다섯 가지 하위 척도[7]들을 갖고 있으며 문항들은 MMPI-2의 전반에 걸쳐 상대적으로 골고루 흩어져 있다. S 척도와 K 척도는 상관계수가 높으며 비슷한 심리적 실재를 측정하는 것 같지만 K 척도는 심리적 문제가 없음을 주장하는 경향을, S 척도는 여기에 더해 전반적 삶의 영역들에서 만족하고 있음을 주장하는 정도를 측정한다(김재환 외, 2014).

심리적 증상의 과장(誇張)에 대한 지표

수검자가 자신의 심리적 증상을 확대 또는 과장(誇張)했는가를 평가하는 지표는 비전형 척도(infrequency scale: F[8] 척도), 후반부 비전형 척도[inFrequency back: F(b)], 비전형-정신병리 척도[inFrequency-Psychopathology, F(p)], 증상 타당성 척도(Fake Bad Scale: FBS[9]) 등이 있다.

F 척도는 대부분의 사람들과는 다른 방식 또는 비정상적 방식으로 문항에 응답했는가를 탐지하기 위해 개발된 척도다. 이 척도는 이상한 사고(思考), 특이한 경험, 고독 및 소외감, 이상하거나 상반되는 신념 및 기대, 자기 기술 등을 탐지한다. 정리하면, F 척도의 높은 상승은 정신병적 상태를 가리킨다. 문항들은 360번 문항 근처까지 흩어져 있으며 문항 수는 60개다.

---

7) 인간의 선함에 대한 믿음, 평온함, 삶에 대한 만족, 참을성/성마름의 부인, 도덕적 결함의 부인
8) F 척도에서 'F'는 infrequency 또는 frequency 척도로 가끔 언급되긴 하지만 정확하게 가리키는 바가 없다.
9) 부정왜곡척도로 개발되었으나 척도의 타당도와 관련된 쟁점으로 '증상 타당성 척도'로 부르며 우리나라에서는 2011년 후반부터 MMPI-2의 결과지에서 제시되고 있다.

F(b) 척도는 F 척도가 측정하는 것을 측정하며 문항 수는 40개다. 이 척도의 문항들은 280번 문항 이후 제시되어 검사문항 후반부에서 F 척도의 역할을 한다. F(b)의 높은 상승은 주로 정서 및 동기의 심각한 변동 상태를 나타내므로 F 척도의 상승과 F(b) 척도의 상승이 가리키는 바가 다를 수 있다.

F(p) 척도는 정신병리의 과장을 탐지하기 위해 개발된 척도로 정신과 환자 집단과 MMPI-2의 정상인 표본에서 시인율이 20% 이하인 문항들 27개로 구성되어 있다. F(p) 척도는 F 또는 F(b) 척도보다 정신병리를 가장하거나 과장한 정도를 더 잘 탐지하는 것으로 확인되기도 했으나(예: Arbisi & Ben-Porath, 1997; Arbisi, Ben-Porath, & Yossef, 1995) 그렇지 않다는 증거도 있다(예: Archer, Handel, Greene, Baer, & Elikins, 2001; Nicholson, Mouton, Bagby, Buis, Peterson, & Buigas, 1997).

FBS 척도는 법정 심리학이라는 맥락에서 증상 타당성 지표로 개발되었으며 문항수는 43개다. 상해를 입은 사람이 주장하는 신체적 꾀병을 탐지하는 데 그 목적이 있다. 또한 FBS 척도가 신체적 꾀병과 아울러 정서적 불편/심리적 외상 사례에도 적용될 수 있음(예: Greiffenstein, Baker, Axelrod, Peck, & Gervais, 2004; Nelson, Sweet, & Demakis, 2006; Martens, Dondres, & Millis, 2001)이 확인되고 있다. 그러나 FBS 척도의 타당도 및 절단점, MMPI-2의 다른 타당성 척도 간 차이에 대한 여러 쟁점들에 대해서는 논의가 진행 중이다.

그 외 타당성 척도들

F-K 지표는 F 척도와 K 척도의 원 점수 차이를 뜻한다. 이 지표의 값이 0보다 크면 (증상의) 과다보고, 0보다 작으면 (증상의) 과소보고를 한 것으로 본다. 이 지표는 환자의 프로파일과 정신병을 과장하고자 하는 사람의 프로파일을 변별할 수 있는 정보를 제공한다.

타당성 척도의 프로파일 형태별 해석

전통적인 타당성 척도인 L과 F, K 척도 점수들을 선으로 연결하면 그래프 모양이 나온다. 이 모양, 즉 형태를 고려하여 수검자의 성격 특성 및 수검태도를 추론해 볼 수 있다. 네 가지 형태를 간단하게 제시한다.

a. L과 K 척도의 *T* 점수가 65에서 70의 범위 안에 있고 F 척도의 *T* 점수가 50 미만일 때, 이 프로파일은 자신의 약점을 감추고 강점만 강조하고자 하는 사람에게서, 또는 이렇게 해야 하는 상황에서 나타날 수 있는 형태다. 이렇게 자신의 약점을 감춰야 하는 상황은 입사면접을 위한 검사를 받을 때, 또는 자녀양육권을 위한 재판 중일 때 등을 예로 들 수도 있다.

b. L 척도의 *T* 점수는 40점 부근, K 척도의 *T*점수는 55점 부근, F 척도의 *T* 점수는 60에서 70 범위일 때, 자신의 약점을 인정할 만큼 자아가 강하고 자아가 정상적 기능을 하면서 현재의 어려움을 인식하고 있다고 판단할 수 있다.

c. L < F < K 척도 순으로 점수가 상승하는 형태일 때, L척도의 *T* 점수는 40점 미만이고 K 척도의 점수는 70점 이상인 경우로 수검자가 검사상황에서 긴장하여 위축되어 있음을 나타내는 것일 수도 있고 일상생활에서 스트레스를 말없이 견디며 지내고 있음을 가리킬 수도 있다.

d. L > F > K 척도 순으로 점수가 내려가는 형태일 때, L 척도의 *T* 점수가 65에서 70 사이, K 척도의 *T* 점수는 45점 부근인 경우는 심리적 고통을 별로 느끼지 않으며 개방적이고 솔직하지만 자신감은 낮은 유형으로 볼 수 있다. 만약 학력이 높은 사람에게서 이런 형태가 보이면, 해석에 더 신중을 기해야 한다.

(2) 표준 임상척도들

표준 임상척도와 소척도

MMPI-2에서 *T* 점수 65점 이상이면 '높은' 점수로 판단한다. 척도 점수가 높을수록 정신병리의 정도가 심한 것으로 볼 수 있다. 그렇다고 점수가 낮을수록 정신병리적 증상이 없음을 가리키는 것은 아니다. T 점수가 40점 이하인 경우에도 임상적 함의가 있을 수 있다.

MMPI의 검사결과 해석이 어려운 점은 임상척도의 점수들이 독립적으로 해석될 수 없을 뿐더러 타당성 척도도 함께 고려해야 한다는 데 있다. 구체적으로 설명하면, 임상척도의 결과는 타당성 척도의 패턴을 고려해야 그 의미가 정확해진다. 또한 개별 임상척도 점수도 다른 임상척도의 점수들과의 관계에서 그 의미가 분명해진다. 개별 임상척도의 상승요인을 정확하게 이해하기 위해서는 소척도를 살펴봐야 한다. MMPI의 검사 점수는 척도들의 관계 안에서 그 의미가 명료해지므로 검사결과가 제시하는 바를 정확하게 이해하기 위해서는 검사에 대한 정확한 지식과 임상경험, 두 가지가 모두 필요하다.

MMPI-2의 표준 임상척도는 10개다. 이 척도들의 명칭은 공식적으로 아라비아 숫자로 지칭하지만 여러분의 이해를 돕기 위해 먼저 진단명으로 제시하겠다. 건강염려증(hypochondriasis: Hs), 우울증(depression: D), 히스테리(hysteria: Hy), 반사회성(psychopathic: Pd), 여성성-남성성(masculinity-femininity: Mf), 편집증(paranoid: Pa), 강박증(psychasthenia: Pt), 정신분열증(schizophrenia: Sc). 조증(mania: Ma), 내향성(social introversion: Si) 등이 있다 척도 1(건강염려증), 척도 5(남성성-여성성), 척도 7(강박증), 척도 0(사회적 내향성)을 제외한 척도들에는 하리스와 링고스(Harris & Lingoes, 1968)가 제작한 소척도들이 있다. 이 소척도는 하리스와 링고스가 각 척도의 문항들을 요인분석[10)]하여 제작한 것이다.

척도 1(Hs)은 32문항으로 구성되어 있으며 신체건강에 대한 지나친 걱정 정도를 측정한다. 점수가 높은 사람은 자신의 건강에 대한 몰두, 신체증상을 과장하려는 경향, (다른 사람에게) 과하게 요구하는 경향, 미성숙, 투덜거림, 거의 모든 유형의 치료에 대한 좋지 않는 예후 등을 가리킨다. 신체적 고통이나 어려움에

10) 간단히 설명하면, 상관이 높은 문항들끼리 묶는 통계적 기법이다.

대한 호소는 주로 타인을 조정하고 통제하기 위한 것일 수 있다. 신체적 불평에 대해 응답을 하지 않은 경우를 제외하고 매우 낮은 점수를 보인 사람은 높은 점수를 가진 사람의 특징과 비슷한 특징을 보인다. 적당히 낮은 점수는 건강하고 통찰력이 있으며 낙관적인 경향을 가리킨다. 히스테리 척도와 상관이 높은 편이다.

척도 2(D)는 임상적 우울, 미래에 대한 비관, 죄책감, 사기 저하 등의 정도를 측정하며 주로 상황적 우울을 반영한다. 문항 수는 57개다. 매우 높은 점수는 주요 우울증을 앓고 있음을 가리키고 높은 점수는 임상적 우울, 비관주의, 죄책감 등을, 낮은 점수는 우울의 부재, 유쾌함, 경쟁적 성향을 가리킨다.

척도 2의 하리스와 링고스 소척도는 주관적 우울감(subjective depression, D1), 정신운동 지체(psychomotor retardation, D2), 신체적 기능장애(physical malfunctioning, D3), 둔감성(mental dullness, D4), 깊은 근심(brooding, D5) 등 5개다. 이 척도는 중재 후 (수검자의) 변화가 가장 쉽게 나타나는 척도다.

척도 3(Hy)은 의존성 또는 성적(sexual) 쟁점, 공격성 등을 신체적 증상으로 전환한 정도를, 심리적 미성숙, 자기중심성, 통찰 부족 등의 정도를 측정한다. 문항 수는 60개다. 이 척도에서 높은 점수는 일반적으로 연극적 성격특성을 가리킨다. 척도 3이 높은 사람은 자기애적이며 겉으로는 친절하고 다정다감하지만 타인을 조종하려는 경향이 강하다. 낮은 점수는 과하게 엄격하고 보수적이고 사람을 잘 믿지 않는 경향을 가리킨다.

척도 3의 하리스와 링고스 소척도는 사회적 불안의 부인(denial of social anxiety, Hy1), 애정 욕구(need for affection, Hy2), 권태-무기력(lassitude-malaise, Hy3), 신체증상 호소(somatic complaints, Hy4), 공격성의 억제(inhibition of aggression, Hy5) 등이 있다.

척도 4(Pd)는 낮은 수준의 충동통제력, 사회적 기준 무시, 권위를 가진 사람과의 갈등, 부부 및 가족 간 갈등 정도, 행동 결과에 대한 무관심 등을 측정하는 50문항으로 구성되어 있다. 척도 4에서 높은 점수는 사회적 규범이나 관습을 존중하지 않으며 외향적이면서 자부심이 강하고 적대적이며 타인에게 기생하는 경향을 보이고 판단력이 형편없으며 타인에 대한 비난을 자주 한다. 낮은 점수는 지나치게 보수적/관습적이고 동조적/응종적이며[11] 소극적이고 타인을 잘 믿고 비경쟁적인 경향이 있다.

하리스와 링고스 소척도는 가정불화(family discord, Pd1), 권위불화(authority conflict, Pd2), 사회적 침착성(social imperturbability, Pd3), 사회적 소외(social alienation, Pd4), 내적 소외(self-alienation, Pd5) 등이 있다.

척도 5(Mf)는 전통적인 남성적 또는 여성적 흥미 양상과 일치하는 흥미양상 및 직업선택, 수동성-능동성 등의 정도를 평가하는 56문항으로 되어 있다. 이 척도에서 높은 점수는 남성에서는 소극적이고 미적 추구, 예술적 관심, 지적, 타인에 대한 민감성, 인내, 강한 자기통제력 등을, 여성에서는 전형적인 여성 역할 거부, 직업과 흥미에서 남성적 관심 등을 가리킨다. 낮은 점수는 남성에게서는 전통적 남성 역할에 대한 관심, 제한된 지적(知的) 능력, 좁은 범위의 흥미, 실용적(實用的), 공격적 등을, 여성에게서는 소극적, 복종적, 엄격하면서 예민한 등을 가리킨다. 즉, 이 척도는 남성에게서는 여성성을, 여성에게서는 남성성을 측정하는 방향으로 채점된다.[12] 따라서 이 척도는 정신병리 척도와는 관련성이 없다. 교육수준이 높은 남자들의 점수가 상대적으로 높다[13].

---

11) 동조(conformity): 사회적 상황에서 타인의 분명한 요구 및 부탁이 없음에도 불구하고 타인 행동을 그대로 따라 하는 행위, 응종(compliance): 타인의 적극적 요구에 따라 행동하는 또는 태도 변화를 가리킨다.

12) 5번 척도의 원 점수가 T 점수로 변환될 때, 남성의 경우는 원 점수가 높을수록 T 점수도 증가하나 여성의 경우는 원 점수가 높을수록 T 점수는 낮아진다.

13) 정상집단의 남자들에게서 척도 5의 타당성이 의심스럽다는 연구(예: Long & Graham, 1991)도 있다.

척도 6(Pa)은 타인에 대한 의심, 적대감, 과도한 예민함, 도덕적 자기정당화, 정서적 불안정, 피해 또는 과대망상 등의 정도를 측정하는 40개 문항으로 되어 있다. 상당히 높은 점수는 편집증적 정신병을 가지고 있을 가능성을, 높은 점수는 편집증적 성격을 갖고 있을 가능성을 나타낸다. 전자의 사람은 현실검증력이 상당히 손상된 사람들로 분노와 적대감, 원망 등이 쉽게 행동으로 표출되는 반면에 후자의 사람은 타인을 잘 믿지 못하며 의심이 많고 지적받는 것을 잘 견디지 못한다. 이 척도는 문항내용이 명백하여 수검자가 의도적으로 편집증적 사고를 쉽게 부정할 수 있어 때로는 낮은 점수도 편집증적 사고가 있는 경우도 있다.

하리스와 링고스 소척도는 피해의식(persecutory ideas, Pa1), 예민성(poignancy, Pa2), 순진성(naiveté, Pa3) 등이 있다.

척도 7(Pt)은 원한, 분개, 충동적 불안, 공포, 비합리적 두려움, 상당한 신경과민, 자기확신의 부재, 관계망상, 피해망상, 조종망상 등을 측정하는 48개 문항으로 구성되어 있다. 이 척도에서는 점수가 절단점에 미치지 않는 수준으로 상승해도 편집증의 가능성을 의심해봐야 한다. 즉, 자기중심성, 타인의 무시나 비판에 대한 과민 반응, 자신감 결여, 너무 엄격한 도덕주의, 완벽주의, 의존경향, 쉽게 화를 냄 등의 부적응적 특징을 보인다. 점수가 낮은 사람은 적응적이고 불안을 적게 경험하고 자신감이 있고 흥미 범위가 넓다.

척도 8(Sc)은 현실 검증력의 부재, 비현실감, 고립감, 기묘한 사고과정과 지각(知覺), 성정체감에 대한 관심 등을 측정하는 78문항으로 구성되어 있다. 이 척도에서 높은 점수는 현실검증력의 붕괴, 와해된 사고와 유치(幼稚)함, 소외, 불안, 환상에 대한 과한 몰입, 성적(sexual) 몰두, 정신분열증 경향 등을 가리킨다. 낮은 점수는 우호적이며 합리적이고 관습적이면서 실용적임을 시사한다.

하리스와 링고스 소척도는 사회적 소외(social alienation, Sc1), 정서적 소외(emotional alienation, Sc2), 자아통합결여-인지적(lack of ego mastery-cognitive, Sc3),

자아통합결여-동기적(lack of ego mastery-conative, Sc4), 자아통합결여-억제부전(抑制不全, lack of ego mastery-defective inhibition, Sc5), 기묘한 감각 경험(bizarre sensory experience, Sc6) 등이다.

척도 9(Ma)는 기분이 고양되어 있으면서 불안정한 기분, 정신운동의 과잉, 사고비약(思考飛躍), 충동성, 만족지연(滿足遲延)의 어려움, 자기애, 안달복달함, 외향성 등을 측정하는 46개의 문항으로 되어 있다. 척도 9는 자기애, 편집증(과대망상), 정신병, 연극성 성격 특성 등도 잘 탐지해 낸다. 이 척도에서 높은 점수는 팽창성, 주의산만, 과다활동, 사고비약, 현실 검증력 손상을 반영하는 과대망상 등이 있음을 가리킨다. 낮은 점수는 낮은 에너지와 활동 수준, 피로, 우울, 철회 등을 시사한다.

하리스와 링고스 소척도는 비도덕성(amorality, Ma1), 심신운동 항진(psychomotor acceleration, Ma2), 냉정함(imperturbability, Ma3), 자아팽창(ego inflation, Ma4) 등이 있다.

척도 0(Si)은 수줍음, 부끄러움, 타인에 대한 과민함, 자신에 대한 과잉통제, 보수적, 의심이 많은 등을 평가하는 69개 문항으로 되어 있다. 이 척도에서 점수가 높은 사람은 내향적이고 부끄러움이 많으며 대인관계를 맺거나 사회적 상황에 대처하는 기술이 부족하고 이성에게 불편을 느끼고 독창적이지 않는 경향이 있다. 낮은 사람은 외향적이고 자신감이 있고 대인관계를 맺는 능력이 좋다.

내향성 소척도는 벤-포스와 호스텔레, 부처, 그라함(Ben-Porath, Hostetler, Butcher, & Graham, 1989)이 논리적이고 합리적 과정을 거쳐 개발한 것이다. 여기에는 수줍음/자의식(shyness/self-consciousness, Si1), 사회적 회피(social avoidance, Sc2), 내적/외적 소외(self-alienation, self and other) 등이 있다.

(3) 그 외 임상척도들

재구성 임상척도(Reconstruction scales: RC)

재구성 임상척도는 원판 MMPI의 척도들이 가진 심리측정적 문제점을 해결하기 위해 텔리건과 벤-포스, 맥널티 외(Tellegen, Ben-Porath, McNulty, Arbisi, Graham, Kaemmer, 2003)가 개발한 척도다. 원판 MMPI 척도들 간 공분산[14]을 감소시키기 위해 의기소침(demoralization)을 가리키는 문항들을 모아 독립된 척도(RCd)를 만들면서 나머지 문항들을 재구성하여 9개의 임상척도[15](RCd1~RCd9)로 재구성하였다.

- 의기소침(demoralization: dem, RCd)
  불쾌감, 무능력, 죄책감, 우유부단함과 스트레스 상황에서 회피 등을 측정한다. 높은 점수를 가진 사람은 주도성과 자신감이 없으며 정서적으로 불안정하고 비관적이며 늘 주눅 들어 있는 모습을 보인다.

- 신체증상호소(somatic complaints: som, RC1)
  다양한 유형의 신체적 고통과 증상, 막연한 신체 건강 등에 대한 몰두와 걱정을 측정한다. 높은 점수를 가진 사람은 자신을 신체적으로 약한 사람으로 지각하며, 만성피로에 시달리면서 신체질환을 호소한다. 또한 이들은 스트레스 상황에서 신체적 고통을 자주 호소하는 경향이 높다.

- 낮은 긍정 정서(low positive: lpe, RC2)
  자기효능감과 즐거움의 부족, 무기력, 자신감 부족, 비관주의 등을 평가한다. 높은 점수를 가진 사람은 우울, 일상 삶의 과제수행에서 무능함 등을 호소할 수 있다.

14) 각 척도가 다른 증상을 측정하면서도 척도들 간 중복되게 측정하는 영역이 많다는 것으로 이해하면 된다.
15) 표준 임상척도에서 척도 5번은 임상척도가 아니므로 재구성임상척도에서 제외되었다.

- 냉소적 태도(cynicism: cyn, RC3)
  다른 사람들에 대한 불신감을 평가한다. 점수가 높은 사람은 사람을 신뢰하지 않으며 주변 사람에게 관심도 없고 사람은 서로를 착취하는 존재라고 본다.

- 반사회적 행동(antisocial behavior: asb, RC4)
  대부분의 문항이 과거에 행한 반사회적 행동 그 자체를 평가한다. 높은 점수를 가진 사람은 공격성, 다른 사람 의견에 반대하기, 빈번한 거짓말과 속임수 사용, 대인관계에서 기회주의적 성향, 분노발작, 낮은 성취 등을 나타낼 수 있다.

- 피해의식(ideas of persecution: per, RC6)
  조증망상과 피해의식 등을 측정한다. 이 척도에서 높은 사람은 다른 사람들로부터 자신이 피해를 받고 있다는 생각을 많이 한다.

- 역기능적 부정적 정서(dysfunctional negative emotions: dne, RC7)
  불안과 걱정, 공포감, 과민성, 조급함 등을 측정한다. 높은 점수를 가진 사람은 불안과 짜증, 무기력감, 불행감, 반추적[16] 사고 등을 많이 나타낸다.

- 기태적 경험(aberrant experience: abn, RC8)
  편집성과 사고장애/와해를 평가한다. 점수가 높은 사람은 형편없는 집중력과 판단력, 의심, 망상적 사고, 정신병적 증상들을 나타낼 수 있다.

- 경조증적 상태(hypomanic activation: hpm, RC9)
  적대적 공격성, 분노폭발, 보복행위, 다른 사람에 대한 위협 등을 평가한다. 점수가 높은 사람은 자신을 과하게 표현하고 고압적이고 자극에 예민하게 반응하고 충동조절을 잘 못하고 좌절을 잘 견디지 못하는 편이다.

---

16) 반추적 사고: 어떤 일을 되풀이하여 생각하는 것.

성격병리 5요인(the Personality Psychopathology Five: PSY-5)

PSY-5는 하크너스와 맥널티, 벤-포스(Harkness, McNulty, & Ben-Porath, 1955)가 성격장애에서 흔히 나타나는 특성을 평가하기 위해 이론적으로 제작한 내용척도다.

- 공격성(aggressiveness: AGGR)
  자기애적 적대감을 측정하는 척도로 약탈적 공격, 타인을 지배/복종시키고자 하는 적대적 욕구를 측정한다.

- 정신증(psychoticism: PSYC)
  현실검증력, 의심, 망상, 적대감 등을 측정하는 것으로 개인의 내면적 문제를 측정한다.

- 통제결여(disconstraint: DISC)
  만족지연 능력, 감각추구, 편의주의적 도덕성 등을 측정한다.

- 부정적 정서성/신경증(negative emotionality/neuroticism: NEGE)
  걱정, 스트레스, 과민함, 분노, 정서통제 등을 측정한다.

- 내향성(introversion/low positive emotionality: INTR)
  에너지 수준, 사회적 철회, 무쾌감, 낮은 자존감, 정서적 회복력의 결여 등을 측정한다.

내용척도(content scales)와 내용소척도

이 척도는 기본적으로 합리적 접근과 경험적 수정을 통해 부처와 그라함, 윌리엄, 벤-포스(Butcher, Graham, Williams, & Ben-Porath, 1990)가 개발하였다. 각 척도의 문항들은 측정하고자 하는 심리적 특성, 즉 내용에서 매우 분명하다는 점이 장점이다. 하지만 이 장점은 수검자들에게 이 문항들이 무엇을 측정하고 있는지를 거의 정확하게 전달하므로, 즉 안면타당도가 높아 반응왜곡의 가능성도 높다. 따라서 이 척도에서 점수해석은 수검자의 검사에 대한 동기 및 의도 등을 검토하여 해석해야 한다.

내용척도는 15개 척도들로 구성되어 있으며 각 내용척도에는 소척도들이 있다. 이 척도에서 높은 점수는 불안(anxiety: ANX), 강박성(obsessiveness: OBS), 분노(anger: ANG), 반사회적 특성(antisocial practice: ASP), 가정문제(family discomfort: FAM), 부정적 치료지표(negative treatment indicatiors: TRT) 등이 있다.

보충척도(supplementary scales)

원판 MMPI가 개발된 후, MMPI의 문항들을 이용해 구체적 목적(예: 자아강도, 불안, 억압 등)에 맞는 척도들을 개발하고자 하는 연구가 많이 진행되었으며 그 결과 600개가 넘는 척도들이 개발되었다. 그동안 개발된 수많은 척도들 중 15개의 척도만 MMPI-2에 포함되어 있다. 일반적으로 *T* 점수 65 이상이면 높은 점수, *T* 40 이하면 낮은 점수다. 이 척도들은 K 교정을 하지 않으며 반응편파의 영향을 쉽게 받는 편이다.

이 보충척도들 몇 가지를 간단히 소개하겠다. A(anxiety 불안) 척도와 R(repression, 억압) 척도는 웰시(Welsh, 1956)가 개발한 척도다. Es 척도는 배론(Barron, 1953)이 정신분석적 치료의 예후지표로서 개발한 것으로 자아강도(ego strength)를 측정한다. Do(dominance, 지배성) 척도는 구프와 맥크로시, 미힐(Gough, McClosy, & Meehl, 1957)이 개발한 것으로 의견 주장, 리더십, 현실적-과제지향성, 우유부단, 좌절에 대한 내성 등을 평가한다. Ho(hostility, 적대감) 척도는 쿡과 메드레이(Cook & Medley, 1954)가 개발하였으며 냉소적 태도, 과잉민감성, 공격적 반응, 사회적 회피 등을 측정한다.

3) MMPI-2의 검사결과 해석

컴퓨터가 채점한 MMPI-2의 결과지를 받은 후 임상심리사가 이 자료를 사용하는 대략적 절차를 소개한다.

무엇보다 MMPI-2의 결과는 T 점수(평균 50, 표준편차 10)로 제공되며 결과지에서 표준편차 단위 2 이상(+2)과 2 이하(−2)를 가리키는 30(= 50 − 2 × 10)과 70(= 50 + 2 × 10)을 굵은 선으로 표시해두고 있다. 이는 30 T와 70 T라는 두 점수 사이에 그 연령에 해당하는 사람들 중 약 98%가 포함되어 있다는 의미다. 따라서 어떤 척도에서 T 점수가 높다는 것은 그 점수를 받은 사람의 비율이 그 사람이 속한 동일연령집단에서 매우 드물다는 것을 의미한다. 즉, 그 사람의 응답유형이 굉장히 희귀한 경우라는 뜻이다. 어떤 척도에서 T 점수가 매우 낮은 것도 통계학적으로 보면 그 사람의 응답유형이 굉장히 드물다는 것을 나타내지만 임상적 의미에 대해서는 분명하게 알려진 것이 드물다.

(1) 수검자의 검사태도가 프로파일 해석에 어떤 영향을 미칠 수 있는가?

MMPI-2의 결과지를 받으면, 제일 먼저 수검자의 태도를 평가해야 한다. 즉, 검사자는 MMPI-2의 타당성 척도부터 확인해서 검사프로토콜이 타당한지, 즉 임상철도를 해석할 수 있는지를 결정해야 한다.

(2) 표준 임상척도 점수들에 대한 전반적 평가

표준 임상척도의 점수들이 전반적으로 상승되어 있는지를 확인하여 수검자의 전반적 고통수준을 파악한다. 이때 추가적으로 살펴봐야 하는 척도는 보충척도 A다. 두 경우 모두 상승되어 있다면 생활에서, 대인관계에서 어려움을 측정한 다른 척도들을 살펴봐야 한다. 그리고 표준 임상척도에서 가장 높은 점수가 나타난 척도가 어떤 척도인지를 확인한다. 여기서 높은 점수라는 기준은 T 점수 65점 이상이다.

(3) 표준 임상척도에서 가장 높은 점수를 받은 척도들 확인: 코드 해석

MMPI-2 척도들은 서로 관련성이 있으므로 단독으로 해석하는 경우보다 더 많은 정보를 얻을 수 있기 때문에 형태적 해석을 선호한다. 표준 임상척도에서 T 점수가 65 이상인 둘 또는 세 척도가 있는지 확인한 후, 그 차이가 T 점수 10점 이내에 있다면 이 척도들을 쌍[17)]으로 묶어서 해석한다. 이때 상대적으로 더 높은 점수를 보이는 척도 번호를 먼저 쓴다. 만약 T 점수가 65를 넘는 척도가 3개 이상이면서 이 점수 차들이 크지 않다면, 어떤 코드유형이 맞는지 탐색적으로 확인해 코드를 정한다. 이때, 더 적절한 코드유형을 결정하려면 내용척도, 보충척도, 재구성척도 등과 함께 관찰정보 및 면접정보 등의 정보를 사용하여 결정한다.

표준 임상척도에서 코드 해석

- 1/2 또는 2/1

  이 코드를 가진 사람은 관심의 범위가 매우 협소한 편이다. 이들은 주로 신체적 불편감과 통증에 대한 호소, 건강에 대한 지나친 관심과 걱정 등을 보인다. 이 코드는 만성질환자들에게도 나타날 수 있으므로 의학적 문제가 실제로 있는지/있었는지에 대해서 확인할 필요가 있다. 대체로 내향적이고 수줍음이 많으며, 높은 의존성 등을 보이며 상대방의 반응에 매우 예민하며 걱정이 많다.

- 1/3 또는 3/1

  이 코드는 1번과 3번 척도는 높고 2번 척도는 낮은 형태로 2번 척도가 낮을수록 전환 장애가 나타날 가능성이 높다. 이런 특징을 반영하여 이 코드를 '전환 V'라고 한다. 이 코드를 보인 사람은 식습관과 관련된 문제들을 주로

17) 쌍의 구성은 두 개 또는 세 개 척도로 이루어진다.

나타낼 수 있으며 신경계 기능에서 장애를 보이나 의학적으로 신체적 질환이 있는 경우는 드물다. 이들은 주로 스트레스를 받는 상황에서 신체적 고통을 호소하며 스트레스 요소가 사라지면 신체적 고통에 대한 호소도 사라진다. 이들은 연령에 비해 심리적/정서적으로 미성숙하고 자기중심적인 편이다. 또한 다른 사람의 관심과 애정에 매우 목말라 있다. 이들의 인상은 착하고 순해 보이며 책임감이 있다는 평판도 들으며 또한 다른 사람을 도와주려는 행동을 잘 하기도 한다.

- 2/4 또는 4/2

이 코드를 보이는 사람은 기본적으로 반사회적 성향을 갖고 있다. 충동조절을 잘 하지 못하지만 충동적 행동을 한 후에는 반추사고를 통해 자신의 행동에 대해 후회하고 불안감을 느낄 수 있다. 특히 이 코드를 보인 사람이 현재 스트레스 상황에 처해 있는지를 확인해 2번 척도의 높은 점수가 일시적인 불쾌한 상황에 기인한 것인지를 확인할 필요가 있다. 사회적 상황에서 다른 사람의 호감을 쉽게 얻을 수 있는 사람이지만 함께 있는 시간이 길어질수록 불편한 사람이 될 수 있는 특징을 보인다. 즉, 이런저런 불만이 많고 자신에 대해 비난을 잘 하지만 자신과 환경의 변화를 위한 스스로의 노력은 거부한다. 그러면서 다른 사람이 자신을 위해 뭔가를 해주기를 바라는 경향이 강한 편이다.

- 2/7 또는 7/2

이 코드를 가진 사람은 전반적으로 말과 행동은 느리고 걱정을 지나치게 많이 한다. 이들은 자신의 단점에 대해 매우 냉정하게 평가하며 이에 몰두하는 경향이 있다. 또한 완벽주의 경향이 강하고 성취하고자 하는 동기가 매우 강하지만 이를 행동으로 실천할 수 있는 능력은 좀 부족하다. 다른 사람의 인정을 받으려 너무 많이 애쓰고 자기주장을 잘 하지 않는다.

- 3/4 또는 4/3

이 코드를 보이는 사람들은 분노하고 있는 중이다. 이 분노의 원천은 주로 다른 사람의 거절 또는 거부, 불인정 등이다. 정서조절과 표현에서 만성적 어려움을 갖고 있으며 미성숙하고 자기중심적이다. 순응적인 사람이라는 평가를 받기도 하지만 이들은 마음속의 반항과 적대감을 어떤 방식으로든 드러낸다. 이 코드를 보이는 사람은 자신이 아니라 다른 사람들이 잘못된 것으로 인식하고 있어 중재에 대한 동기가 거의 없다.

- 3/8 또는 8/3

이 코드를 보이는 사람은 우울이나 불안 및 신체적 고통(두통, 소화기 장애, 불면증), 사고 장애 등을 갖고 있다. 일반적으로 다른 사람의 관심과 애정에 대해 갈증을 크게 느끼면서도 친밀함에 대한 두려움으로 피상적 수준에서 대인관계를 유지하려 한다. 주의를 잘 유지하지 못하고 의식적 수준에서 의사결정과정을 통제하지 못하며 침습적 사고를 겪는다. 전반적으로 봐서 인지과정과 기능에서 문제를 드러낸다. 미성숙하고 기존질서에 잘 순응하는 것처럼 보이는 경우도 있다. 이 코드를 보이는 사람들은 자신의 문제에 대한 인식수준이 매우 낮아서 스스로 심리적 중재의 필요성을 거의 느끼지 못한다.

- 4/6 또는 6/4

이 코드를 가진 사람은 자신의 행동과 상황에 대한 이해력이 부족하며 자신의 잘못이나 실수, 실패 등의 원인을 외부 귀인한다. 그 결과, 세상과 사람에 대한 적대감과 불신이 높으며 자신이 입은 손해에 대해 매우 예민하게 반응하고 이를 잊지 않는다. 이런 특성으로 친밀한 관계를 잘 맺지 못한다. 다른 사람에 대해 쉽게 비난하지만 이들은 남들의 비난 또는 거절에 대해서는 매우 예민하여 이런 상황을 피할 수 있는 전략들을 사용한다. 불안이 높고 짜증을 잘 내는 불평가로 약물이나 알코올 문제를 가지고 있을 수 있다. 이들은 폭발적으로 분노를 표현하기도 하지만 철저하게 계획을 세워 자신이 받았다고 생각하는 손해나 피해를 돌려주기도 한다.

- 4/9 또는 9/4

이 코드를 가진 사람의 첫 인상은 에너지 넘치고 자신감 높고 세상에 무서워하는 것이 없어 보이는 등으로 다른 사람의 관심을 유발할 수 있으나 이런 모습은 시간이 지날수록 대인관계에서 문제발생의 원인이 된다. 즉, 자기행동에 대해 반성적 사고를 거의 하지 않는 대신에 남 탓을 잘하고 충동적이고 정서적으로 불안정하다. 자기중심적이며 규칙이나 원칙, 약속을 지키고자 하는 동기도 거의 없으며 자신의 욕구 또는 요구 충족을 위해 다른 사람을 도구로 사용하는 경향이 강하다.

- 6/7 또는 7/6

신체적 긴장을 늘 유지하고 불안과 불쾌감, 분노 등을 쉽게 느끼며 이런 정서적 휩싸임을 두려워한다. 전반적으로 기분이 저하되어 있으며 세상과 자신에 대한 통제력을 상실할 수 있는 것에 대한 두려움이 매우 크고, 자신과 세상에 닥칠 불행과 재앙에 대한 몰두, 다른 사람의 비난과 인정을 얻지 못한/할 것에 대한 심한 걱정 등을 나타낸다. 엄격하고 고집이 매우 강하고 보수적 경향이 있다. 자신에게 발생한 부당한 일에 대해서는 옳고 그름을 잘 따진다.

- 6/8 또는 8/6

세상과 사회로부터 동떨어져 있는 것 같은 생활을 하며 감정의 변화를 거의 보이지 않는다. 그럼에도 불안 수준은 높고 막연한 고통을 느낀다. 정상적 수준의 사고내용과 논리를 벗어난 기묘하고 추상적 사고를 하면서 시간을 보내는 경향이 있다. 이런 경향으로 인해 주변 사람과 잘 지내지 못하고 상황적 요구에 적절하게 대응하지 못한다. 이런 모습의 자신에 대해 다른 사람들이 이상하게 생각할까 걱정하기도 한다. 그러나 자신의 심리적 상태가 질환에 의한 것이라는 인식은 상당히 부족한 편이다.

- 7/8 또는 8/7

과거 지향적 사고(thought)와 비현실적 내용의 사고를 끊임없이 하지만 자신의 현실적 어려움이나 문제를 해결하기 위해 생각을 하는 것은 아니다. 사고에 대한 통제력은 거의 상실한 상태로 볼 수 있다. 주의집중과 사고에서의 어려움, 우유부단과 의심, 형식적(formal) 사고장애 등을 겪으며 이는 문제해결 능력 부족과 미숙한 상황대처능력 등에 대한 염려, 다른 사람과의 관계형성의 어려움 등으로 드러난다. 정서적으로는 걱정, 두려움과 불안, 소외감, 열등감 등으로 힘들어 하며 신체적 문제에 대한 호소도 한다.

- 8/9 또는 9/8

심하게 흥분하는 편이고 활동량이 너무 많으며 사고의 비약, 충동적 행동, 긴장 등으로 행동이나 사고, 두 영역 모두에서 너무 바쁜 사람이다. 사고의 특징은 반추적이고 편집증적이며 사고내용도 비현실적이다. 전반적으로 인지기능에서 실행통제력이 많이 손상되어 있다. 심리적 특성에서 정서적으로 불안정하고 가끔은 의기양양한 모습을 보인다. 자극에 대해 과민하게 반응하고 스트레스에 적절하게 대처하지 못하며 대인관계에 대한 동기는 있으나 관계형성 및 유지를 잘 못한다.

(4) 호소 문제에 대한 구체적 평가

검사결과에서 나타난 증상이나 호소문제, 행동 및 사고 양식 등을 더 명확하고 구체적으로 분석한다. 기분과 정동 영역, 인지 및 정보처리 영역, 대인관계 영역, 일반적 성격 특징 등에서 증상을 매우 상세하게 기술하는 것이다. 이 평가는 표준임상소척도, 내용척도와 내용소척도 등의 MMPI-2에서 제시된 모든 척도에서 제공한 정보들을 활용해 이루어진다.

4) MMPI-2의 심리측정학적 평가

(1) 미국판 MMPI-2의 임상척도에 대한 심리측정학적 정보[18)]

다양한 인종과 계층에서 표집한 1138명의 남자와 1462명의 여자로 구성되었다. 교육수준은 평균 14.72년으로 연령범위는 18세~85세였다.

신뢰도

내적 일관성, 크론바흐 알파는 남녀 각각에서 산출하였는데 그 범위는 .34에서 .87로 나타났다. 알파가 .70을 넘는 척도는 남자와 여자 집단에서는 모두 1번, 7번, 8번 척도 세 개였다. 두 집단 모두에서 6번 척도의 알파가 가장 낮았다(남 = .34, 여 = .39). 검사-재검사는 1주일 간격으로 실시되었고 안정성 계수의 범위는 .54에서 .93의 범위를 가지며 남자 집단에서 안정성 계수가 .80을 넘는 척도는 8번 척도였고 여자 집단에서는 2번 척도였다.

타당도

MMPI-2의 임상척도의 타당화는 수많은 연구들에 의해서 지금까지도 이루어지고 있다. 다만 임상척도의 점수가 어느 정도 높아야 '높은' 것인가에 대해서는 의견이 일치되지 않고 있다. 그리고 낮은 점수의 기저에 있는 의미에 대한 연구는 아직 일치한 결과들을 제시하고 있지 않으며 높은 점수에 대한 연구보다 상대적으로 많지 않다.

---

18) 이 내용은 MMPI-2 성격 및 정신병리평가(Graha, 2006: 이훈진·문혜신·박현진·유성진·김지영 옮김)의 내용을 요약 정리한 것이다.

(2) 한국형 MMPI-2의 심리측정학적 정보[19)]

규준집단은 남자 651명, 여자 701명으로 연령범위는 20세에서 78세, 교육수준의 범위는 11.76년이었다. 원 점수의 T 점수 변환을 위해 미국의 합성분포를 그대로 사용하여 동형 T 점수를 산출하였다.

신뢰도

표준임상척도에 대한 내적 합치도, 크론바흐의 알파로 산출하였으며 남자 집단에서 범위는 .53에서 .83, 여자 집단에서 범위는 .57에서 .86이었다. 알파가 .70 이상인 척도는 남자와 여자 집단 모두에서 1번, 7번, 8번 척도였다. 검사-재검사의 안정성 계수가 .80 이상인 척도는 남자 집단에서 2번, 6번, 8번 척도였고 여자 집단에서는 7번 척도였다.

타당도

임상척도의 타당화에 대한 연구는 현재 진행 중이다. MMPI-2를 검색어로 하여 검색을 하니 학위논문이 300여 편, 학술지가 500여 편으로 현재 확인된다. 두 연구를 합하면 약 900여 편으로 한국형 MMPI-2가 나온 지 약 10년이 되는 지금 평균적으로 1년에 100편 정도의 연구가 진행되고 있다. 이는 MMPI-2의 척도들이 임상적으로/이론적으로 타당한 척도임을 보여주는 증거로 볼 수 있을 것 같다.

19) 한경희·임지영·민병배 외(2006)의 한국판 MMPI-2 개발연구의 내용을 요약 정리하였다.

03 MMPI-A

MMPI-A(Minnesota Multiphase Personality Inventory-Adolescent)는 만 14세에서 18세의 청소년들에게 실시되는 검사로 1992년도 부처 외(1992)가 검사매뉴얼을 발표하였다. 한국에서는 김중술과 한경희 외(2005)에 의해 표준화되었다. 우리나라에서 MMPI-A 실시연령은 13세~18세까지로 미국보다 1살 낮게 표준화되었다. MMPI-A가 개발된 것은 청소년들의 성격, 행동 문제, 정신병리 등을 더 정확하게 평가하기 위해서였다.

청소년용 MMPI가 개발된 것은 MMPI(원판이든 개정판이든)를 청소년들에게 그대로 사용하는 데 어려움이 있었기 때문이다[20]. MMPI가 성인을 대상으로 제작되었기에 문항내용이 청소년들에게 적절하지 않았고 청소년의 발달적/사회적 상황에 대한 문항들이 없었다. 둘째, 청소년들의 행동과 사고의 특징을 고려했을 때 집중력을 유지하면서 검사를 수행하기에는 문항의 개수가 너무 많았다. 셋째, 청소년의 행동과 사고의 발달적 특징은 성인의 그것과 다르다. 따라서 청소년용 규준이 필요하였다. MMPI-A는 MMPI의 중복문항과 채점되지 않는 문항, 청소년에게 적합하지 않는 문항, 청소년용을 위해 개발된 문항 등을 합해 478문항으로 구성되었다.

MMPI-A 규준집단에서 점수에 대한 연령차이가 크게 없음이 확인되었기에 남녀로만 구분되어 제시되어 있다. 또한 T 점수 60에서 64점 사이의 상승도 높은 점수로 해석되어야 한다고 권장하고 있으며 이 점수대를 검사결과지에서도 (회색영역) 표시하고 있다.

20) 이 내용은 Archer, R. P. (1997)의 "MMPI-A: Assessing Adolescent Psychopathology"의 내용을 정리한 것이다.

1) MMPI-A의 척도

MMPI-A의 척도들 중 몇 가지 척도만 간략하게 소개하겠다.

(1) 타당성 척도

타당성 척도는 무응답, VRIN과 TRIN, F와 F1, F2, L과 K 등 6개다.

- ? (무응답)

  청소년의 경우, 무응답 문항이 4개에서 10개까지는 일반적이지만 선택적으로 문항에 응답하지 않았을 가능성이 있다. 30개의 문항생략도 드물지 않으나 어떤 문항에 응답하지 않았는지 살펴야 한다. 31개 이상은 드물고 타당하지 않는 척도로 결정한다. 무응답 척도는 원 점수로 판단한다. 무응답 문항이 31개 이상이며 빠진 문항에 대해 응답을 하거나 재검사를 실시해야 한다. 선행연구들에 의하면, 문항 생략과 지적 기능/읽기 능력 간에 관계가 있으나(Ball & Carroll, 1960) 비행행동과는 관련이 나타나지 않았다(Archer & Gordon, 1991a: Archer, 1997 재인용).

- 무선반응비일관성과 고정반응비일관성 척도

  MMPI-2의 동일한 척도와 그 성격이 같다.

- F, F1, F2

  이 척도들은 MMPI-A의 남녀 청소년 규준집단에서 20% 미만의 청소년들이 그렇다고 한 문항들에서 선택된 문항들로 구성되었다. 이 척도의 상승은 심각한 정신질환, 부정왜곡, 증상의 과잉보고, 의도적 또는 읽기 능력의 부족 등으로 일어날 수 있다.

  F1 척도는 33개 문항(원판 척도에서 24개, 새 문항 11개)으로 350번 이내에 있는 문항들이다. F2 척도는 33개(원판 척도에서 28개, 새 문항 4개)로 일부는

242번 문항 이후, 나머지 16개는 350번 문항 이후로 제시된다. F1과 F2 척도는 모두 F 척도문항의 일부다. 이 두 척도는 성인용 검사의 F 척도와 F(b)와 같은 기능을 한다. F1 척도의 점수는 수용할 만한 범위에 속하지만 F2의 T 점수가 90 이상이라면 검사 후반부에 무선적으로 반응했을 가능성이 높음을 가리킨다. 이런 경우는 표준 임상척도만 해석 가능하고 내용척도와 보충척도의 해석은 타당하지 않는 것으로 본다. F1 척도의 점수도 90T라면 무효프로파일로 간주해야 한다.

- L 척도

  원판 검사의 L 척도에서 한 문항을 제외한 문항들이 그대로 사용되었다.

- K 척도

  원판 K 척도의 문항들이 거의 그대로 사용되었다. MMPI-A에서는 표준 임상척도들에서 K 교정 점수를 산출하지 않는다. K 척도에서 점수가 상당히 낮다면 부정왜곡을 하려는 의식적 또는 무의식적 노력이 있으며 자신의 증상을 상당히 과장하거나 아니면 실제 겪고 있는 심한 고통에 대한 반응으로 도움을 요청하는 것일 수도 있다. 역으로 점수의 상승은 심리적 문제와 증상에 대한 부인이거나 과소보고일 수 있다.

(2) 임상척도

10개의 표준 임상척도, 6개의 보충척도, 15개의 내용척도, 31개의 하리스-링고스(Harris-Lingoes) 소척도, 3개의 사회적 내향성 척도, 성격정신병리 5요인 척도 등이 있다.

청소년용에서 제시되는 척도에 대해서만 간단히 그 내용을 기술하였다.

표준 임상척도

10개의 표준 임상척도들은 MMPI의 표준 임상척도들에 비해 문항 수가 줄어들고 문장표현의 수정이 되었을 뿐 측정하는 기저의 심리적 특성은 동일하고 척도 구조도 같다.

보충척도

보충척도 6개 중 3개는 원판 MMPI에서 채택된 것으로 거의 수정되지 않았다. 여기에는 웰쉬(Welsh, 1956)의 불안 척도(A)와 억압 척도(R), 맥앤드류(MacAndrew, 1965)가 개발한 알코올 중독척도를 청소년용에 맞게 수정한 맥앤드류 알코올 중독-개정판(MAC-R) 등이 있다. MMPI-A용으로는 미성숙 척도(Immaturity, IMM), 알코올/약물 문제 인정 척도(Alcohol-Drug Problem Acknowledgment, ACK), 알코올-약물 문제 가능성 척도(Alcohol-Drug Problem Proneness, PRO) 등이 있다.

- 미성숙(IMM) 척도

  미성숙 척도는 아처와 팬코스트, 고든(Archer, Pancoast, & Gordon, 1994)이 MMPI-A 문항들을 이용해 개발한 척도다. 이들은 자아(ego) 발달에 대한 로에빙거(Loevinger, 1976)의 개념에 초점을 맞추어 척도문항을 선정했으며 이 척도는 청소년기 동안의 심리적 성숙을 평가한다. 항목들은 합리적 기준과 통계적 기준, 둘 다를 포함하는 다단계 절차에 근거해 표집되었다. 이 척도에서 남녀차이가 일관되게 보고된다(예: Cohn, 1991). 63개의 논문을 개관한 Cohn에 의하면 여아들이 남아보다 청소년기에는 일관되게 더 높은 발달수준을 보인다.

  이 문항들은 자신감 결여, 비난의 외재화, 통찰의 부족, 내향성, 대인관계와 사회적 불편감과 소외, 미래에 대한 관심 없이 "현재를 위해 사는" 모습, 적대감, 반사회적 태도, 자아중심적 모습과 자기초점적 태도 등을 평가한다.

- 알코올/약물 문제 인정(ACK) 척도

  청소년의 알코올 또는 약물 사용과 관련한 태도를 평가한다. 즉, 알코올이나 약물을 사용하고 있는지, 이와 관련된 증상과 문제들을 인정하는지를 평가하는 척도(Butcher et al., 1992)다. 13개 문항으로 구성되어 있으며, 합리적 판단에 근거해 이 문항들은 선택되었다. 문항들은 MMPI-2의 중독인정 척도(addition acknowledge scale, AAS: Weed, Butcher, McKenna, & Ben-Porath, 1992)와 비슷하다. 척도문항들이 무엇을 측정하려 하는지 명백하게 드러나기 때문에 이 척도에서 반응편파가 쉽게 발생할 수 있다.

- 알코올/약물문제 가능성(PRO) 척도

  이 척도 문항들은 알코올과 약물처치 프로그램에 참여하는 청소년과 다른 문제로 정신과에 입원해 있는 청소년의 차이를 구분하는 것에 근거해 경험적으로 선택된 문항들로 구성되어 있다. 이 척도의 구성방법은 알코올/약물 문제 인정 척도의 구성방법과 비슷하다. *T* 점수 65 이상은 알코올과 약물문제로 발전할 가능성이 높다. 이 문항들은 가족 특징, 또래집단 특징, 반사회적 행동과 신념, 학문적 관심과 행동 등을 담고 있다.

내용척도

성인용 검사의 내용척도들 중 수정하여 사용한 것과 청소년용으로 새롭게 제작된 것도 있다. MMPI-A만 있는 척도들만 간략하게 소개하겠다. 청소년용 내용척도들은 청소년을 가리키는 영어단어 adolescents의 첫 자 A로 시작한다.

- 소외감(A-aln) 척도

  A-aln 척도는 소외감(alienation)을 평가한다. 청소년의 대인관계에서 느끼고 있는 고립감, 소외감, 정서적 거리 등을 측정한다. 대인관계에서 어려움을 겪는 청소년은 사회적 기술과 자신감이 부족하고 다른 사람의 눈치를 보면서도 상황대처 능력이 부족하다.

- 품행 문제(A-con) 척도

  A-con 척도는 품행 문제(conduct problem)를 평가한다. 청소년의 충동성과 무모함, 반사회적 행동 등을 측정한다. 이 척도에서 점수가 높은 경우는 다양한 유형의 대인관계와 생활 등에서의 문제를 일으키며 자신의 문제적 행동에 대해 벌을 피하기 위한 반성만 한다.

- 낮은 포부(A-las) 척도

  A-las 척도는 낮은 포부(low aspiration)를 평가하는 것으로 학업과 삶에서 성취 지향적 삶을 살고 있는지를 측정한다. 높은 점수를 받은 청소년은 전반적으로 현재수준으로 삶이 유지되는 것에 큰 불만이 없으며 세상과 지식에 대한 호기심이 없으며 논리적 사고가 요구되는 과제나 상황을 싫어한다. 어려운 것으로 예상되는 과제나 상황을 피하거나 쉽게 포기한다.

- 학교 문제(A-sch) 척도

  A-sch 척도는 학교 문제(school problem)를 평가한다. 학생으로 살면서 겪고 있는 어려움을 측정한다. 점수가 높으면 학생으로 힘들게 살고 있음을 나타낸다. 즉, 학업수행 수준이 매우 낮고 교칙을 잘 지키지 않고 교사와의 갈등이 심하며 무엇보다 학교를 좋아하지 않는다. 인지적 장애나 어려움을 가진 청소년도 이 척도에서 점수가 높을 수 있어 확인이 필요하다.

2) MMPI-A의 검사결과 해석

MMPI-A의 검사해석과정은 MMPI-2의 절차와 크게 다르지 않으며 청소년의 발달적 특성과 환경적 요인들을 고려한 탐색이 추가적으로 필요하다.

7장 성격평가질문지

1. PAI의 소개
2. PAI의 실시
3. PAI의 내용과 해석
4. PAI와 범죄심리

7장

성격평가질문지

01 PAI의 소개

성격평가질문지(Personality Assessment Inventory: PAI)는 1991년 모리(Morey)에 의해 개발되었다. PAI는 객관형 성격검사로서 임상적으로 중요한 변인들을 다루는 자기보고형 질문지이다. 총 344문항으로 구성되어 있고 4개의 타당성 척도, 11개의 임상척도, 5개의 치료고려척도, 2개의 대인관계척도 등 다양한 영역을 평가하는 척도들로 이루어져 있다. 이 중 10개의 척도는 복잡한 임상적 구성 개념을 포괄하기 위해 3~4개의 하위척도가 있으며 이는 해석을 더 용이하게 해 준다.

한국판 PAI는 2001년에 김영환, 김지혜, 오상우, 임영한, 홍상황에 의해 표준화되었다. 원래 PAI는 18세 이상의 성인을 평가하기 위해 개발되고 표준화되었으나, 한국에서는 18세 미만의 고등학생에게도 실시할 수 있도록 고등학생 규준도 포함하였다. 이후 김영환 외(2006)는 PAI-A(Adolescence Personality Assessment Inventory)를 12~17세 사이의 청소년에게 사용할 수 있도록 표준화하였다.

PAI는 임상장면에서 널리 사용되고 있는 미네소타 다면적 성격검사(Minne- sota Multiphasic Personality Inventory: MMPI)의 문제점을 개선하여 만든 객관적 성격검사이다. PAI는 모호한 문장이나 중복되는 문장이 없고, 각 척도가 측정하고자 하는 구성개념을 비교적 직접적으로 다루기 때문에 문항내용을 이해하기 쉽다. 부주의, 무선반응 그리고 증상을 최소화하거나 과장하는 등 반응양식에 관한 다양한 정보를 제공해 준다. PAI는 현재 진단체계 및 임상실제에서 중요하게 다루어지는 다양한 임상적 문제의 구성개념을 포괄적으로 평가할 수 있다.

PAI는 성격과 적응 문제를 종합적으로 이해하고 평가하기 위해 만든 검사로서 정신병리를 선별하고, 임상진단을 내리고 치료계획을 수립하는 데 필요한 정보를 얻기 위한 평가도구이다. 정상적이고 적응하고 있는 사람의 성격을 종합적으로 평가하기 위한 검사는 아니다.

PAI에서 *T* 점수는 표준화 표본의 원 점수 평균 50, 표준편차 10으로 환산한 값이다. 특히 한국인 규준집단을 대상으로 조사했을 때 하위척도별로 .60에서 .88까지의 내적 합치도를 보였다. 6주의 기간에 걸친 검사-재검사 신뢰도 지수는 .32에서 .91까지이다(김영환 외, 2002). *T* 점수가 50 이상이면 표준화 표본의 평균보다 높다는 것을 의미한다. 임상집단이 아닌 일반표본의 경우 대부분의 척도에서 수검자의 약 84%는 *T* 점수가 60 이하이고 98%가 70 이하이다. 그러므로 어떤 척도에서 *T* 점수가 70 이상이면 성인의 전형적인 반응에서 상당히 일탈되어 있다는 것을 의미한다. 또한 개별척도의 해석 외에도, 가장 높은 2~3개의 척도 점수에 의한 코드유형에 따라 해석할 수도 있다.

02 PAI의 실시

1) 검사대상

PAI는 원래 임상적 평가도구로 제작되었으며 정상적으로 적응하고 있는 사람의 성격을 종합적으로 평가하기 위한 성격질문지는 아니다. 한국에서는 18세 미만의 고등학생에게도 실시할 수 있도록 고등학생 규준을 포함시켰다. 실시 요강의 규준에는 고등학생 남·여 전체, 대학생 남·여 전체, 성인 남·여 전체, 65세 이상 성인 남·여로 환자 규준을 구분하여 제시하고 있다(김영환 외, 2001). PAI를 실시하기 전에 수검자가 검사자의 지시와 문항을 제대로 이해할 수 있는지 확인하는 것이 중요하다. PAI 문항은 보통 초등학교 4학년 정도의 독해력 수준이면 이해할 수 있다. 검사를 실시하기 위해서는 수검자가 자기-보고형 검사를 실시하는 데 필요한 신체적, 정서적 요건을 갖추고 있어야 한다. 예를 들어, 수검자가 약물을 사용하거나, 금단 증상을 보이거나, 인지능력이 손상된 것으로 보일 때에는 신중하게 검사를 실시해야 한다.

PAI-A는 한국에서 중학생과 고등학생들의 성격평가를 위해 표준화했는데, 중학생 규준표, 고등학생 규준표, 중고생 전체 규준표, 비행청소년집단 규준표, 단축형 규준표를 제시하고 있다(김영환 외, 2006).

2) 검사 실시

PAI는 개별적으로나 집단으로 실시할 수 있다. 수검자의 검사반응에 대해 비밀 보장해야 하고 검사수행에 적절한 조명을 유지하고 소음을 줄여야 한다. 검사의 지시문은 PAI 질문지에 기록되어 있으며, 수검자가 먼저 신상에 관한 정보를 기록한 뒤에 지시문을 잘 읽어보도록 해야 하고 검사자는 수검자가 제대로 읽고 이해했는지를 확인해야 한다.

각 문항에 대해 하나의 반응만 선택해야 하고 답지에 문항들이 세로로 배열되어 있다는 것을 알려준다. 검사를 끝내는 데 보통 40~60분 정도 소요된다. 수검자가 문항에 대한 질문을 하면 문항에 포함된 단어를 간단히 설명해 줄 수 있으며 반응을 망설일 경우 자신과 가장 가깝다고 생각하는 반응을 선택하도록 말해준다.

PAI 실시와 채점은 비교적 다른 검사들에 비해 간단하기 때문에 자기-보고형 검사 실시 훈련을 받은 사람이면 누구나 PAI를 실시하고 채점할 수 있다. PAI 프로파일을 해석하기 위해서는 자격을 갖춘 전문가라야 한다. 이들에게는 검사 요강 정보뿐 아니라 공통적인 진단체계, 성격과 정신 병리에 관한 이론 및 자기-보고형 성격검사의 적절한 사용과 제한점에 대한 지식이 필수적이다.

PAI 검사 재료는 검사지와 답지, 프로파일 기록지, 결정문항 기록지가 있다. PAI 검사지는 지시문과 344개 문항으로 이루어져 있고 답지와 같이 사용하도록 되어 있다. 답지는 수동 채점을 위한 것으로 총 두 장이다. 앞장에는 수검자의 반응을 기록하는 곳이고 뒷장은 척도명과 채점에 필요한 칸이 표시되어 있다. PAI 검사의 반응 양식은 각 문항에 대해 '전혀 그렇지 않다', '약간 그렇다', '중간이다', '매우 그렇다' 중 하나를 선택하는 4지 선다형이다. 각 하위요소의 정도에 따라 0, 1, 2, 3점으로 채점된다. 점수가 높을수록 그 정도가 심하다는 것을 나타낸다. PAI는 만족스러운 타당도와 신뢰도를 가진 것으로 알려져 있다. 프로파일 기록지는 22개 척도와 하위척도의 원 점수를 T 점수로 환산하여 검사결과를 프로파일로 나타낼 수 있다. 결정문항 기록지에는 27개의 문항이 있으며, 망상, 환각, 자해 가능성, 공격 가능성, 물질남용, 꾀병 가능성, 비신뢰성과 저항 그리고 외상적 스트레스원에 관련된 문항들이 포함되어 있다.

03 PAI의 내용과 해석

1) PAI의 내용

PAI척도는 합리적, 경험적 접근을 강조하는 구성 타당화에 근거해 반복측정을 통해 개발되었다. 하위 척도는 타당성 척도, 임상척도, 치료고려척도, 대인관계척도로 구성되어 있다. PAI 척도의 하위내용과 문항 수는 글상자 7-1에 있다.

글상자 7-1. PAI의 척도와 하위척도의 내용과 문항 수

1. 타당성 척도

○ 비일관성(ICN/10)	문항에 대한 반응과정에서 수검자의 일관성 있는 반응태도를 알아보기 위한 척도. 정적 또는 부적상관이 높은 10개의 문항 쌍
○ 저빈도(INF/8)	부주의나 무선적 반응태도를 확인하기 위한 척도. 정신병적 측면에서 중립적이고 대부분의 사람들이 극단적으로 인정하거나 인정하지 않는 문항.
○ 부정적 인상(NIM/9)	지나치게 나쁜 인상을 주거나 꾀병을 부리는 태도를 알아보기 위한 척도. 임상집단에서는 이렇게 반응할 비율이 매우 낮음.
○ 긍정적 인상(PIM/9)	자신을 지나치게 좋게 보이려 하며 사소한 결점도 부인하려는 태도와 관련된 문항.

2. 임상척도

○ 신체적 호소(SOM/24)	건강과 관련된 문제에 대한 집착과 신체 증상장애 및 전환증상 등의 구체적인 신체적 불편감을 평가하는 척도.
전환(SOM-C/8)	전환 장애, 특히 감각 또는 운동기능장애와 관련된 증상.
신체화(SOM-S/8)	다양한 일반적인 신체증상과 건강 악화나 피로 등 모호한 증상 호소.
건강염려(SOM-H/8)	건강상태와 신체문제에 대한 집착.

○ 불안(ANX/24)	불안의 상이한 여러 특징을 평가하기 위해 불안현상과 객관적인 징후에 초점을 맞춘 척도.
인지적 불안(ANX-C/8)	최근 직면한 문제에 대한 지나친 관심과 염려 및 이로 인한 주의력과 집중력 저하.
정서적 불안(ANX-A/8)	높은 스트레스로 인한 긴장, 이완하기 어려움, 피로감
생리적 불안(ANX-P/8)	스트레스에 직면해서 손에 땀이 나고 떨리거나 불규칙한 심장 박동을 호소하거나 숨이 차는 등의 외현적인 신체적 징후
○ 불안관련 장애(ARD/24)	구체적인 불안과 관련이 있는 증상과 행동에 초점. 특히 공포증, 외상적 스트레스 및 강박 증상을 평가하는 척도.
강박장애(ARD-O/8)	침투적 사고나 행동, 경직성, 우유부단, 완벽주의, 정서적 속박감 등.
공포증(ARD-P/8)	사회상황, 대중교통, 높은 곳, 폐쇄된 공간 등 일반적 공포증.
외상 스트레스(ARD-T/8)	지속적으로 영향을 주거나 불편감을 야기하는 외상 사건의 경험.
○ 우울(DEP/24)	우울의 증상과 현상을 평가하는 척도.
인지적 우울(DEP-C/8)	무가치감, 무망감, 실패자라는 생각과 우유부단함, 집중력 저하.
정서적 우울(DEP-A/8)	슬픔, 일상적 활동에 대한 흥미와 즐거움 상실.
생리적 우울(DEP-P/8)	수면, 식욕 및 체중의 감소와 변화를 포함하는 신체의 기능과 활동 및 에너지 수준.
○ 조증(MAN/24)	조증과 경조증의 정서적, 인지적, 행동적 증상.
활동수준(MAN-A/8)	부적절한 방식으로 여러 가지 다양한 일에 지나치게 관여하고 사고과정과 행동이 가속되는 경험.
과대성(MAN-G/8)	자존감의 고양, 확대 및 특별하고 독특한 기술이나 재능이 있다는 신념.
초조성(MAN-I/8)	주위 사람들이 자신의 계획, 요구 또는 비현실적 생각들을 들어줄 생각이나 능력이 없다는 좌절감 때문에 생기는 긴장과 예민성.
○ 망상(PAR/24)	편집장애의 증상과 지속적인 편집적 성격장애.
과경계(PAR-H/8)	의심과 불신 및 다른 사람들의 실제적 또는 상상적 위협, 위해에 대한 증거를 찾기 위해 주변을 감시함.

피해의식(PAR-P/8)	자신이 부당한 대우를 받고 있고 자신의 이익을 빼앗기 위한 음모가 있다는 신념.
원한(PAR-R/8)	다른 사람에 대해 신랄하게 비판하고 다른 사람을 도와주지 않고 자신의 불운을 외부의 탓으로 돌리려는 경향.
○ 조현병(SCZ/24)	광범위한 조현병 증상.
정신병적 경험(SCZ-P/8)	비일상적 감각과 지각, 마술적 사고, 망상에 가까운 비일상적 아이디어.
사회적 위축(SCZ-S/8)	사회적 고립, 사회적 상호작용을 불편하고 거북하게 느끼는 것.
사고장애(SCZ-T/8)	정신적 혼란과 주의집중 곤란 및 사고과정의 혼란.
○ 경계선적 특징(BOR/24)	불안정하고 유동적인 대인관계, 충동성, 정서적 가변성과 불안정, 통제할 수 없는 분노 등의 경계선 성격장애의 특징.
정서적 불안정(BOR-A/6)	정서반응, 빠른 기분변화와 정서통제의 어려움.
정체성 문제(BOR-I/6)	중요한 인생의 문제에 대한 불확실성과 공허감, 불만 및 목적의식 상실.
부정적 관계(BOR-N/6)	양가적이고 친근한 관계에서 착취당하고 배신당했다는 경험.
자기 손상(BOR-S/6)	부정적 결과를 초래할 가능성이 높은 영역에서의 충동성.
○ 반사회적 특징(ANT/24)	범죄행위, 권위적 인물과의 갈등, 자기중심성, 공감과 성실성의 부족, 불안정, 자극추구 등에 초점.
반사회적 행동(ANT-A/8)	반사회적 행동과 불법적 행위에 관여한 경험.
자기중심성(ANT-E/8)	공감능력이나 자책감의 부족 및 대인관계에서의 자기중심적 경향.
자극추구(ANT-S/8)	흥분과 자극을 추구하고 지루한 것에 대한 참을성이 부족하고 무모하고 위험하게 행동하려는 경향.
○ 알코올 문제(ALC/12)	문제적 음주와 알코올 의존적 특징에 초점.
○ 약물사용(DRG/12)	처방된 약물이든 불법약물이든 문제적 약물사용과 약물 의존적 특징에 초점.

3. 치료고려척도

○ 공격성(AGG/18) 언어적, 신체적 공격이나 공격적 행동을 자극하려는 태도와 관련된 분노, 주장성, 적대감 및 공격성과 관련된 특성과 태도.

공격적 태도(AGG-A/6) 적개심이나 분노표현에 대한 통제 부족 및 공격성을 수단으로 활용하려는 신념.

언어적 공격(AGG-V/6) 주장성에서 모욕에 이르기까지 분노의 언어적 표현과 다른 사람에게 쉽게 분노를 표현하는 경향.

신체적 공격(AGG-P/6) 재물파손, 신체적 폭력 및 위협을 포함하여 신체적으로 분노를 표현하려는 경향.

○ 자살관념(SUI/12) 무력감과 자살에 대한 모호하고 일반적인 생각부터 자살에 관한 구체적인 계획에 이르기까지 자살하려는 관념에 초점.

○ 스트레스(STR/8) 가족, 건강, 직장, 경제 및 다른 중요한 일상생활에서 현재 또는 최근에 경험하는 스트레스에 관한 내용.

○ 비지지(NON/8) 접근이 가능한 지지의 수준과 질을 고려해서 지각된 사회적 지지의 부족에 관한 내용.

○ 치료거부(RXR/8) 심리적 및 정서적 측면의 변화에 대한 관심과 동기를 예언하기 위한 척도로 불편감과 불만감, 치료에 참여하려는 동기, 변화의 필요성에 대한 인식, 새로운 아이디어에 대한 개방성 및 책임을 수용하려는 의지.

4. 대인관계척도

○ 지배성(DOM/12) 대인관계에서 개인적 통제와 독립성을 유지하려는 정도로 대인관계 행동방식을 지배와 복종이라는 차원으로 개념화. 점수가 높은 사람은 지배적이고 낮은 사람은 복종적임.

○ 온정성(WRM/12) 대인관계에서 지지적이고 공감적인 정도로 대인관계를 온정과 냉담 차원으로 개념화. 점수가 높은 사람은 온정적이고 외향적이지만, 낮은 사람은 냉정하고 거부적임.

2) PAI의 해석

(1) 타당성 척도

결과를 의미 있게 해석하기 위해 수검자가 응답하지 않은 문항의 수를 살펴봐야 한다. 17문항 이상 응답하지 않았을 경우 프로파일을 해석하기 어렵다. 95% 이상의 문항에 대해 응답해야 타당성 있는 해석을 할 수 있다. PAI에는 4개의 타당성 척도가 있다. 이 중 어느 척도라도 지나치게 상승해 있을 경우 프로파일을 신중하게 해석해야 한다.

비일관성 척도(Inconsistency: ICN)

경험적으로 도출한 척도로서 내용이 유사한 문항에 대한 수검자의 반응 일치성을 평가하기 위한 척도이다. *T* 점수가 64~72이면 다소 일관성 없고, 부주의한 면이 있는 것으로 본다. *T* 점수가 73 이상이면 문항내용에 일관성 없는 반응을 하였고, 적절하게 주의를 기울이지 않았다는 것을 시사한다. 혹은 독해력 문제, 정신적 혼란, 채점오류, 검사지에 대한 이해 부족 등이 있어서 임상적 해석을 보류할 수 있다.

저빈도 척도(Infrequency: INF)

임상적 상태와 관계없이 모든 수검자들이 유사하게 반응하도록 고안된 문항으로 정상집단이나 임상집단 모두가 반응빈도가 매우 낮다. 이는 문제적 수검태도를 밝히기 위한 것으로 *T* 점수가 60~75이면 다소 비일상적으로 반응하는 경향을 보인다. *T* 점수 75 이상의 점수는 무선반응, 무관심, 부주의, 정신적 혼란 또는 독해력 결함이 있는 것으로 본다.

부정적 인상 척도(Negative Impression: NIM)

이 척도는 정상집단과 임상집단에게 일부러 병이 있는 것처럼 가장하도록 했을 때 상승하는 문항으로 구성되었다. 두 집단 모두 시인하는 빈도가 낮았으나 임상집단이 시인하는 빈도가 더 높았다. 점수가 상승할수록 바람직하지 못한 인상을 과장하기 위해 반응을 왜곡하거나 또는 매우 기이하고 희한한 증상을 호소하는 것이다. T 점수가 73~84이면 불편을 과장하는 것이며, 여기부터는 임상척도 상승에 대한 해석을 신중하게 해야 한다. T 점수 84~92는 고의적 왜곡이 있는 것으로 본다. T 점수 93 이상일 경우 자신에 대해 매우 부정적 반응을 한 것이다.

긍정적 인상 척도(Positive Impression: PIM)

이 척도는 수검자가 바람직한 방향으로 반응했거나 사소한 결함도 부정하려는 내용으로 구성되어 있다. T 점수가 57~66이면 대부분의 사람이 인정하는 공통적 단점도 없는 것으로 왜곡했을 가능성이 있으며, 이 점수부터는 임상척도에 대한 해석의 정확성이 떨어지는 것으로 본다. T 점수 69 이상이면 임상척도의 프로파일의 타당성은 심각한 문제가 있고 다른 척도에 대한 임상적 해석도 보류하는 것이 바람직하다.

(2) 임상척도

임상척도의 문항들은 그 척도가 재려고 하는 임상적 구성개념을 직접 반영한다. 어떤 척도 점수가 상승해 있다면 그 척도와 관련된 증상을 다른 사람보다 더 자주 더 강하게 경험하고 있다는 것을 의미한다. 임상척도를 해석할 때는 위에서 언급한 타당성 척도의 점수를 고려해야 한다. 더불어 개인력, 행동관찰 및 다른 심리검사 자료 등의 정보를 활용한다면 더 타당한 평가가 이루어질 수 있다. 대부분의 임상척도는 하위척도를 포함하므로 개별척도 수준에서도 형태적 해석이 가능하다. 같은 점수라고 하더라도 하위척도의 형태에 따라 달리 해석할 수 있다.

신체적 호소 척도(Somatic Complaints: SOM)

이 척도의 문항은 신체기능과 전반적 건강문제에 대한 염려를 반영하고 있다. 신체 상태에 계속 집착하고 두통과 같은 사소한 것에서 마비와 같은 심각한 역기능까지 다양한 신체 증상 관련 장애에 관한 내용이다. 전환(Conversation; SOM-C), 신체화(Somatization; SOM-S), 건강염려(Health Concerns; SOM-H) 등의 3개 하위척도가 있다.

전환 하위척도(SOM-C)는 전환 장애에서 나타나는 극적인 신체증상에 관한 문항들로 구성되어 있다. 점수가 상승할 경우 감각적, 운동적 역기능과 같은 신체기능의 문제를 시사한다. 이 척도만 상승할 경우에는 증상에 대한 무관심과 마찬가지로 신체증상에 크게 신경을 쓰지 않을 수 있다. 신경심리학적 문제가 나타나는 만성 알코올 중독자들도 상승할 수 있다. 현저한 상승일 경우 신체망상의 가능성도 고려해야 한다.

신체화 하위척도(SOM-S)는 신체의 한 기관에 국한되지 않고 모호하고 확산된 증상의 호소와 관련 있다. 점수가 상승할 경우 다양한 신체적 문제로 인해 일상기능을 수행하는 데 지장이 있다고 할 가능성이 높다. 또한 건강과 관련된 불행이나 고통을 경험할 수 있다.

건강염려 하위척도(SOM-H)는 건강과 신체 기능에 대한 집착을 나타낸다. 건강과 관련하여 실제적으로 심각한 문제가 있는 사람이라도 이 척도의 점수는 낮을 수 있다. 이 척도가 상승한 사람들은 자신의 건강문제에 지나치게 관심을 갖고 일상 기능에 지장이 있다고 보고한다. 또한 건강이 나쁘다는 자아상을 가지고 있고 환자의 역할에 익숙하다.

불안 척도(Anxiety; ANX)

불안을 경험할 때 공통적으로 나타나는 임상적 특징을 측정한다. 반복되는 걱정, 주관적 염려, 긴장과 스트레스에 따른 신체적 징후와 같이 다양한 특징이 있다. 인지적 불안(Cognitive; ANX-C), 정서적 불안(Affective; ANX-A), 생리적 불안

(Physiological; ANX-P)의 하위척도로 구성되어 있다.

인지적 불안 하위척도(ANX-C)는 손상에 대한 기대, 반추적 염려 등의 인지적 신념에 관한 문항으로 구성되어 있다. 점수가 상승할 경우 경험한 문제에 대해 지나치게 걱정하고 염려해서 집중력과 주의력이 손상되었고, 자신이 통제할 수 없는 문제에 대해 지나치게 염려하는 경향이 있다. *T* 점수가 85 이상일 경우 침투적 강박사고가 있는지 확인할 필요가 있다.

정서적 불안 하위척도(ANX-A)는 불안과 관련된 긴장, 두려움 및 신경과민을 측정하는 것으로 유동불안을 보일 가능성이 높다. 점수가 상승한 사람은 긴장이 높고 지속적 두려움과 지각된 스트레스 수준이 높아서 쉽게 피로해지는 경향이 있다. 이 하위척도만 상승할 경우 일반화된 불안상태를 시사한다.

생리적 불안 하위척도(ANX-P)는 불안을 신체적으로 표현하는 경향으로 심장이 두근거리고, 손에 땀이 나고, 호흡이 가빠지며 현기증과 같은 증상을 평가한다. 점수가 상승한 사람은 불안해지면 생리적 징후가 나타나는데 이는 스트레스를 억압하는 대응방식을 반영하는 것이다. 겉으로 나타나는 생리적 상태는 알아차리지만 그것이 불안의 표시라는 것을 잘 인식하지 못할 수 있다.

불안관련 장애 척도(ARD)

세 가지 불안관련 장애의 핵심적 현상을 평가할 수 있는 구체적 지표이다. 공포증, 강박사고와 행동, 외상 사건과 관련된 경험 등의 임상 증상을 측정한다. 이러한 증상을 측정하기 위해 강박장애(Obsessive-Compulsive; ARD-O), 공포증(Phobias; ARD-P), 외상적 스트레스 장애(Traumatic; ARD-T) 등의 하위척도를 포함한다.

강박장애 하위척도(ARD-O)는 오염에 대한 공포나 의례적인 행동과 같은 임상적 특징과 완벽주의나 독단적이고 억제된 정서와 같은 성격적 특성과 관련된 문항으로 구성되어 있다. 이 점수는 불안척도의 점수와 상관이 낮은데 불안을 통제하기 위해 강박적 전략을 사용하고 있으며, 불안척도 점수가 낮을 경우에는 이 전략이 효율적이라는 것을 시사한다. 그렇더라도 경직되어 있고 통제하려는 욕구가 강해서 대인관계에 상당한 문제가 있을 수 있다. ARD-O의 *T* 점수가 55~65 정도로 상승해도 해석적 의미가 있다. 한 가지 사상을 반복해서 생각하고 사소한 것에 신경을 쓰며, 태도와 행동이 경직된 것으로 볼 수 있다. 점수가 상승하면 반추적 염려와 침투적 사고의 가능성이 높다.

공포증 하위척도(ARD-P)는 다양한 상황에 대한 일반적인 두려움을 평가하기 위한 척도로 사회공포증(사회불안장애)과 관련된 문항으로 주로 구성되어 있다. ARD-P는 점수가 낮더라도 의미가 있는데 *T* 점수가 30점 이하일 경우 이들은 공포의 경고가 있더라도 두려워하는 경향이 없어서 무모하게 행동할 수 있고 정신병질적인 사람이 이 범위에 들어갈 수 있다. *T* 점수가 70점 이상일 경우 공포증은 일상생활에 지장을 주고 공포를 유발하는 대상이나 상황에 대한 접촉을 회피하기 위해 주변 환경을 경계하는 경향이 있다. 점수가 높을수록 단순공포증보다는 광장공포증이나 다중공포증이거나 공포가 생활전반에 퍼져 있을 가능성이 높다.

외상적 스트레스 하위척도(ARD-T)는 외상적 스트레스(성적 학대, 전쟁, 위협적 사고, 자연재해)에 대한 반응과 관련된 현상을 측정하는 척도로 하나라도 시인하는 문항이 있으면 문항과 관련된 외상을 경험했고 이로 인해 부정적 변화가 있었을 가능성이 있다. 이 척도가 상승했을 경우 추후질문으로 외상사건을 확인하는 것이 좋다. 내담자가 말하기를 힘들어 하는 주제를 끄집어내는 데 유용할 수 있다. 임상집단의 경우 평균점수는 *T*점수 60으로 환자들에게 외상사건의 발생 비율이 높다는 것을 의미한다. ARD-T의 상승만으로 외상 후 스트레스 장애를 확인할 수는 없다.

우울 척도(DEP)

우울증을 종합적으로 평가할 수 있는 문항으로 구성되어 있다. 우울증의 임상 증후군은 전형적으로 3요소로 구성되어 있다. 인지적 우울(Cognitive; DEP-C)은 부정적 기대, 무력감, 인지적 오류의 평가를, 정서적 우울(Affective; DEP-C)은 불행감, 불쾌감, 무감동을 평가하고, 생리적 우울(Physiological; DEP-P)은 수면장애, 식욕부진, 성욕장애 등의 생리적 특징을 평가한다.

인지적 우울 하위척도(DEP-C)는 상황적 요구를 처리하는 과정에서 개인의 부적절감, 무능력 및 무망감에 대한 기대와 신념을 포함한다. 개인의 유능감이나 자기효율성, 자존감을 알아볼 수 있는 척도이다. 점수가 상승할 경우 자신은 무가치하고, 희망이 없으며 실패자로 생각할 가능성이 높다. 비관적이고 자신감이 낮고 집중력이 저하되고 우유부단한 태도를 나타낸다. *T* 점수가 40점 이하일 경우 자신에 대한 과대평가와 자기애적 경향이 있을 가능성이 높다.

정서적 우울 하위척도(DEP-C)는 심리적 불편, 불행, 우울, 의기소침 등의 느낌을 측정한다. 점수의 상승은 슬픔, 일상적 활동에 대한 흥미의 상실 등을 시사한다. 다른 어떤 척도보다 생활에 대한 전반적 만족 수준을 가장 직접적으로 측정하고, 자신이 처한 상황에 대한 불만을 반영한다. 이런 점은 변화에 대한 동기가 될 수 있기 때문에 긍정적 예후를 나타내는 지표로 볼 수 있다.

생리적 우울 하위척도(DEP-P)는 수면문제, 식욕문제, 흥미상실, 욕구저하 등을 포함하는 문항으로 구성되어 있다. 이 척도는 항우울제로 치료할 수 있는 표적 증상을 확인하는 데 유용할 수 있다. 이 척도의 상승은 신체기능의 변화를 경험하고 있다는 것인데 수면장애, 에너지 수준과 성적 관심의 저하, 식욕상실과 체중변화 등을 경험하고 행동이 느릴 가능성이 많다.

조증 척도(MAN)

조증 에피소드 동안 전형적으로 나타나는 징후를 측정하기 위한 척도로 기분, 인지 및 행동의 장애를 측정하기 위한 세 가지 하위척도로 구성되어 있다. 활동수준(Activity Level; MAN-A)은 수면 감소, 활동의 증가, 물질 낭비 등을, 과대성(Grandiosity; MAN-G)은 고양된 자존감, 아이디어에 대한 지나친 가치부여, 대인관계에서 지나친 자만을 포함하고, 초조성(Irritability; MAN-I)은 안절부절 못함과 타인에 대한 지나친 요구를 측정한다.

활동수준 하위척도(MAN-A)는 고양된 활동으로 높을 경우 다양한 활동에 개입하고 관여하지만 그 행동은 비효율적이다. *T* 점수가 30 미만일 경우 활동 수준이 매우 낮고 정서적 냉담과 무관심이 나타날 수 있다. *T* 점수가 75 이상이면 행동이 너무 혼란스러워 다른 사람이 이해하기 어려울 수 있고 PAI와 같은 검사를 끝내기 어려울 정도로 집중력이 저하될 수 있다.

과대성 하위척도(MAN-G)는 여러 재능과 능력에 대한 자기평가와 관련된 문항으로 구성되어 있다. 점수가 상승할 경우 자신의 한계를 인식하지 못하고 자신의 능력에 대해 정확하게 판단하지 못할 수 있다. 낮은 점수도 의미가 있는데 자신을 부적절하게 느끼고 긍정적 측면을 수용하지 않으려는 경향이 있어서 우울증에 취약할 수 있다. MAN-G는 자기개념이 내면화된 정도를 잘 반영한다. *T* 점수가 60~70으로 중간상승할 경우 낙천적이고 정열적이며 자신감을 향상시키는 사고를 보일 수 있다. *T* 점수가 70 이상일 경우 다른 사람보다 일상적 기술이 높다는 신념에서부터 자신은 명성과 행운을 얻을 수 있는 특별하고 독특한 재능이 있다는 망상적 신념에 이르기까지 다양한 정도로 자신을 과장할 수 있다.

초조성 하위척도(MAN-I)는 좌절에 직면했을 때 나타나는 초조성과 참을성의 부족을 측정한다. *T* 점수가 40 미만일 경우 참을성이 있고 좌절을 잘 견딘다는 것을 의미하며, 70에 가까울수록 참을성이 부족하고 다른 사람과 협동하여 수행하는 것이 어려울 수 있다. *T* 점수가 70 이상일 경우 요구가 많아 주변 사람들이 스트레스를 받고, 실패를 남의 탓으로 돌릴 수 있다. *T* 점수가 80 이상 상승하면 변덕이 매우 심하고 판단력도 떨어질 수 있다.

망상 척도(PAR)

망상의 성격적 요소와 증상을 밝히기 위한 척도이다. 세 가지 하위척도 중 과경계(Hypervigilance; PAR-H)는 다른 사람과의 관계에서 지레짐작하고 민감하고 경계하는 경향을 반영한다. 피해망상(Persecution; PAR-P)은 심각한 망상적 신념에 관한 것이고, 원망(Resentment; PAR-R)은 다른 사람에 대한 증오와 질투 및 다른 사람이 자신에게 불공정하게 대한다는 느낌과 관련된 문항으로 구성되어 있다.

과경계 하위척도(PAR-H)는 대인관계에서 경계하고 긴장하는 것을 측정한다. *T* 점수가 40 이하일 경우 다른 사람을 지나치게 신뢰하고 개방적일 가능성이 있는데 이런 사람은 남에게 이용당하기 쉽고, 점수가 낮을 경우 이런 가능성은 증가한다. *T* 점수가 60~70 정도에서는 독단적으로 행동하고 의심하는 경향을 보인다. *T* 점수가 70 이상일 경우 다른 사람을 믿지 못하고 동기를 의심하고 불신하는 경향이 있다. 대인관계가 늘 긴장되어 있다.

피해망상 하위척도(PAR-P)는 망상장애의 편집증상과 가장 관련이 높다. 점수가 상승할 경우 자신이 부당한 대우를 받고 있다고 느끼고 다른 사람이 자신의 일을 방해한다고 믿는 경향이 있다. *T* 점수가 85 이상이거나 조현병-정신병적 경험 하위척도(SCZ-P)와 동시에 상승할 경우 망상을 가지고 있을 가능성을 검토해야 한다.

원망 하위척도(PAR-R)는 다른 사람에 대한 증오와 질투심 및 자신을 불공정하게 대한다는 느낌과 관련 있다. *T* 점수가 60~70으로 상승할 경우 마음의 상처를 받거나 모욕감을 느끼는 민감한 사람이고 자신에게 해를 입힌 사람에게 악의적으로 반응할 가능성이 높다. *T* 점수가 70 이상일 경우 실패의 원인을 다른 사람이 자신을 무시한 탓으로 돌리고, 다른 사람의 성공은 운이라고 비하하는 경향이 있다. *T* 점수가 80 이상일 경우 상처 경험에 집착하고 보복하려는 생각에 몰두한다. 다른 척도(지배성, 공격성) 점수를 검토하여 이러한 적개심이 직접적, 혹은 수동-공격적 형태로 나타날 가능성을 밝힐 수 있다.

조현병 척도(SCZ)

조현병은 모든 임상증후군 중에서 가장 이질적이어서 평가하는 데 어려움이 있다. SCZ는 조현병의 세 가지 측면을 평가하고 각 하위척도는 양성증상, 음성

증상 및 사고장애를 평가할 수 있도록 구성되어 있다. 정신병적 경험(Psychotic Experience; SCZ-P)은 조현병의 핵심증상인 망상과 환각과 같은 양성증상에 초점을 두었다. 사회적 위축(Social Detachment; SCZ-S)은 사회적 위축이나 라포 형성의 어려움 같은 음성증상에 초점을 두고 있다. 사고장애(Thought Disorder; SCZ-T)는 사고차단, 정신적 혼동, 주의나 집중력의 장애에 관한 문항으로 구성되어 있다.

정신병적 경험 하위척도(SCZ-P)는 비일상적인 지각과 마술적 사고에서부터 조현병의 일급 증상에 이르기까지 심각성이 다양한 양성증성에 관한 문항으로 구성되어 있다. *T* 점수가 60~70의 중간상승일 경우 비관습적이고 비일상적인 사고의 가능성을 시사한다. *T* 점수가 70 이상일 경우 비일상적 지각, 감각 경험, 망상 등을 보일 수 있고 *T* 점수 85 이상에서는 정신병적 에피소드와 관련된 판단력 결여나 현실검증의 붕괴, 환각과 망상이 뚜렷하게 나타날 수 있다.

사회적 위축 하위척도(SCZ-S)는 조현병의 음성증상과 관련된 사회적 무관심과 정서반응의 결핍에 초점을 둔다. 음성증상은 양성증상에 비해 약물치료에 대한 반응도 좋지 않다. *T* 점수가 60~70으로 중간상승이면 외부에 관심이 없고 내성적이고 수동적이라는 것을 시사한다. *T* 점수가 70 이상이면 사회적 고립과 거리두기를 통해 다른 사람과의 접촉에서 생기는 불편을 줄이려고 한다. 이들은 강한 정서자극을 불편해하고 자신이나 타인의 정서적 경험을 이해하지 못할 가능성이 높다.

사고장애 하위척도(SCZ-T)는 사고과정의 명료성에 관한 문항으로 구성되어 있다. *T* 점수가 60~70의 중간상승은 집중력과 의사결정의 어려움을 시사한다. 따라서 우울하거나 불안한 환자들도 이 정도의 상승을 보일 수 있다. *T* 점수 70 이상은 연상이완과 자기표현이나 의사소통의 어려움이 있을 수 있다. 이런 경우에도 조현병이 아닌 다른 원인의 가능성을 고려해야 한다. 심각한 우울증이나 조증, 뇌손상이나 뇌질환, 약물이나 알코올의 영향이나 남용이 있을 경우에도 SCZ-T가 상승할 수 있다.

경계선적 특징 척도(BOR)

BOR 척도는 심각한 성격장애와 관련된 다양한 요소를 평가하기 위한 척도이다. 경계선 성격장애의 증상들에 모두 해당되지만 다른 장애에도 나타나는 특징일 수 있다. 주로 감정이나 분노통제의 어려움, 강렬하고 때로는 투쟁적 대인관계, 정체감과 자기가치에 관한 혼란, 자기 파괴적인 충동적 행동에 관한 문항들로 구성되어 있다. 이 척도에는 정서적 불안정(Affective Instability; BOR-A), 정체성 문제(Identity Problem; BOR-I), 부정적 관계(Negative Relationships; BOR-N), 자기손상(Self-Harm; BOR-S) 등의 4개의 하위척도로 구성되어 있다.

정서적 불안정 하위척도(BOR-A)는 갑작스럽고 극단적인 불안, 분노, 우울 또는 초조감 등의 형태로 나타나는 정서적 불안정을 측정한다. *T* 점수가 80 이상 극단적 상승일 경우 분노와 통제력 결여와 관련된 다양한 정서적 문제가 나타날 수 있다. *T* 점수 70~80일 경우 부정적 정서를 경험할 가능성이 높고, 불안이나 우울, 또는 분노와 관련된 척도(ANX-A, ARD-P, DEP-A, AGG-A)가 상승할 수 있다. *T* 점수가 40 이하로 낮을 경우 스스로 정서반응이 없는 사람으로 생각하고 정서적으로 억제적인 사람으로 보일 수 있다.

정체성 문제 하위척도(BOR-I)는 정체감과 관련하여 자기개념이 불안정하고 일관성이 없다는 것을 보여주는 척도이다. *T* 점수가 70 이상일 경우 삶과 관련된 중요한 문제가 불확실하고 목표를 세우고 유지하는 데 어려움이 있다. 이러한 불확실성은 청소년기에서 초기 성인기에 더 흔하므로 BOR-I는 연령과 관련이 있다. 18~29세에는 평균 *T* 점수가 55이고 60세 이상일 경우 46이다. 하지만 *T* 점수가 70 이상 상승하는 것은 연령과 관계없이 정체성 문제를 경험하고 있다는 것을 시사한다. *T* 점수가 80 이상인 경우 인생의 계획과 목표에 예상치 못한 갑작스러운 전환이 있을 수 있다. 중간 정도 상승하는 것은 공허감, 충족감 결여, 권태감 등이 있다는 것을 시사한다. *T* 점수가 45 이하인 경우 정서적으로 안정되어 있다는 장점이 있으나 정체성에 강한 부정적 요소가 고정되어 있을 경우 치료의 대상이 될 수 있다.

부정적 관계 하위척도(BOR-N)는 과거에 있었던 배신에 대한 지각과 주변 인물과의 관계에 대한 불신과 회의에 관한 문항으로 구성되어 있다. 양가감정과 강렬하고 불안정한 관계에 관여한 경험을 반영한다. 경계선 성격에서 '양가감정'은 방어적 분리의 문제로 보는데 이는 다른 사람의 긍정적 요소와 부정적 요소를 통합시킬 수 없다는 것을 의미한다. BOR-I와 BOR-N이 동시에 상승할 경우 치료 초기에 치료적 관계에서 한계를 설정하려는 시도를 거절, 무관심 혹은 학대로 지각하려는 경향이 있을 수 있다.

자기 손상 하위척도(BOR-S)는 행동의 결과를 생각하지 않고 충동적으로 행동하려는 경향을 반영한다. 물질남용, 무모한 소비습관, 무분별한 성적 관계, 특별한 계획 없이 직장을 그만두는 행동 등의 자기-파괴적 행동을 할 수 있다. 점수가 올라갈수록 자살이나 자해행동의 위험이 있을 수 있지만 그것을 나타내는 지표는 아니다. BOR-S는 충동적 행동을 주로 나타내는 것이고, 많은 자살시도는 사전에 계획된 행동이다.

반사회적 특징 척도(ANT)

ANT 척도는 BOR 척도와 함께 성격적 병리를 구체적으로 평가하기 위한 척도이다. 자기중심성, 모험심 또는 통찰의 부족에서 비롯된 반사회적 태도 및 행동과 관련된 내용으로 구성되어 있다. ANT는 반사회적 성격장애의 상이한 측면을 의미하는 반사회적 행동(Antisocial Behaviors; ANT-A), 자기중심성(Egocentricity; ANT-E), 자극추구(Stimulus Seeking; ANT-S) 등 3개의 하위척도로 구성되어 있다.

반사회적 행동 하위척도(ANT-A)는 반사회적 행동에 관한 문항으로 구성되어 있다. 점수가 높을 경우 청소년기에 품행장애가 있었을 가능성이 높고 성인기에 불법적인 일이나 절도, 재물손상 및 타인에 대한 신체적 공격을 포함한 범죄행위와 관련이 있을 수 있다. T 점수가 70 이상일 경우 권위적 인물과 사회적 관습과 관련된 문제를 경험하고 있다는 것을 반영한다. ANT-A 문항은 과거 경험에 관한 문항이 많기 때문에 *T* 점수가 60~70 정도일 때는 과거의 반사회적 행동과 관련이 있을 가능성이 높다. *T* 점수 40 이하일 경우 순응적이고 도덕적인 것을 나타낼 수 있으나 과거의 사소한 비행마저 부인하려는 것일 수 있다.

자기중심성 하위척도(ANT-E)는 다른 사람과의 상호작용에서 정서적으로 냉담하고 공감할 수 있는 능력의 부족과 관련된 문항으로 구성되어 있다. 이 척도는 히스테리나 자기애적 경향과 관련된 자기중심성을 시사한다. ANT-E와 함께 ANT-A와 AGG가 상승할 경우 정신병질적 성격일 가능성이 높다. *T* 점수가 60~69 정도이면 자기중심적이고 피상적인 사회적 접촉을 하지만 죄책감을 덜 느끼므로 효율적일 수 있다. 장기적 대인관계는 성공적이지 않다. *T* 점수가 40 이하일 경우 다른 사람의 욕구를 먼저 고려하는 경향이 있어서 자신의 욕구충족에는 어려움이 있을 수 있다. ANT-E와 함께 MAN-G가 평균 이하일 경우 자존감이 낮아서 자신을 비하시키는 경향이 있을 수 있다.

자극추구 하위척도(ANT-S)는 성격적으로 위험을 감수하면서 새로운 것을 추구하려는 의지와 관련된 문항으로 구성되어 있다. ANT의 다른 하위척도와 마찬가지로 18~29세의 평균 *T* 점수는 53으로 젊은 연령층에서 상승하는 경향이 있다. ANT-S의 *T* 점수가 70 이상일 경우 모험적이고 자신이나 타인에게 위험을 초래할 수 있는 행동을 할 가능성이 높다. 이럴 경우 새로운 것과 자극을 추구하고 틀에 박힌 일이나 관습에 쉽게 싫증을 내며 흥분을 즐기기 위해 충동적으로 행동할 수 있다. ANT-S와 함께 ANT-A, AGG, BOR-S, ALC, DRG가 상승할 경우 자기-파괴적 방향으로 행동화할 수 있다.

알코올 문제 척도(ALC)

ALC 척도는 알코올 사용, 남용 및 의존과 관련된 행동과 결과를 평가하기 위한 척도이다. 이 척도는 금주, 상습적 음주나 이로 인한 심각한 결과, 통제 상실 및 알코올에 대한 갈망 등에 관한 문항으로 구성되어 있다. 알코올 사용에 대해 직접적으로 질문하므로 부인할 경우 ALC 점수가 낮아질 수 있다. 원 점수가 매우 낮고 다섯 가지 척도(BOR-S, ANT의 모든 하위척도, AGG-P)가 상승할 경우 알코올 사용에 대한 추후질문이 필요하다. *T* 점수가 60~70일 경우 정기적으로 술을 마시고 술로 인한 부정적 결과를 경험할 수 있다. *T* 점수 70 이상일 경우 알코올 남용의 준거에 부합할 가능성이 높다. 대인관계나 직업문제 및 건강의 악화 등이 있을 수 있다.

약물문제 척도(DRG)

DRG 척도는 약물의 사용, 남용 및 의존과 관련된 행동과 결과를 평가하기 위한 척도이다. 약물문제를 부인할 경우 이 척도의 점수가 낮을 수 있다. ALC와 마찬가지로 DRG의 원 점수가 낮고 앞의 5개 척도(BOR-S, ANT의 모든 하위척도, AGG-P)가 상승할 경우 약물사용에 대해 추후질문을 하는 것이 좋다. *T* 점수가 60~70일 경우 정기적으로 약물을 사용할 수 있고 이로 인해 부정적 결과를 경험할 수 있다. *T* 점수가 70 이상일 경우 약물남용의 준거에 부합할 가능성이 높다. 약물사용으로 인해 대인관계나 직무수행에 문제가 나타나고 생활기능이 상당히 저하될 수 있다.

(3) 치료고려척도

공격성 척도(AGG)

AGG 척도는 진단범주와 직접 관련이 있는 것은 아니지만 공격성은 많은 진단과 관련된 기본적 정동이나 행동과 관련이 있다. 언어적 주장성과 분노통제력의 부족에서부터 폭력적 및 공격적 행동에 이르기까지 다양한 내용의 문항으로 구성되어 있다. 공격적 태도(Aggressive Attitude; AGG-A), 언어적 공격(Verbal Aggression; AGG-V), 신체적 공격(Physical Aggression; AGG-P) 등 3개의 하위척도를 포함하고 있다.

공격적 태도 하위척도(AGG-A)는 쉽게 화를 내거나 공격행동을 수단적으로 사용하는 것과 같은 공격적 행동에 관한 전반적 감정과 행동을 포함한다. 분노에 대한 예민성, 다른 사람의 비판이나 소홀한 대접에 대해 화를 내는 경향과 유사하다. 점수가 낮을 경우 인내심이 많고 관대한 편이다. *T* 점수가 60~70으로 중간상승할 경우 쉽게 화를 내고 좌절감을 경험한다는 것을 시사한다. *T* 점수가 70 이상 상승할 경우 조그만 자극에도 분노하고 이성을 잃을 수 있다. 다른 사람을 위협하거나 통제하는 수단으로 분노를 이용할 수 있다. 그러나 AGG-A가 상승하더라도 AGG-V와 AGG-P가 평균 이하일 경우 분노를 억제하거나(DOM 낮음) 분노를 내적으로 전환할 가능성이 있다(DEP-C 높음, MAN-G 낮음).

언어적 공격 하위척도(AGG-V)는 빈정거림이나 비판과 같은 가벼운 형태에서부터 고함을 치거나 독설을 퍼붓는 보다 극단적 형태에 이르기까지 다양한 형태의 공격성을 언어적으로 표현하는 것을 측정한다. 즉, AGG-V가 높을수록 분노를 경험할 때 억제하거나 숨기기보다 쉽게 분노를 표현할 가능성이 있다. AGG-V가 낮을 경우 분노를 경험하더라도 표현하지 않을 가능성이 있다. 수동성이나 사회적 위축(낮은 DOM), 자기-처벌적 태도(높은 DEP-C, 낮은 MAN-G) 또는 에피소드적 분노표출(높은 AGG-P)이 있을 수 있다. *T* 점수가 70에 근접할수록 비판, 모욕 및 언어적 위협과 같은 언어적 공격이 있을 수 있고, 그 이상이면 폭력에 가까운 폭언을 할 가능성을 시사한다.

신체적 공격 하위척도(AGG-P)는 신체적 공격행동에 대한 경력과 현재의 태도와 관련된 척도이다. 중간 정도(*T* 점수 60~70) 상승할 경우 이성을 잃는 경우가 흔하고 물건을 부수거나 공격행동을 신체적으로 표현하는 경향이 있다. *T* 점수가 70 이상일 경우 분노통제가 어렵고 물건을 파괴하거나 다른 사람에 대한 신체적 위협과 같은 극단적 형태를 보일 가능성이 증가한다. AGG-P가 70 이상이면서 AGG-V가 평균 이하일 경우 분노표출이 갑작스럽고 예상하기 어려울 수 있다. 주위 사람들은 이러한 성질을 겁내고 이들의 기분을 자극하지 않으려고 할 것이다.

자살관념 척도(SUI)

SUI 척도는 자살을 예언하기 위한 척도가 아니라 자살관념을 평가하기 위한 척도이다. 따라서 점수가 높다는 것은 자살을 생각하고 있다는 것을 지적하는 것이지 반드시 실제로 자살을 시도할 것이라는 의미는 아니다. SUI의 평균 T 점수는 60 이하이다. 이 범위에 해당할 경우 자해의 가능성은 없다고 본다. T 점수가 45 이하인 경우는 드물지만 다른 위험요인이 있을 경우 자살을 부인하고 숨기고 있을 가능성을 검토해야 한다.

임상표본의 보통 T 점수는 60~69 정도이다. 주기적으로 자해에 대해 생각하고 순간적 자해경험이 있을 수 있다. 이 범위에 있더라도 자살에 관한 사고와 행동에 대해 자세히 물어야 한다. T 점수가 70~84일 경우 반복적 자살사고를 하지만 실제로 자살을 시도하는 사람은 소수에 불과하다. 그러나 자살에 대한 양가감정이 있을 수 있으므로 자살가능성에 대한 중요한 신호로 생각해야 한다. T 점수가 95~99 정도로 상승할수록 자살에 대한 예방이 필요하고, T 점수가 100 이상 극단적으로 상승할 경우 자살시도 단계를 진행하고 있을 수 있으므로 자살 잠재성을 즉각 평가하고 적절한 개입을 해야 한다.

스트레스 척도(STR)

스트레스 척도(STR)는 비지지 척도(NON)와 함께 환경에 대한 지각을 평가하고 측정하기 위한 척도이다. 스트레스는 어느 정도 예측이 가능한 환경에서부터 매우 쉽게 변하고 스트레스를 야기하는 환경에 이르기까지 개인을 둘러싼 환경의 예언 가능성, 조직, 구조에 관한 측면이다.

STR은 현재 경험하고 있거나 최근에 경험한 생활 스트레스를 평가하기 위한 척도이다. 가족관계, 경제적 문제, 직업 관련 문제, 최근에 발생하였거나 발생할 가능성이 높은 주요 변화와 관련이 있다. 생활사건 질문지(Homes & Rahe, 1967)와는 중간 정도 상관이 있으나 STR은 개인의 생활에서 예측할 수 없을 정도로 많은 생활사건의 변화를 나타낸다. STR과 대부분의 우울지표의 상관이 매우 높다.

T 점수가 60 미만일 경우 생활이 안정되어 있고 예측이 가능하다는 것을 시사한다. T 점수 70 이상이면 생활의 주요 영역에서 어려움을 겪고 있으며 최근의 직장, 대인관계, 경제 상태를 알아보면 불행감의 원인을 찾아 낼 수 있다. T 점수 85 이상으로 현저하게 상승한 경우 위기상황에 있다는 것을 시사한다. 자신은 무력하고 의존적일 뿐만 아니라 고통을 야기하는 상황이나 주변 환경에 의해 희생당하고 있다고 생각할 수 있다. 이럴 경우 임상척도의 점수를 검토하여 스트레스에 대한 임상반응의 특징을 확인할 필요가 있다.

비지지 척도(NON)

NON 척도는 지각된 사회적 지지의 부족을 측정하는 척도로서 사회적 관계의 가용성과 질적 측면을 평가하기 위한 척도이다. NON은 동료, 친구, 가족성원과의 상호작용 정도와 특징에 관한 문항으로 구성되어 있다. NON이 낮을수록 지각된 사회적 지지 수준이 높고 점수가 높을수록 사회적 환경을 비지지적인 것으로 지각한다는 것을 의미한다.

NON의 T 점수가 60 미만으로 평균 범위일 경우 일반적으로 가족이나 친한 친구들과 지지적 관계를 유지하고 있다는 것을 시사한다. T 점수가 70 이상일 경우 사회적 지지가 거의 없다고 지각할 수 있다. 가족관계는 소원하거나 갈등적일 수 있고 친구들은 필요로 할 때 도움이 되지 않거나 도와주지 않을 것으로 생각할 수 있다. T 점수가 88 이상으로 현저한 상승일 때 생활에 관한 중요한 사건을 다루는 데 필요한 사회적 지지체계가 거의, 혹은 전혀 없다고 지각할 수 있다. 이들은 위기에 대응할 정서적 자원이 거의 없고 특히 스트레스에 대해 매우 강렬하게 반응할 가능성도 높다.

치료거부 척도(RXR)

치료 결과를 결정하는 가장 중요한 요인 중 하나는 환자의 치료적 동기라고 본다. RXR 척도는 치료적 동기를 나타내는 특징과 부합되지 않는 태도를 측정한다. 즉, 이 척도는 치료에 대한 동기가 부족하여 치료에 순응하지 못하고 치료를 조기에 종결할 위험을 밝히기 위한 것이다. 자신의 문제인식에 대한 거부, 자기성찰의 부족, 치료에 적극적으로 참여하려는 의지의 결여, 자신의 생활에서 변화에 대한 책임을 수용하려는 의지의 결여 등의 내용으로 구성되어 있다.

T 점수가 평균 범위에 속하더라도 임상장면에 적용할 때에는 치료동기에 대해 상당히 부정적 의미를 시사하는 것일 수 있다. 예를 들면 T 점수 50은 인사선발과 같은 비임상 장면에서는 전형적 점수이지만 임상집단에서는 그렇지 않을 수 있다. 임상집단에서 RXR의 평균 T 점수는 43이다.

RXR을 해석하는 데 중요한 다른 측면은 이 척도가 예후가 아닌 치료동기와 관련된다는 것이다. 변화의 필요성을 인식하고 있다는 것이 곧 쉽게 변화될 수 있다는 의미는 아니다. RXR은 점수가 낮을 경우 치료동기가 높은 반면에 점수가 높을 경우 치료동기가 거의 없다는 것을 지적하는 것이다. T 점수가 43 이하로 낮을 경우 생활에 관한 주요 영역에서 기능적 장애가 있다는 것을 인식하고 이러한 문제를 해결하기 위해 즉각적 도움이 필요하다는 것을 나타낸다.

RXR T 점수가 53 이상 상승할 경우 어떤 장애를 시사하는 것이므로 생활환경, 방어의 가능성, 경직성, 통찰의 부족 등을 고려해야 한다. T 점수가 53~63 범위일 경우 대체로 만족하고 있고 자신의 행동에 변화가 필요하지 않은 것을 시사한다. 즉, 심리치료를 받으려는 동기가 거의 없고 치료를 시작하더라도 조기에 탈락할 위험이 있다. T 점수가 63 이상일 경우 현재 생활에서 아무런 어려움이 없고 변화의 필요성도 느끼지 않는 것을 시사한다. 이 경우에 자발적으로 치료를 받을 가능성은 매우 낮고 치료를 시작하더라도 치료에 저항할 가능성이 매우 높다.

(4) 대인관계척도

대인관계의 유형은 개인의 성격에서 매우 중요한 부분이다. 대인관계척도인 지배성 척도(Dominance: DOM)와 온정성 척도(Warmth: WRM)는 대인관계의 유형을 평가하는 핵심적인 부분이다. 지배성과 온정성이라는 두 차원은 대인관계 원형모형을 근거로 했다. 이는 Leary(1957)가 처음으로 제안한 후 여러 학자들이 정교화시켰다(Kiesler, 1983; Wiggins, 1982). 대인관계 원형모형의 핵심은 다른 사람들과 상호작용의 특징을 두 직교차원으로 보면 통제-온정, 통제-냉담, 복종-온정, 복종-냉담이라는 4가지 타입이 나온다. '통제-온정'은 애착관계를 유지하면서 다른 사람을 통제하려는 행동으로 볼 수 있다. '통제-냉담'은 비인간적 상하관계가 특징이며, '복종-온정'은 애착관계를 유지하기 위해 관련 맥락에서 기꺼이 복종하는 의존성이 특징이다. 마지막으로 '복종-냉담'은 다른 사람에게 어쩔 수 없이 복종하는 수동-공격적 반응이 주요 특징이다.

DOM과 WRM은 임상집단과 일반집단의 분포가 거의 동일하다. 즉, 이들 척도에서 나타나는 특성은 어떤 집단에서도 광범위하게 나타난다는 것을 말해 준다. 이들 두 척도는 점수가 높을 경우에도 문제가 있을 가능성이 있고 점수가 낮아도 문제가 있을 수 있다.

지배성 척도(DOM)

DOM 척도는 개인이 대인관계에서 통제적, 순종적 또는 자율적인 정도를 평가하는 척도이다. 대인관계에서의 독립성, 주장성, 지시 및 조종에 관한 내용을 포함하고 있다. T 점수가 30 이하일 경우 사회적 관계에서 자신감이 없고, 자기주장을 하지 못하기 때문에 부당한 대접을 받거나 이용당할 가능성이 높다. T 점수 30~39일 경우 겸손하고 수줍으며 자기주장 기술이 부족하고 대인관계에서 자의식이 크게 작용할 수 있다. 타인의 주목을 받을 때 불편감을 느끼기 쉽다.

T 점수가 60~69일 경우 자신감이 있고 설득력이 있는 사람으로 자신을 지각하는 경향이 있다. 대인관계에서 친절하지 못하고 독단적이고 다른 사람을 통제한다는 인상을 줄 수 있고 사회적 상황에서 불편을 느끼지 않는다. 통제 가능한 상황에서 다른 사람과 상호작용하는 것을 선호한다. T 점수가 70 이상일 경우 다른 사람을 통제하려는 욕구가 두드러져서 가까운 사람도 참기가 어려워질 수 있다. 이들은 일반적으로 지배적이며 자신의 계획과 기대에 동의하지 않는 사람이 있으면 참지 못하고 자신을 과시하고 오만하며 독재적인 사람처럼 보일 수 있다.

온정성 척도(WRM)

WRM 척도는 대인관계에서 관여하고 공감하는 정도와 거부적이고 불신하는 정도를 평가하기 위한 척도이다. 이 척도의 문항은 사교적, 동정적, 친화적 내용으로 구성되어 있다. 이 척도 역시 양극적 차원이므로 높은 점수뿐만 아니라 낮은 점수도 의미가 있다. T 점수가 30 이하일 경우 사회적 상호작용에 거의 관심이 없고 냉담하고 무감동하다. 애정을 표현할 줄 모르고 친하게 지내는 사람이 거의 없다. T 점수가 30~39일 경우 대인관계에서 거리를 두고 친밀한 관계에 관심이 없다. 동정심이 없고 엄격한 것처럼 보이고 다른 사람의 의견에 대해 주의를 기울이지도 않는다.

T 점수가 60~69 정도로 상승한 경우 다른 사람에게 다정하고 온정적이며 지지적이다. 다른 사람으로부터 사랑받고 싶어 하고 비판할 만한 상황에서도 다른 사람을 비판하지 않는다. 사람을 쉽게 믿고 타인의 잘못을 쉽게 용서하기 때문에 이용당할 위험이 있다. T 점수가 70 이상일 경우 타인을 수용하려는 욕구가 너무 뚜렷하게 나타나고 다른 사람을 지나치게 믿고 의존적일 수 있다.

04 PAI와 범죄심리

1) PAI와 범죄심리

PAI는 비교적 최근에 개발되었지만 심리측정학적 관점에서 볼 때 기존의 다른 검사들보다 크게 향상된 검사(Helems, 1993)이며, 최근에 제작된 성격검사 가운데 가장 우수한 검사(Schlosser, 1992)라는 평가를 받는다. 또한 기존의 다른 자기보고형 질문지보다 법정 장면이나 교정 집단을 평가하는 데 유리하다(Morey, 1991; White, 1996; Piotrowski, 2000). PAI는 범죄자의 성격특성을 평가하는 데 유용하며(Hear, 1991), 범죄 청소년의 심층 문제를 반영하는 것으로 인정받고 있다. 이런 특성으로 PAI는 현재 한국심리학회가 공인한 범죄심리사 제도에서 비행청소년의 성격특성과 심리적 문제를 파악하여 재비행을 예측하기 위한 공식적 판단 도구로 사용되고 있다.

청소년 비행을 유발하는 요인으로서 범법자나 범법행위의 속성을 설명하기 위해 특정한 성격특성을 가정할 수 있으며 범죄와 성격에 관한 연구 중에 어떤 독특한 성격특성이 범죄자에게서 발견된다는 주장이 있다. 즉, 범죄 위험성은 드러나지 않는 개인의 성격특성, 행동방식 등과 밀접한 관계가 있다는 것이다(Eysenck & Eysenck, 1976). 범죄자에 대한 성격연구를 위해 MMPI, MBTI 등이 사용되어 왔으나, 최근에는 미국이나 캐나다 등지에서 법정 장면과 교정 장면에서 정신병질척도나 PAI를 통해 범죄자의 성격특성의 여부를 판단하고 있다(Hare, 1991).

다양한 범죄 집단을 대상으로 PAI를 실시한 결과, 각 범죄 집단의 구체적인 특징을 잘 반영한다고 보았다(White, 1996). 가정폭력과 관련된 범죄자의 경우 공격성과 반사회적 특징 척도가 상승하고, 망상, 정신분열증, 경계선 특징 및 지배성 척도가 함께 상승하는 반면, 신체적으로, 정신적으로 학대당한 경험이 있는 범죄자의 경우 부정적 인상관리, 경계선적 특징 척도가 상승하였다는 결과가 있었다. 정신병질적인 범죄자를 분류해내는 데 반사회적 특징척도(ANT)가 유용한 것으로 밝혀졌다(Edens et al., 2000). 범죄자 집단은 반사회적 성격장애와 알코올이나 약물 등 다양한 물질남용과의 관련성도 높다고 한다. 교정 집단이나 범죄자를 대상으로 자살가능성이나 공격성과 같은 측면들을 평가할 수 있다. 이 외에도 교정 장면 수감자들의 반응양식을 평가하는 것과 관련하여 PAI의 유용성을 밝힌 연구들이 많다(Rogers et al., 1995; Rogers et al., 1998).

국내에서도 PAI를 이용한 연구들(예를 들면, 고제원 외, 2010; 곽선영, 2005; 김선영, 2014; 박은영 외, 2002; 김세일, 2006; 양애란, 2005; 정미지, 2008)은 비행이나 범죄와의 관련성을 주로 연구한다. 수형자 집단과 정상 성인 집단의 PAI를 비교한 결과(박은영 외, 2002), 수형자집단은 타당도 척도에서는 비일관성(ICN), 저빈도(INF), 부정적 인상(NIM), 임상척도에서는 신체적 호소(SOM), 우울(DEP), 망상(PAR), 경계선적 특징(BOR), 반사회적 특징(ANT), 알코올(ALC), 약물(DRG), 치료고려 척도에서 공격성(AGG), 자살관념(SUI), 스트레스(STR), 비지지(NOR)가 높은 반면, 치료거부(RXR)는 낮았다.

범법청소년을 위험군과 비위험군의 두 개 집단으로 구분하여 각 집단의 PAI 특성을 비교한 연구(양애란, 2005)에서, 위험군은 타당도척도에서 저빈도(INF), 임상척도에서는 신체적 호소(SOM), 우울(DEP), 조증(MAN), 망상(PAR), 알코올(ALC), 치료고려척도의 공격성(AGG), 비지지(NON), 대인관계척도에서 지배성(DOM)과 온정성(WRM) 등이 비위험군보다 더 높았다. 이 같은 결과는 다른 연구(김세일, 2006)에서도 유사했으며, 강력범 집단과 일반인 집단은 약물(DRG), 반사회적(ANT), 조증(MAN), 공격성(AGG) 척도가 판별을 해주었다.

비행청소년의 범죄유형에 따라 PAI의 특징을 분류하려는 연구들(고제원 외, 2010; 이남희 외, 2009)을 종합하면 절도집단은 불안(ANX)과 자살관념(SUI), 반사회적 특징(ANT), 알코올 문제(ALC), 약물문제(DRG) 등이 높고, 폭력집단은 지배성(DOM), 자살관념(SUI)과 공격성(AGG)이 높고, 절도집단은 온정성(WRM)과 반사회적 특징(ANT), 갈취집단은 반사회적 특징(ANT)과 온정성(WRM)이 높았다. 또한 공갈집단에서는 저빈도(INF), 조증(MAN), 반사회적 특징(ANT)이 높았다. 대인비행청소년과 대물비행청소년의 PAI 프로파일을 비교한 연구(김선영, 2014)에서, 대인비행집단은 공격성(AGG), 지배성(DOM), 과대성(MAN-G), 정서적 불안정(BOR-A) 점수가 대물비행집단보다 높았다. 대물비행집단은 반사회적 행동(ANT-A), 피해망상(PAR-P) 점수가 대인비행집단보다 높았다.

2) PAI-A 보고서 사례: 특수절도. 고등학교 1학년 남학생

다음은 차량 10대에 침입하여 돈과 물품을 절취한 고등학교 1학년 사례로 현재 한국심리학회의 공인 범죄심리사 제도에서 사용하는 방식의 실제 보고서를 익명 처리하여 제시했다.

비행성 예측자료표

이름	0 0 0	성 별	남	비행 명: 특수절도
		연 령	만 15세	

비행촉발요인

조사항목	점수	조사항목	점수	총점	재비행 위험성	체크란
1. 가족구조	1	4. 가출경험	0	0~10	낮다	
2. 가족기능	1	5. 비행전력	3	11~20	약간 높다	V
3. 학교생활	1	6. 개인적요인	5	21 이상	높다	
총 점		11				

인성검사

척도	ICN (비일관성)	INF (저빈도)	NIM (부정적인상)	PIM (긍정적인상)	SOM (신체적호소)	ANX (불안)	ARD (불안장애)	DEP (우울)	MAN (조증)	PAR (망상)	SCZ (정신분열병)
점수	43	50	74	26	64	67	61	76	64	64	62
척도	BOR (경계선특징)	ANT (반사회적 특징)	ALC (음주문제)	DRG (약물사용)	AGG (공격성)	SUI (자살관념)	STR (스트레스)	NON (비지지)	RXR (치료거부)	DOM (지배성)	WRM (온정성)
점수	79	73	79	42	80	76	64	63	31	71	52

인성검사소견

피면담자의 PAI 타당성 척도를 살펴보면, 일관성 있게 반응했고 문항내용에 적절하게 주의를 기울였다는 사실을 알 수 있다. 다만 부정적 인상(NIM) 척도가 상승하였는데, 이는 자신이 느끼는 불편함을 과장하고 있음을 시사한다. 이런 경우 해석의 정확성이 떨어질 수 있으므로 신중하게 고려할 필요가 있으며 가능하다면 재검사를 실시하여 피면담자의 정확한 심리상태를 파악해야할 것이다. 피면담자의 경우 약물사용(DRG) 척도를 제외한 모든 임상척도가 중간 이상 상승하였고 그 중에서도 우울(DEP), 경계선적 특징(BOR), 반사회적 특징(ANT), 음주문제(ALC) 척도는 T점수 70 이상으로 매우 높다. 이는 정서적 불안정과 비관적인 사고, 충동성과 행동화하는 경향이 결합되어 있을 가능성을 시사하며 음주문제로 자기 손상의 위험이 증가할 수 있음을 나타낸다. 치료고려척도 중 공격성(AGG) 척도는 성질을 참으려 노력하고 있어 분노하더라도 잘 드러나지 않을 수 있으나 쉽게 통제력을 잃어 갑자기 분노를 표출할 가능성을 시사하고 있다. 걱정스러운 부분은 반복적인 자살사고를 지적하는 자살관념(SUI) 척도인데 임상적 신호가 될 수 있으므로 이에 대한 확인이 필요하겠다.

면담태도

피면담자는 병원진단을 받지는 않았으나 불면증이 있다고 했는데 밤낮이 바뀐 생활을 이어왔기 때문인지 다소 피곤해 보이기는 했지만 PAI검사와 면담에 집중하려 노력하는 모습을 보였다. 본의 아니게 본 건에 가담하게 되었으나 억울하게 생각하지는 않는다고 했고 자신의 행동을 반성하며 앞으로는 이런 일이 없을 것이라 다짐하였다.

종합소견

피면담자에 대한 비행성 평가와 PAI를 종합해 볼 때, 피면담자의 재비행 가능성은 약간 높다고 판단된다. 피면담자는 부인하고 있으나 어머니가 돌아가신 후 겪었을 심리적인 고통은 상당히 컸을 것으로 보인다. 당시 중학교 1학년이라는 시기적으로도 불안정하고, 가족 간 밀접한 유대마저 없어 피면담자의 스트레스는 상당했을 것인데 그로 인해 비행행동이 시작되었을 가능성을 무시할 수 없겠다. 다행히 최근 들어 가족관계가 서서히 회복되고 있으며 피면담자 스스로도 변화의 필요성을 인지하고 있기에 재비행 가능성을 낮추는 데에는 도움이 될 것이다. 피면담자는 불면증을 호소하고 있는데 밤낮이 바뀐 생활을 한다는 것으로 보아 이에 대한 전문가의 정확한 진단이 필요하겠다. 다만 현재의 생활패턴을 바꿔 학교생활에 지장이 없도록 해야 계획한 꿈을 이룰 수 있을 것이라는 부분에 동의하면서도 불면증 치료를 위한 전문의와의 상담은 거부하고 있어 목표에 대한 노력이 의심스러운 상황이다. 문제해결을 위해서는 보호자뿐만 아니라 가족 모두가 적극적으로 개입해야 할 것이므로 관계회복을 위해 가족상담을 실시하고, 개인상담을 통해 피면담자 스스로 통찰할 수 있는 기회를 제공해야 하겠다.

재비행 위험성: ______ ① 낮다 V ② 약간 높다 ______ ③ 높다

작성일자	2015년 0 월 0일	범죄심리사 0 0 0 (인) 범죄심리전문가 0 0 0 (인)

비 행 촉 발 요 인 조 사 서

이름: 0 0 0　　성별: 남　　생년월일:　　나이: 만 15 세　　총점:(11)점

1. 가족의 구조 (1)점	
1) 가정결손여부: 친부 혹은 친모사망	아니다(0) 그렇다(1)∨
부모 이혼, 별거 혹은 가출	아니다(0) 그렇다(1)
독거	아니다(0) 그렇다(1)
2) 생계를 책임지는 보호자	있음(0) 없음(1)
2. 가족의 기능적 역할 (1)점	
1) 가정불화·냉담	심하지 않음(0) 심함(1)
2) 가족 간 신체 및 언어적 폭력	심하지 않음(0) 심함(1)
3) 가족 간 심리적 학대	정상(0) 비정상(1)
4) 보호자의 애착 및 관심 정도	정상(0) 비정상(1)∨
5) 가족 구성원 중 전과자	없음(0) 있음(1)
3. 학교생활 (1)점	
1) 학력	중졸 이상 혹은 재학 중(0) 중졸 이하 혹은 고퇴(1)
2) 장기결석 혹은 잦은 무단결석	없음(0) 있음(1)∨
3) 학교생활적응에 문제 (왕따 피해 혹은 가해경험)	없음(0) 있음(1)
4) 학교에서의 경고나 정학경험	없음(0) 있음(1)
5) 상급학교 진학예정	있음(0) 없음(1)
6) 교우관계 :비행을 저질러 경찰서에 출입하는 친구	없음(0) 있음(1)
4. 가출경험 (0)점	
1) 가출경험	상습적이지 않음(0) 상습적(1)
2) 가출하여 어울릴 친구들	없음(0) 있음(1)
3) 가출하여 집단으로 생활해 본 경험	없음(0) 있음(1)

5. 비행전력 및 환경 (3)점 총 전과 수(1)회	
1) 본 비행 전 지구대 혹은 경찰서 입건	없음(0) 있음(1)∨
2) 유죄 판결 전력	없음(0) 있음(1)∨
3) 소년원 혹은 소년교도소 경력	없음(0) 있음(1)
4) 보호관찰 위반경력	없음(0) 있음(1)
5) 대인피해전력(본범제외)폭력, 성범죄, 강도, 살인 등	없음(0) 있음(1)∨
6) 본 비행내용	대물피해(0) 대인피해(1)
7) 본 범 사전모의 혹은 계획여부	없음(0) 있음(1)
8) 비행수법(장물처리 등)	모름(0) 앎(1)
9) 비행전력의 점진적 심각성	없음(0) 있음(1)
10) 최초 비행연령이 만 10세	이상(0) 이하(1)
6. 개인적 위험요인 (5)점	
1) 술을	마시지 않음(0) 자주 마심(1)
2) 본드나 가스 등을 해본 적이	없음(0) 있음(1)
3) 술이나 약물에 대한 중독, 남용여부	없음(0) 있음(1)
4) 인터넷 게임 혹은 음란사이트 중독여부	없음(0) 있음(1)
5) 성경험으로 인한 문제	없음(0) 있음(1)
6) 성매매 경험	없음(0) 있음(1)
7) 본범에 대한 책임의식	있음(0) 없음(1)
8) 피해자의 입장이해	잘 이해(0) 이해 못함(1)
9) 행위의 결과에 대한 인식	인식함(0) 인식 못함(1)
10) 준법의식	있음(0) 없음(1)
11) 인생목표의 현실성 및 노력 정도	열심(0) 노력 없음(1)∨
12) 인지능력손상	없음(0) 있음(1)
13) 정서상태	안정(0) 불안정(1)∨
14) 어려운 일에 대한 대처능력	있음(0) 없음(1)∨
15) 충동적 행위 탐닉	없음(0) 있음(1)∨
16) 분노경험	잘 조절(0) 폭발(1)∨
17) 상담 및 조사에 임하는 태도	우량(0) 불량(1)

○ PAI 프로파일 기록지 A

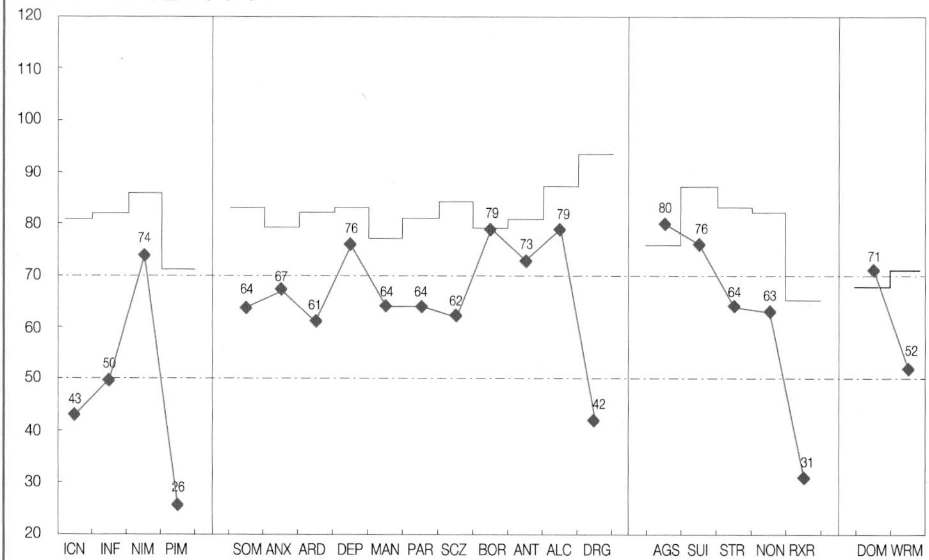

○ PAI 프로파일 기록지 B

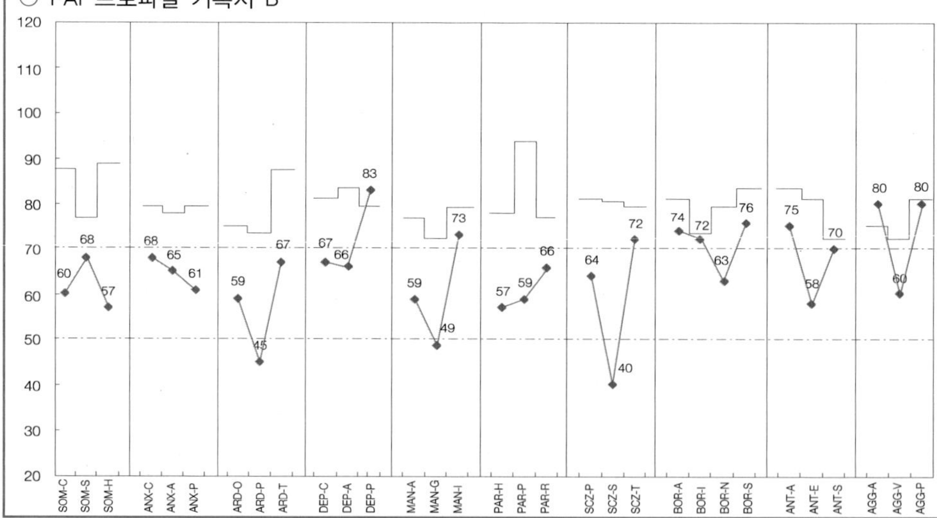

종 합 소 견 서

○ 본 비행명 : 특수절도

○ 본 비행경위 및 동기

피면담자는 2015년 0월 0일 04시경 00시 00마을 소재 아파트 주차장에서 친구 2명과 함께 주차되어 있는 차량 10대에 침입, 상품권 10만원 및 동전 등을 절취하였다.

○ 비행전력 등

피면담자는 중학교 1학년과 3학년 때 폭행으로 각각 기소유예를, 올해 초 차량 절도 및 무면허운전으로 수강명령 처분을 받은 경험이 있다고 한다.

○ 면담 및 검사 시 태도

피면담자는 병원진단을 받지는 않았으나 불면증이 있다고 했는데 밤낮이 바뀐 생활을 이어왔기 때문인지 다소 피곤해 보이기는 했지만 PAI검사와 면담에 집중하려 노력하는 모습을 보였다. 본의 아니게 본 건에 가담하게 되었으나 억울하게 생각하지는 않는다고 했고 자신의 행동을 반성하며 앞으로는 이런 일이 없을 것이라 다짐하였다.

○ 가정환경 및 비행환경에 관한 소견

※ 가정환경: 피면담자는 중학교 1학년 무렵 어머니가 병으로 돌아가셨으며 가족으로는 아버지와 21세, 18세인 누나 2명이 있다. 가족 간에 대화가 많은 편인지를 묻자 이전까지는 많은 편이 아니었으나 최근에 들어 많아졌다고 한다. 그러나 피면담자의 불면증 및 아르바이트 등의 상황에 대해 가족들이 모르는 부분이 있다는 것으로 보아 대화가 충분히 이루어지지는 않고 있는 상황으로 판단된다.

※ 학교생활: 피면담자는 00의 00고등학교 1학년에 재학 중이다. 징계를 받은 적은 없으나 밤낮이 바뀐 생활패턴으로 결석이 잦으며 이에 대한 담임교사의 걱정도 크다고 하였다.

※ 교우관계: 피면담자는 PAI검사결과 지배성(DOM) 척도가 매우 높게 나타났다. 이는 타인을 통제하려는 욕구가 강하다는 것을 뜻하는데 비록 PAI의 타당성이 의심된 바는 있으나 평소 피면담자가 리더십이 있다는 친구의 말과 면담 시 관찰된 행동들을 종합해 볼 때 이를 뒷받침하는 근거가 될 수 있겠다고 판단된다. 피면담자의 경우에는 타인을 통제하려는 욕구가 리더십이나 친구에 대한 관심과 적극적인 개입 등 긍정적인 형태로 표현되고 있어 원만한 교우관계를 맺는 데 많은 도움이 될 것이나 지금의 상황을 잘 유지할 수 있는 노력도 필요할 것이다.

○ 인성적인 특성에 관한 소견

피면담자의 PAI 타당성 척도를 살펴보면, 일관성 있게 반응했고 문항내용에 적절하게 주의를 기울였다는 사실을 알 수 있다. 다만 부정적 인상(NIM) 척도가 상승하였는데, 이는 자신이 느끼는 불편함을 과장하고 있음을 시사한다. 이런 경우 해석의 정확성이 떨어질 수 있으므로 신중하게 고려할 필요가 있으며 가능하다면 재검사를 실시하여 피면담자의 정확한 심리상태를 파악해야할 것이다. 피면담자의 경우 약물사용(DRG) 척도를 제외한 모든 임상척도가 중간 이상 상승하였고 그 중에서도 우울(DEP), 경계선적 특징(BOR), 반사회적 특징(ANT), 음주문제(ALC) 척도는 T점수 70 이상으로 매우 높다. 이는 정서적 불안정과 비관적인 사고, 충동성과 행동화하는 경향이 결합되어 있을 가능성을 시사하며 음주문제로 자기 손상의 위험이 증가할 수 있음을 나타낸다. 치료고려 척도 중 공격성(AGG) 척도는 성질을 참으려 노력하고 있어 분노하더라도 잘 드러나지 않을 수 있으나 쉽게 통제력을 잃어 갑자기 분노를 표출할 가능성을 시사하고 있다. 걱정스러운 부분은 반복적인 자살사고를 지적하는 자살관념(SUI) 척도인데 임상적 신호가 될 수 있으므로 이에 대한 확인이 필요하겠다.

○ 재비행 위험성 예측

피면담자는 비행촉발요인조사결과 총 11점이며, 반사회적 행동(ANT-A) 척도는 T점수 75로 매우 높은 편이다. 그러나 PAI검사결과는 그 타당성이 의심된 바 있으므로, 가정환경이나 사회적 지지체계, 과거의 비행전력과 개인의 성향 등을 종합하여 판단을 내려야 하겠는데, 이를 종합적으로 고려한다면 재비행 위험성은 약간 높을 것으로 판단된다.

○ 종합 소견 (선도대책 등)

피면담자는 부인하고 있으나 어머니가 돌아가신 후 겪었을 심리적인 고통은 상당히 컸을 것으로 판단된다. 당시 중학교 1학년이라는 시기적으로도 불안정한 때, 가족 간 밀접한 유대마저 없어 피면담자의 스트레스는 상당했을 것인데 그로 인해 비행행동이 시작되었을 가능성을 무시할 수 없겠다. 다행히 최근 들어 가족관계가 서서히 회복되고 있으며 피면담자 스스로도 변화의 필요성을 인지하고 있기에 재비행 가능성을 낮추는 데에는 도움이 될 것이다. 피면담자는 불면증을 호소하고 있는데 밤낮이 바뀐 생활을 한다는 것으로 보아 이에 대한 전문가의 정확한 진단이 필요하겠다. 다만 현재의 생활패턴을 바꿔 학교생활에 지장이 없도록 해야 계획한 꿈을 이룰 수 있을 것이라는 부분에 동의하면서도 불면증 치료를 위한 전문의와의 상담은 거부하고 있어 목표에 대한 노력이 의심스러운 상황이다. 문제해결을 위해서는 보호자뿐만 아니라 가족 모두가 적극적으로 개입해야할 것이므로 관계회복을 위해 가족상담을 실시하고, 개인상담을 통해 피면담자 스스로 통찰할 수 있는 기회를 제공해야하겠다.

작성일: 2015년 0월 0일
작성자: 범죄심리사 0 0 0 (인)

○ 검토 의견

피면담자는 성격검사결과 심리적 고통을 호소하고 있으며 도움을 추구하고 있다. 전체적으로 정서가 매우 불안정하고 공격적이며 자살가능성도 검토해보아야 할 것이다. 재비행 가능성을 감소시키기 위해서는 특별한 조치가 필요하다. 가족상담은 물론이고 집중적인 심리상담으로 심리적 스트레스를 완화시키고 생활 속의 흥미와 미래에 대한 비전을 갖도록 도와야 할 것이다.

담당 슈퍼바이저 확인: 0 0 0 (인)

8장 투사검사

1. 투사검사의 특성
2. 로르샤흐 검사
3. 주제통각검사
4. 문장완성검사
5. 투사적 그림검사
6. 투사검사의 양면성

8장

투사검사

01 투사검사의 특성

임상심리학자는 투사적 방법에 속하는 다양한 성격도구를 사용한다. 이 도구의 공통 특징은 문항이나 자극의 내용과 의미가 모호하다는 점이다. 즉, 측정도구가 사진, 색상, 불완전한 문장, 그림 또는 인형이든지에 관계없이, 분명한 옳고 그름에 대한 답이 없는 것처럼, 자극 소재의 고유한 의미는 없다. 핵심 가정은 측정 소재의 모호성이 개인의 성격측면을 드러나도록 한다는 것이다. 프로이트에 의해 개발된 투사의 원래 개념은 한 사람이 다른 사람에게 바람직하지 않은 특성이나 부정적인 부분을 무의식적으로 귀속시키는 방어기제의 한 형태이다. 투사의 존재를 지지하는 증거는 거의 없으며, 투사검사 절차는 투사 자체에 의존하는 것이 아니고 사람의 경험과 성격에 의해 영향받는 반응과 관련된다(Lilienfeld, Wood, & Garb, 2000).

투사측정에 사용된 방법은 무의식적 정신과정을 조사하기 위해 현재 인지과학에서 사용되고 있는 몇몇 기술과 유사점이 있다. 임상에서 사용되는 투사측정의 문제점은 표준화와 인지과학기술의 특징인 과학적 원칙에 대한 엄격함이 결여되어 있다는 것이다. 로르샤흐 잉크반점검사, TAT, 투사적 그림검사 등의 투사검사는 심리검사의 구성 지침에 맞게 개발되지 않았다. 따라서 임상 장면에서 사용되는 대부분의 투사검사는 표준화된 실시, 채점 또는 해석지침이 없으며, 오직 로르샤흐 검사만 규범자료가 있다(Hunsley, Lee, & Wood, 2003).

투사측정은 5개 범주로 나누어지지만 중복될 수 있다(Lilienfeld et al., 2000). 연상기법(자극이 어떻게 보이는지를 보고하도록 하기, 예를 들면, 로르샤흐 검사)과 구성기법(이야기하거나 그림을 그리도록 하기, 예를 들면, TAT, DAP, HTP), 완성기법(예를 들면, 문자완성검사), 배열/선택 기법(예를 들면, 선호하는 색상을 순서대로 놓는 컬러 테스트), 그리고 표현기법(예를 들면, 필기분석)이다. 대다수 이러한 기법들은 직관적인 매력이 있다. 정신역동지향의 임상심리학자는 투사측정이 무의식적 과정에 대한 정보를 제공하는 것으로 가정하기 때문에 특별한 매력을 느낀다. 그러나 수십 년간의 연구에도 불구하고 투사기법의 사용에 대한 지속적 논란은 임상심리학 분야의 어떤 다른 평가에서도 찾아볼 수 없는 일이다. 일부 임상심리학자들은 이 검사를 꼭 필요한 검사도구로 보기도 하지만, 일부는 투사검사가 타당성이 떨어지고 잠재적으로 해로울 수도 있는 측정도구로 보기도 한다(Hunsley & Lee, 2010).

여러 가지 논의에도 불구하고 투사검사는 모호한 검사 자극을 통해 개인의 욕구와 관심, 그리고 감정 상태를 비롯한 성격 특성을 알아볼 수 있는 검사로 널리 사용되고 있다. 투사검사는 개인의 독특한 심리적 특성을 측정하기 위해 비구조적인 검사 과제를 제공한다. 개인의 다양한 반응을 이끌어내기 위해 검사 지시방법은 간단하게 주어진다. 또한 검사자극은 불분명하고 애매하고 모호하다. 검사자극이 모호할수록 자극을 인지적으로 해석하는 과정에 개인의 내재된 욕구, 갈등, 성격 같은 심리적 특성의 영향이 강하게 드러나는 것으로 가정된다. 검사 도구는 이러한 심리적 특성을 투사하는 스크린으로 작용한다.

투사검사의 장점은 다음과 같다.

첫째, 검사 자극이 흥미로워서 라포를 쉽게 형성하게 해주어 검사 초기에 느끼는 심리적 불편감을 감소시킨다.

둘째, 융통성 있는 접근으로 피검사자의 자존감을 손상시키지 않으면서 검사를 수행하는 것이 가능하다.

셋째, 임상장면에서 면담, 행동관찰, 객관적 검사반응과 다르게 독특하고 다양한 반응이 나올 수 있고, 이는 개인을 이해하는 데 매우 유용하다.

넷째, 수검자는 반응과정에서 검사자극의 불분명함과 모호성이라는 장벽으로 인해 의도적인 방어반응을 하거나 왜곡하기 어렵다.

다섯째, 검사대상의 제한이 적은 편이다. 인지 발달이 충분하지 않은 아동이나 언어 기능에 제한이 있는 수검자에게도 실시가 가능하다.

여섯째, 투사검사는 검사 자극이 강렬하여 평소에 의식화되지 않던 사고나 감정이 자극되어, 잠재되어 있던 무의식적 사고나 감정이 유발될 수 있다.

한편 투사검사의 단점은 다음과 같은 것들이 있다.

첫째, 검사의 신뢰도가 전반적으로 낮게 평가된다. 검사-재검사 신뢰도는 특히 낮게 나오는데 이는 무의식적 흐름의 영향일 수 있고, 그 신뢰도가 높다고 해도 단순히 이전 반응을 암기한 것으로 볼 수도 있다.

둘째, 검사의 타당도 역시 검증하기가 어렵고 준거타당도를 제시하지 못하고 있다. 즉, 투사검사를 통해 나온 반응의 해석은 객관적으로 타당성을 입증하는 것이 아니고 임상적 증거를 바탕으로 한다. 충분한 타당성이 검증되지 않은 상태에서 수검자에 대해 어떤 해석을 내리는 것이 도움이 되지 않거나 심지어는 해가 될 수도 있다.

셋째, 실시, 채점, 해석 과정에 표준화된 절차가 부족하다. 동일한 지시사항이라도 검사자의 태도와 검사환경에 따라 다르게 영향을 미칠 수 있다. 또한 검사반응을 채점하고 해석하는 과정에서 임상적 숙련도와 이론적 배경이 영향을 끼칠 수 있다.

넷째, 투사검사는 여러 상황요인의 영향을 강하게 받을 수 있다. 검사자와 수검자의 인종, 성, 검사자의 태도, 수검자에 대한 선입견이나 편견 등이 영향을 미칠 수 있다.

02 로르샤흐 검사

1) 소개

로르샤흐 잉크반점 검사(Rorschach Ink Blot Test)는 가장 대표적인 투사적 성격검사로서 1921년 스위스 정신과의사인 헤르만 로르샤흐(Hermann Rorschach)에 의해 개발되었다. 검사는 데칼코마니 양식으로 된 대칭형의 잉크반점으로 이루어진 10장의 카드로 구성되어 있다. 로르샤흐 검사는 여러 학자의 손을 거쳐 채점체계가 발달하였다. 로르샤흐 연구의 초창기인 1930년대에 벡(Beck, 1937)과 헤르츠(Hertz, 1936)는 경험주의적 입장에 따라 로르샤흐가 사용했던 개념적 틀에 대한 이해의 폭을 넓히는 데 기여했다. 클로퍼(Klopfer, 1942)는 아동문제 전문가로서 미완성 요소가 많은 로르샤흐 검사의 미흡한 부분을 개선해야 할 필요성을 느끼고 채점 체계를 확장시키고자 노력했으며 현상학과 정신분석적 배경에 따라 임상적 근거를 가지고 주관적 해석을 했다.

피오트로스키(Piotrowski, 1957)는 신경학적 관점에서 로르샤흐 반응을 분석하였는데, 신경학적 문제가 애매한 자극에 어떻게 반영되는지에 관심을 가졌다. 라파포트(Rapapport)는 정신분석 훈련을 받았는데 메닝거 연구소에서 로르샤흐 검사를 접한 후 샤퍼(Schafer)와 함께 8개의 심리검사의 임상적용 결과를 정리하여 〈심리진단검사〉라는 책을 1946년에 발간하였다. 심리검사를 통합하여 개인의 심리적 특성에 대한 이해를 하는 데 중요한 자료를 제시해 주었다. 라파포트는 방대한 임상 자료를 통계적으로 제시하고 있지만 기본 해석 방향은 정신분석 입장을 취하고 있다.

이러한 다섯 갈래의 로르샤흐 검사의 발달과정을 통합하려는 노력을 한 사람은 익스너(Exner)이다. 그는 위에 언급한 연구자들 간에 여러 가지 의견과 상호 비판을 분석하여 종합체계를 개발하였다. 이 장에서는 익스너의 종합체계를 기준으로 로르샤흐 검사의 채점체계와 해석을 전개하고자 한다.

2) 로르샤흐 검사의 특징

로르샤흐 검사의 특징은 다음 다섯 가지로 볼 수 있다.

첫째, 수검자가 로르샤흐 검사 자극인 잉크반점을 처음 접했을 때 자극을 입력하는 과정은 시각적 정보처리를 하는 과정으로 처리시간이 매우 빠르다. 대체로 10초 이내에 반응을 한다.

둘째, 수검자는 검사자의 지시에 따라 잠재적으로 떠오르는 여러 반응 중 가장 강력한 이미지로 답을 결정하는 과정을 거치게 된다. 즉, 경제성의 원칙과 우선순위에 따라 잠재적 반응을 버리게 된다. 성급하게 반응하기도 하나 대부분의 수검자는 잉크반점에 대한 답을 할 때 신중하고 마음속에 우선순위를 정해 한두 개 반응하고 나머지는 버리기도 한다.

셋째, 검사 자극에 대한 잠재적인 반응을 선택하는데 경험에 따라 자체 검열을 통해 여러 반응 중 취사선택하게 된다. 검사자의 성별, 인지 정도에 따라 반응이 달라지는데 정서적으로 가깝게 느껴지는 검사자와 함께 할 때 더 많이 반응하는 경향이 있다. 정상인에게서 나오는 빈번한 반응인지 비정상적 집단에서 나오는 반응인지에 대한 선입견이 로르샤흐 반응에 영향을 미칠 수 있다.

넷째, 개인의 특성에 따라 반응을 선택하는 특징이 있다. 개인의 심리적 성향이 반응을 결정하는 데 중요한 역할을 한다. 소극적이거나 외적 자극에 대한 탐색을 별로 하지 않는 사람은 반응이 적은 경향이 있다. 경험에 개방적이고 적극적인 사람은 반응을 더 많이 한다.

다섯째, 수검자는 자신의 심리상태에 따라 반응을 선택하게 된다. 심리상태가 변화하게 되면 반응도 달라지는 경향이 있다. 예를 들면 스트레스 수준이 높을 때는 무생물 운동반응(m)이나 확산음영반응(Y)이 많아지지만 스트레스 수준이 낮아질 때는 이 반응이 줄어드는 경향이 있다. 따라서 로르샤흐 검사의 검사-재검사 신뢰도가 낮아질 수 있다.

3) 로르샤흐 검사의 장·단점

로르샤흐 검사의 장점과 단점은 다음과 같다.

로르샤흐 검사의 첫째 장점은 수검자의 의식적 저항을 통과해 개인의 심층적이며 무의식적인 성격 구조를 평가할 수 있다는 것이다. 이로 인해 내면에 숨겨져 있는 정신병리 수준을 평가하는 것이 가능해진다.

둘째, 명백한 임상적 증상으로 발현되기 전에 미묘한 사고 장애의 가능성을 민감하게 감지할 수 있다.

셋째, 구조화된 검사보다 개인의 내면을 방어하기 쉽지 않다. 즉, 수검자가 원하는 대로 긍정적 왜곡이나 부정적 왜곡을 하기 어렵다.

넷째, 검사 실시가 매우 쉽다.

로르샤흐 검사의 많은 장점에도 불구하고 단점 또한 간과할 수 없다. 첫째 단점은 좋은 검사의 기본 여건을 갖추지 못했다는 것이다. 신뢰도와 타당도가 낮으며 표준화를 통해 얻어지는 규준이 마련되어 있지 않다. 그러나 익스너는 이러한 로르샤흐 검사의 독특성에도 불구하고 신뢰도 검증이 가능하다고 주장했다. 특히 검사-재검사 신뢰도 측정에서 개인 성격의 일관성이 존재하기 때문에 신뢰도 측정이 가능하다는 연구결과를 제시했다. 1983년까지 30개 이상의 재검사연구들을 완성했는데 재검사 기간은 짧게는 며칠에서 길게는 1년 이상이었다. 이들 중 1년 후 재검사와 3년 후 재검사를 검토한 결과 25개 변인 중 15개 변인이 .80 이상, 5개 변인만이 .72 이하의 상관관계를 보였다(Exner, 1986).

둘째, 수검자에 의한 검열된 반응, 채점 오류, 해석 시 복잡하고 미묘한 오류, 연령이나 교육배경을 고려하지 않은 해석, 검사자의 편향 등이 작용할 수 있다.

셋째, 검사의 실시가 쉬운 반면 채점과 해석은 매우 복잡하고 어려워서 상당한 기간의 훈련을 필요로 한다.

4) 익스너 종합체계의 신뢰성과 타당성

20세기의 오랜 기간 동안 로르샤흐를 실시하고 채점하는 몇 가지 접근이 있었고, 많은 임상가들이 서로 다른 체계를 사용하고, 그들 자신의 경험을 기반으로 로르샤흐의 채점과 해석을 개별화하는 경향이 있었다. 하지만 존 익스너의 종합체계(Comprehensive System: CS; Exner, 1993)는 현재 로르샤흐의 원칙적 채점체계로 여겨진다. 로르샤흐는 실시, 채점, 해석이 매우 복잡한 측정도구이다. 종합체계(CS)는 검사결과를 해석할 수 있도록 해주는 광범위한 표와 컴퓨터 소프트웨어를 가지고 검사 실시와 채점에 대한 명확한 정보를 제공한다. 검사지시는 자리 배열, 지시사항, 카드 실시 순서뿐만 아니라 수검자의 질문에 허용되는 반응까지 구체화한다. 로르샤흐 검사를 실시할 때 비록 이러한 표준을 따를지라도 불행히도 검사실이나 평가자의 외모 등 비교적 의도치 않은 상황적 요인이 수검자의 반응에 영향을 미친다.

종합체계(CS)가 개발된 후 익스너는 여러 연령그룹을 위한 규준을 발행하여 과학적 기반을 갖춘 시스템을 마련했다. 성인 규준을 만들기 위해 20세 이상의 약 1,300명의 참여자를 이용하여 로르샤흐 프로토콜을 얻었다. 1980년 미국에서 보고된 인구통계학적 변인을 맞추기 위해 이 풀에서 700개의 프로토콜이 선택되었다. 몇몇의 소수집단이 표집에 포함되기는 했지만, 규준은 소수집단의 구성원이 로르샤흐를 임상적으로 사용하는 데 적합할 만큼 충분하지는 않다(Gray-Little & Kaplan, 1998).

종합체계(CS) 규준의 주요문제는 환자가 아닌 규준이 정상인을 과잉병리화할 가능성이다. 이 현상은 아동과 성인 표집 모두에서 발견되었다(Wood, Nezworski, Garb, & Lilienfeld, 2001). 이러한 문제점은 개인력 정보와 최근의 기능을 측정했을 때 정신병리문제나 행동문제가 없는 100명의 아이들을 대상으로 한 연구(Hamel, Shaffer, & Erdberg, 2000)에서 명백하게 나타났다. 이들에게서 얻은 로르샤흐 자료를 종합체계(CS) 규준으로 채점하고 해석할 때 상당수의 아이들이 로르샤흐의 채점에서 정신병리 범위의 지수를 나타냈다. 이것에 대해 연구자들은 "이 아이들은 비관습적 관념과 중요한 인지손상이 있다고 잘못 해석할 것이다. 이것은 현실의 왜곡과 오류를 보이는 정신증과 가깝다. 이러한 아이들은 대인관계를 형성하고 유지하고 사회적 맥락에서 대처하는 데 심각한 문제를 가진 것으로 기술될 수 있다."고 보았다. 로르샤흐 잉크반점의 반응에 대한 해석에 의하면 그 아이들은 매우 문제가 있다는 것이다. 그러나 그들은 과거에도 문제가 없었고, 최근에도 심리적 스트레스를 경험하지 않았으며, 현재 학교와 사회활동에서 매우 잘 해내고 있다는 것을 기억해야 한다(Hunsley & Lee, 2010).

종합체계(CS) 규준의 질적 수준에 대한 우려 때문에 심리검사의 기준을 충족하는 규준을 만드는 데 상당한 노력을 기울였다. 목적을 달성하기 위해 16개 국가에서 5,000명의 자료에서 나온 종합체계(CS) 규준 시리즈(국제적 참조 표집으로 불리는)를 발행했다(Shaffer, Erdberg, & Meyer, 2007). 더불어 로르샤흐 검사의 성인 반응을 채점하고 해석하는 데 이 규준을 사용할 것을 권고하고 있다(Meyer, Erdberg, & Shaffer, 2007). 하지만 청소년 자료에서 규준을 개발하는 데 중요한 문제가 생겼다.

종합체계(CS) 점수가 여러 국가 내에서, 혹은 국가 간에 실질적이고 예상치 않은 차이가 있었기 때문이다. 결과적으로 주요 연구자들은 어떤 국제 규준이 마련될 때까지 로르샤흐는 아동과 청소년에게 심리검사로 사용되어서는 안 된다고 주장했다. 이러한 입장은 청소년에게 로르샤흐를 사용하는 것은 심리검사 사용에 대한 윤리적, 전문적인 기준과 부합하며 과학적으로 안전하다는 주장과는 직접적으로 대치된다(Hughes, Gacono, & Owen, 2007).

채점 신뢰성에 대한 연구(Acklin, McDowell, Verschell, &, Chan, 2000)는 정상과 임상 표집 둘 다에서 종합체계(CS) 점수에 대한 평정자 간 신뢰도 계수를 보고하였다. 신뢰도 중앙치는 .80보다 약간 위였으므로 전부는 아니지만 많은 점수들이 좋은 신뢰도를 나타내는 수준을 충족하고 있다. 우려했다시피 대학원생과 임상 장면에 있는 전문가들은 로르샤흐 자료를 채점하는 데 무수한 오류를 범한다는 것을 발견했다(Guarnaccia, Dill, Sabatino, & Southwick, 2001). 이 오류는 너무 광범위하여 종합체계(CS)의 주요 구성요소를 채점하는 데 평균 정확도가 65% 정도였다.

일반적으로 로르샤흐 특별히, 종합체계(CS)의 타당성에 대한 문헌은 너무 거대해서 몇 단락으로 검토하는 것은 불가능하다. 로르샤흐 연구의 질과 임상에서의 광범위한 사용을 지지하는 로르샤흐의 적합성은 50년 이상 뜨거운 논쟁이 지속되고 있다. 심리평가(Psychological Assessment; Meyer, 1999, 2001)와 같은 많은 임상심리학 저널에서 이러한 주제에 대한 특별판을 출간했다. 하지만 로르샤흐의 과학적 지위에 대해 몇 가지 일반적 결론이 도출될 수 있다. 예를 들면 로르샤흐 타당도에 대한 메타분석(Parker et al., 1988; Hiller et al., 1999)에서, 로르샤흐의 몇 개 척도는, MMPI 척도보다 일반적으로는 낮지만, 합리적인 타당도를 갖고 있다는 것을 입증했다. 로르샤흐가 진단적 정보를 제공하는 데 사용되어서는 안 된다는 것에는 합의하는 편이다. 로르샤흐의 사용과 정신장애의 진단에 대한 150개 이상의 연구를 검토한 연구(Wood, Lilienfeld, Garb, & Nezworski, 2000)에서,

로르샤흐가 주요 우울장애, 외상 후 스트레스 장애, 반사회적 성격장애 또는 다른 많은 정신과적 진단을 일관성 있게 탐지할 수 있다는 것의 어떤 증거도 발견하지 못했다. 다른 한편으로 로르샤흐에 대해 신랄하게 비판하는 사람들조차도 로르샤흐가 이러한 구성개념을 평가하기 위한 최상의 필수적 방법이라는 것을 밝히는 타당성의 근거가 부족하지만 로르샤흐 검사가 지능과 사고장애에 대한 타당한 정보를 제공할 수 있다는 것에는 동의한다.

로르샤흐는 성격구조를 검토하는 연구에서 지속적인 가치가 있는 것으로 보인다. 어쨌든 임상심리학자는 전문적 표준과 과학적 근거에 비추어서 심리평가와 치료서비스를 해야 할 책임이 있다. 다른 측정도구와 함께 사용되는 경우에도 로르샤흐는 환자를 과잉 병리화할 가능성이 있다. 채점의 정확성과 청소년 규준의 중요한 제한점과 같은 실질적인 문제들의 증거로 볼 때 로르샤흐가 임상적으로 사용되기에는 너무 많은 결점을 갖고 있는 것으로 보인다(Hunsley & Lee, 2010).

5) 로르샤흐 검사의 실시방법과 절차

우선 수검자에게 검사를 소개하면서 검사상황에서 발생할 수 있는 불안이나 불신을 완화시켜야 한다. 부드럽고 편안한 분위기를 만들며 검사 소개 시 '모호한'과 같은 불안을 유발하는 단어보다는 '잉크반점'이라는 사실적 표현을 쓰는 것이 좋다. 수검자가 지나치게 불안해하면서 검사상황에서 자신이 무엇을 해야 하는지 혹은 어떻게 반응해야 하는지에 대해 자세한 정보를 요청한다면 검사자는 반응에 영향을 주는 말은 가급적 피해야 하며 검사가 다 실시된 후 질문에 대한 추가적인 답을 해주도록 한다.

검사를 실시할 때 자리배치는 검사자와 수검자가 마주 앉는 것보다는 옆으로 90도 직각으로 앉는 것이 가장 좋고, 동일한 방향으로 앉는 것이 적절하다. 얼굴을 정면으로 맞대는 방향으로 앉을 때 검사자의 비언어적 메시지가 민감하게 작용하여 검사반응에 영향을 미칠 수 있기 때문이다. 이러한 좌석배치는 수검자로 하여금 어떤 반응은 억제하고 어떤 반응은 과잉 반응하도록 유도할 수 있다. 만약 수검자가 이미 로르샤흐 검사를 해본 적이 있다고 하면, 언제 어디서 무슨 이유로 검사를 받았는지를 알아보고, 그 당시의 검사반응을 기억하고 있는지를 질문한다. 이런 경우라도 현재 검사가 필요한 경우에는 그대로 시행하면 될 것이고, 수검자에게 그 때 반응했던 내용과 상관없이 현재 생각나는 대로 응답하라고 권유한다.

검사 실시는 자유연상 단계, 질문단계 그리고 한계음미단계 등 세 단계로 구성된다. 자유연상단계에서 "몇 장의 잉크반점 카드를 보여드리겠습니다. 카드에서 보이는 것을 모두 말해주세요."라는 지시를 준다. 여기서 주의할 점은 수검자의 상상력을 검사한다는 잘못된 개념을 심어주어서는 안 된다는 것이다. 이렇게 되면 수검자는 자신이 본 것을 말하는 것이 아니라 잉크반점에 대해 연상하려는 시도를 한다. 로르샤흐 검사 반응은 수검자가 본 것을 말하는 것이다. 익스너(2003)는 첫 번째 카드를 수검자의 손에 쥐어 주면서 "이것은 무엇처럼 보이나요?" 혹은 "이 카드를 보고 무엇처럼 보이는지 전부 이야기해 주세요."라고 요청한다. 카드에 대한 수검자의 반응이 하나로 그칠 때는 "좀 더 보시고 그 외에 보이는 것이 있으면 모두 말해 주세요." 또는 "좀 더 자세히 보면 다른 것도 찾을 수 있을 거예요."라고 격려한다. 이러한 지시는 수검자에게 잉크 반점에서 보이는 것을 주저 없이 전부 말한다는 것을 확신시켜 줄 수 있다. 그러나 검사자가 반응의 양이 적다든가 어떤 유형의 반응을 암시하는 말을 해서는 안 되며, 카드를 돌려보도록 지시하는 것도 피해야 한다. 다만 수검자가 "카드를 돌려 봐도 됩니까?"라고 질문하면 "마음대로 하세요."라고 대답한다. 검사를 지시할 때 중요한 것은 수검자가 자기가 원하는 대로 자극에 반응할 수 있도록 최대한 자유를 주는 것이다.

그러나 수검자가 I번 카드에서 단지 한 개 반응만을 하는 경우에 검사자는 카드 I에 한해서 다음과 같이 격려해준다. "좀 더 충분하게 보도록 하세요. 당신이 좀 더 볼 수 있을 것 같은데요." 만약 수검자가 I번 카드에서 2~3개의 반응을 한 후 "몇 개나 반응해야 합니까?"라고 질문하면 "그건 당신이 마음대로입니다."라고 응답한다. 연상단계에서 수검자는 카드를 보면서 자발적으로 응답하고 검사자는 수검자의 응답을 말한 그대로 기록이 되어야 채점단계에서 채점이 정확하게 이루어지고, 수검자의 독특한 반응이 그대로 보존됨으로써 중요한 정보를 얻을 수 있기 때문이다. 이 단계에서 검사자는 수검자가 카드를 보는 방향을 기록해야 한다. ∧이 정위치고 이것을 돌려가면서 표시하면 된다.

6) 로르샤흐 검사의 해석

로르샤흐 반응의 채점은 부호로 바꾸는 과정으로 수검자의 전반적인 반응스타일과 심리적 특징을 평가할 수 있게 해준다. 반응의 채점은 정확해야 하므로 임상심리학자의 훈련과정에서 교과서에 제시된 사례를 중심으로 채점 연습을 하고 그 후 지도감독을 통해 채점의 정확성을 검토받아야 한다.

로르샤흐 검사의 결과를 해석하는 방법은 다양한데, 통계적인 자료에 근거한 객관적 해석방법과 임상가의 주관적 경험을 강조하는 임상적 해석방법으로 나눌 수 있다. 이러한 방법에 따라 결과해석이 다소 달라질 수 있지만, 로르샤흐 검사를 통해서 개인이 지니고 있는 사고나 공상의 주된 내용, 욕구와 충동, 정서상태와 정서조절능력, 인지적 접근양식, 무의식적 갈등 등을 평가할 수 있다.

검사에서 나온 자료에 근거하여 각 반응은 채점항목과 기준에 따라 채점된다. 채점의 주요항목은 (1) 반응영역(피검자가 반응한 카드의 부분), (2) 결정요인(반응을 결정하는 데 영향을 준 잉크자극의 특징), (3) 반응내용(반응의 내용범주), (4) 반응의 독창성(반응의 독특성이나 창의성), (5) 반응의 형태질(잉크자극의 특징에 대한 반응의 적절성)이며 그밖에 반응 수, 반응 시간, 채점 항목 간의 비율 및 관계 등이 계산된다. 이러한 다양한 채점결과를 종합적으로 고려하여 개인의 심리적 특성을 해석하게 된다.

글상자 8-1. 종합체계(CS)의 기본 채점 항목

로르샤흐 검사 반응은 기본적으로 다음 9가지 항목으로 채점된다.

- 반응의 위치: 피검자가 잉크반점의 어느 부분에서 반응했는가?
- 반응 위치의 발달질: 위치반응은 어떤 발달수준을 나타내는가?
- 반응의 결정요인: 반응을 결정하는 데 영향을 준 잉크반점의 특징은 무엇인가?
- 형태질: 반응된 내용은 자극의 특징에 적절한가?
- 반응 내용: 반응은 어떤 내용 범주에 속하는가?
- 평범 반응: 일반적으로 흔히 일어나는 반응인가?
- 조직 활동: 자극을 조직화하여 응답했는가?
- 특수 점수: 특이한 언어반응이 일어나고 있는가?
- 쌍 반응: 사물을 대칭적으로 지각하고 있는가?

출처: 박영숙(1994).

03 주제통각검사

1) TAT 소개

머레이가 개발한 주제통각검사(TAT; Murray, 1943)는 31개의 카드로 구성된 투사적 측정도구이다. 수검자가 쉽게 동일시할 수 있는 인물과 상황을 묘사한 그림카드로 구성되어 있다. 머레이의 기본 가정은 수검자가 만든 이야기의 주제는 요구(need)와 압력(press)의 결합 혹은 개인과 환경이 통합되어 나타나는 역동적 구조라는 것이다. 따라서 개인의 주관적 요구와 환경이라는 객관적 압력에 관한 이야기에는 비교적 방어적 노력이 적어 개인적 욕구나 감정이 잘 투사되므로 역동적 심리 구조의 분석이 가능하다고 보았다. 이 검사는 개인의 성격 중 주요 동기, 정서, 기분, 콤플렉스, 갈등 등 다양한 요소들을 나타내주고 특히 개인이 자각하지 못하는 억제된 요소들을 드러나게 해준다.

린지(Lindzey, 1958)는 수검자가 비구조화된 장면을 구성하는 과정에서 자신의 욕구, 기질, 갈등이 나타나며, 이야기를 구성하는 과정에서 수검자가 동일시한 인물을 통해 수검자 자신의 요구, 희망, 갈등이 투사될 수 있다고 보았다. 수검자의 기질, 욕구, 갈등 등은 간접적으로 혹은 상징적으로 나타날 수 있으며 모든 내용이 동일한 비중을 갖는 것은 아니다. 자극재료의 성격과 직접 관련이 있는 주제나 이야기가 나올 수 있으며, 자주 나타나는 주제는 수검자의 충동과 갈등을 반영할 가능성이 높다.

수검자의 이야기 내용은 타고난 기질과 지속적인 갈등뿐 아니라 상황적 힘으로 유발된 순간적 충동과 갈등이 반영된 것일 수도 있다. 혹은 수검자가 과거에 직접 경험하지는 않았지만 자신이 목격했거나 관찰했던 과거 사상을 반영할 수 있다. 개인적 내용이 반영될 수도 있고 집단이나 사회문화적 요인과 관련된 내용이 반영될 수도 있다. 마지막으로 이야기를 통해 유추한 특성이나 갈등은 반드시 외현적 행동이나 의식적 경험과 직접 관련이 있는 것은 아니다.

수검자의 이야기 내용을 여러 채점기준에 따라 분석하여 수검자의 심리상태, 욕구 및 동기, 환경에 대한 지각과 대처방식, 문제해결방식, 갈등영역 등 다양한 양상의 성격이 평가될 수 있다. 게다가 몇 가지 성격측면들은 평가받는 사람이 의식적으로 접근할 수 없으므로 자기보고식 검사에 의해 측정될 수 없다고 가정된다. TAT가 최초로 개발된 통각검사이지만, 아동, 노인, 소수 집단에게 사용하도록 설계된 많은 종류의 통각검사가 있다(Bellak & Abrams, 1997; Costantino, Malgady, Rogler, & Tsui, 1988).

2) TAT의 신뢰도와 타당도

TAT에 관해 검사 실시자가 원래 지시사항을 따를지 어느 정도 수정할지에 대해 이용할 만한 정보는 거의 없다. 심리평가를 위해 몇 개 카드가 사용되는지, 어떤 카드가 사용되는지, 카드가 제시되는 순서, 검사 실시에 사용되는 지시사항, 검사에 사용되는 채점과 해석원칙 등에서 임상가와 연구자 간에 거의 일관성이 없다(Groth-Marnat, 2003; Keiser & Prather, 19990). 로르샤흐와 달리 TAT에 대한 주된 채점체계는 없으며 측정도구를 위한 적합한 규준도 없다. TAT의 열렬한 지지자들조차 TAT를 사용하는 대부분의 임상가들이 과학적 접근을 포기했다는 것을 인정하고 있다(Rossini & Moretti, 1997). 연구문헌에서 사용된 측정도구의 심리측정 자료는 일부 임상심리학자들에 의해 이용되기는 하지만 TAT의 실제 신뢰도와 타당도를 결정하는 데 적합하지 않다. 그러므로 TAT의 현재 임상적 위상은 과학적, 전문적 기준과는 적합하지 않는 방식으로 가르치고 사용되는 측정도구로 특징지어진다(Hunsley et al., 2003).

TAT를 임상에서 일상적으로 사용하는 것은 과학적 접근을 소홀히 하는 것으로 볼 수 있다. TAT를 사용하고 평가하는 데 있어서 가장 중요한 것은 심리학자가 내린 결론의 타당성을 지지하는 증거가 전혀 없다는 것이다. 그럼에도 불구하고 표준화된 통각 방법이 타당한 성격정보를 제공하는 잠재력이 있다는 것을 밝힌 연구가 있다. 예를 들어, TAT 카드와 특별히 개발된 그림자극을 추가하여, 맥클랜드(McClelland)와 동료들(1992)은 성취, 권력, 그리고 친화 욕구에 대한 일련의 계획적 연구를 수행하였다.

이 선구적 연구는 많은 연구자들에 의해 계속되었다(예를 들면, Langan-Fox & Grant, 2006). 연구의 결과는 카드의 표준 세트와 경험적으로 지지되는 채점 기준을 이용하였을 때, 수정된 TAT에서 나온 자료가 차후의 행동을 예언하는 데 있어서 자기 보고식 측정보다 종종 더 나은 결과를 내놓는다는 강력한 증거를 제공했다(McClelland, Koestner, & Weinberger, 1989; Spangler, 1992). 이와 유사하게 웨스틴(Westen, 1991)은 대인관계의 평가에 초점을 맞춘 TAT 반응에 대한 정신역동 중심의 채점체계를 개발했다(예를 들어, 사람들의 표현에 대한 복잡성, 관계에 대한 정서적 투자의 역량, 그리고 사회적 관계에서 원인의 이해).

세부적인 채점 매뉴얼과 5~7장의 TAT 카드 자료를 사용함으로서, 높은 평정자간 신뢰도가 여러 연구에서 얻어졌으며 비환자 표집과 환자표집 둘 다의 자료는 자기보고, 인터뷰, 그리고 다른 투사적 측정에서 수렴타당도의 증거를 밝혀냈다(Westen, 1991). 이러한 결과들은 TAT가 신중하게 설계되고 타당화된 채점체계를 가지고 있다는 것을 보여준다. 이는 TAT가 정신장애를 가진 참가자와 정신장애를 가지지 않은 사람들을 구분할 수 없다는 부정적 결과와는 강력하게 대조되는 입장이다. 연구맥락에서는 잠재적으로 유용한 체계가 사용되었지만 임상적 실제에서는 그 체계가 채택되지 못했다(Hunsley & Lee, 2010).

3) TAT의 실시방법과 절차

TAT는 수검자의 상상을 자극하여 나온 반응내용을 분석해야 하므로 이완된 상태에서 자유롭게 상상하고 언어로 표현할 수 있도록 해야 한다. 내담자, 혹은 환자와 충분하게 라포 형성을 하여 편안한 분위기를 조성해야 한다. 성별과 연령수준에 따라 20장의 카드를 골라 번호순으로 배열하고 수검자의 반응 기록지와 초시계를 준비한다.

TAT검사 실시요강(Murray, 1943)에서 두 가지 지시문을 제시하고 있는데 이는 수검자의 유형에 따라 선택할 수 있다. 내용은 거의 대동소이하다. 아래 표준 지시문을 따르면 되지만, 실제로 검사를 실시할 때에는 연령, 성격, 교육수준, 지적 수준 및 상황에 따라 지시문을 다소 다르게 해볼 수도 있다.

표준 지시문은 다음과 같다.

> "이것은 일종의 상상력 검사입니다. 지금부터 한 번에 한 장씩 그림 몇 개를 보여 드리겠습니다. 그림을 보면서 될 수 있는 한 많은 이야기를 만들어 보세요. 그림에 나타난 장면이 있기까지 어떤 일들이 있었고, 현재는 무슨 일이 일어나고 있으며, 그림 속의 인물들이 무엇을 느끼고 생각하는지 이야기해 보십시오. 그리고 현재 상황이 앞으로 어떤 결과로 이어질지도 이야기해 주십시오. 머리에 떠오르는 대로 얘기해 주세요. 어떻게 하는 지 아시겠습니까? 10장의 카드를 보는 데 50분의 시간이 걸릴 테니, 한 카드당 5분 정도 얘기할 수 있습니다. 자, 여기 첫 번째 그림을 보시고 이야기를 만들어 보십시오."

첫 번째 그림에 대해 이야기를 다 하고 나서 지시문대로 수검자가 반응하지 않는 경우 다시 한 번 지시문을 반복해서 말한다. 예를 들면, "첫 번째 카드에서 엄마한테 야단을 맞아서 소년이 바이올린을 켜기 싫다고 했는데 엄마가 야단쳤을 때 소년은 어떤 생각을 하고 어떻게 행동을 했는지 말해 보세요. 이후에 소년은 어떻게 되었을까요? 시간이 있으니까 생각나는 대로 좀 더 자세히 이야기해 보세요."

그 이후부터 검사자는 아무 말도 하지 않는 것이 좋다. 수검자가 너무 빠르게 할 경우에는 천천히 말해 달라고 할 수 있고, 너무 느리게 진행할 경우에는 격려를 해주는 정도로 개입할 수 있다. 수검자가 세부 사항에 대해 질문하면 "그냥 원하는 대로 하시면 됩니다.", 혹은 "떠오르는 생각을 바탕으로 자연스럽게 이야기해 주세요."라고 답한다.

머레이의 본래 실시 요강에는 TAT를 두 번 나눠 시행하고 두 번째 시행은 적어도 하루 정도의 시간 간격을 두도록 하고 있다. 그러나 임상가의 취향에 따라 검사에 할당하는 시간이나 선호하는 카드 종류, 실시 방법, 채점과 해석 방법 등은 다르다.

4) TAT의 채점 및 해석

TAT의 채점방법으로 여러 가지 방안이 제안되었다. 수량화하는 채점방법은 임상적 정보가 왜곡되거나 상실될 우려가 있으므로 임상장면보다는 연구를 할 때 사용해야 한다는 의견이 지배적이다. 또한 검사를 실시하는 방법이나 사용되는 카드의 수, 채점체계가 매우 다양하여 TAT의 신뢰도와 타당도는 평가하기 어렵다(Lilienfeld, Wood, & Grab, 2000).

TAT를 적절히 사용하는 방법은 양적인 접근보다는 질적으로 접근하는 것이다. 수검자의 반응에서 주제가 되는 요소가 얼마나 자주 발생하였는지, 이상하고 기이한 내용의 이야기를 전개하지는 않는지, 줄거리가 어떻게 전개되는지, 카드의 그림을 잘못 인식하고 있는 것은 아닌지, 주로 사용하는 단어는 어떤 것인지, 그리고 등장인물과 자신을 얼마나 동일시하는지 등에 대한 면밀한 검토가 필요하다.

다양하고 복잡한 채점 방법이 개발되었지만 대부분의 임상가는 환자의 이야기에서 나타나는 주제를 분석하기 위해 자신의 임상적 판단과 경험을 이용한다. 많은 사람들은 TAT를 비롯한 투사검사들이 검사로서보다는 임상 면접에 더 유용한 것으로 본다. 또한 임상가의 경험, 수련, 임상적 판단이 이들 도구의 유용성과 정확성을 결정한다고 생각한다.

TAT에 대한 해석은 TAT 이야기의 내용과 구성에 초점을 맞추고 있다. 내용은 내담자가 기술한 것(사람, 감정, 사건, 결과)을 의미한다. 구조는 내담자가 이 이야기를 어떻게 하는가(논리성과 조직성, 언어의 사용 및 유창성의 결여, 지시나 그림 속의 자극에 대한 오해, 명백한 정서적 각성 등)에 관한 것이다. 로르샤흐 검사처럼 TAT도 그 반응을 채점하고 해석하는 다양한 방법이 있다. 정교한 양적 절차를 사용하여 TAT 반응을 채점함으로써 임상가가 수검자의 반응을 비교할 수 있는 반응규준을 만드는 데 도움이 되기도 했지만, 대부분은 공식적 채점 절차를 거의 사용하지 않고 수검자 이야기의 주제에 대한 기초적인 질적 분석을 선호한다(Henry, 1956). 그러나 일부는 예비적인 양적 분석 자료와 주관적 해석을 통합하여 사용한다(Bellack, 1986; Ronan, Colavito, & Hammontree, 1993).

벨락(Bellack, 1959, 1986)은 TAT를 해석하는 데 있어서 통각, 외현화, 정신결정론 개념을 도입하여 심층적 의미의 중요성을 강조했다. 개인의 지각과정은 자신의 내적 욕구에 의해 어느 정도 왜곡됨으로써 순수한 지각과정이기보다는 통각과정에 해당한다고 보았다. 그리고 전의식 수준에 있는 개인의 내적 욕구가 의식화되는 외현화 과정을 거쳐서 반응이 나온다고 보았다. 또한 외적 자극에 대한 반응으로 이야기되는 모든 것은 역동적 의미가 있다고 보았다.

TAT를 해석할 때는 어떤 방법을 사용할지 결정하고 그에 따라 이야기를 평가한 뒤 검사자는 특정 방법에 따른 범주화를 기초로 성격을 파악하고 추리해야 한다. 최종적인 추론이 정확한지 그리고 타당한지의 여부는 검사자의 기술이나 경험, 다른 검사 자료, 검사 당시 수검자의 상태 등 여러 가지 변인에 의존한다. 현재 가장 많이 사용되는 채점체계는 벨락(1993)이다. 벨락의 채점체계는 포괄적이고 채점이 용이하며, 내담자의 이야기를 여러 영역에서 평가할 수 있고 수량화할 수 있게 되어 있다.

글상자 8-2. **머레이의 TAT 해석방법: 요구-압력 분석법**

1. 주인공을 찾는다.
2. 환경자극의 압력을 분석한다.
   1) 인적 압력
   2) 기타 환경적 압력으로 주변 사물이 주인공에게 영향을 미치는가?
   3) 주인공의 조건으로서 주인공 자신에게 압력을 주는 내적 압력
3. 주인공의 욕구를 분석한다. 주인공의 욕구는 다음과 같은 상황에서 일어난다.
   1) 사물이나 상황에 대한 주인공의 활동에서 드러나는 욕구
   2) 다른 사람에 대한 주인공의 활동에서 드러나는 욕구
   3) 다른 사람에 의해 야기된 활동에 대한 주인공의 반응에서 드러나는 욕구

4. 주인공이 애착을 표현하고 있는 대상을 분석한다.
5. 주인공의 내적인 심리상태를 분석한다.
6. 주인공의 행동이 표현되는 방식을 분석한다.
7. 마지막으로 일의 결말을 분석한다.

출처: 박영숙(1994).

글상자 8-3. TAT 사례연구: 알코올 중독, 우울증 및 공포불안을 경험하는 여성

데비는 알코올 중독, 우울증 그리고 강렬한 죽음 불안을 겪고 있는 24세의 신체장애가 있는 백인 여성 환자이다. 그녀는 직업과 가정에서 너무 많은 의무로 인해 스트레스를 받는다는 느낌을 보고하였다. 그녀는 자신이 가족들을 모이게 하는 접착제 역할을 해왔고 가족의 기능과 행복에 대해 과하게 책임지고 있다고 느꼈다. 다음은 2번 카드(농촌배경으로 여성 2명과 남성 1명 등장)에 대한 데비의 반응이다.

데 비: 나는 이것을 전에 봤어요. 맞아요. 이 여자는 이 여자 딸인데 방금 학교에서 돌아왔고, 아버지와 임신한 어머니의 주위를 둘러보고 있고, 학교가 이 지겨운 곳에서 벗어나게 해줄 것인지 생각하고 있어요. 그녀는 어머니처럼 인생이 끝날까봐 걱정하고 있는 것으로 보여요. 그녀는 같은 함정에 빠져서 다시는 이런 초라한 상황에서 빠져나올 수 없을 거예요.

심리학자: 아버지는 어때요?

데 비: 그는 매우 지쳐있고, 그녀에게 등을 보이고 있어요. 그는 그녀가 거기 있는 것을 알아요. 하루가 저물어 가는데 아버지는 여전히 밭을 갈고 있어요. 그런데 그녀는 그러한 것에 관여하지도 않고, 그렇게 하고 싶어 하지도 않아요.

심리학자: 미래에는 어떻게 될까요?

데 비: 그녀는 낙담할 것이고, 그녀의 어머니나 아버지도 동일한 상황에 처하게 될 거에요.

TAT카드에 대한 데비의 반응은 부모의 결혼 문제에 대한 우려와 미래에 일어날 것 같은 걱정을 반영하는 것 같다. 그녀의 반응은 불가피하게 어머니의 전철을 따르게 될 거라고 느끼고 있다는 것을 보여준다.

출처: Plante(2011).

04 문장완성검사

문장완성검사의 형태는 매우 다양하다. 수검자에게 완성되지 않은 문장을 주고 빈 곳을 채워놓게 하는 것이 이 검사의 특징이다. 예를 들어 "우리 아버지는 ____________"이나 "내가 두려워하는 것은 ____________" 과 같은 방식으로 문장을 제시한다. 수검자는 각 문항을 보고 즉시 떠오르는 대로 문장을 완성하도록 지시받는다. 문장완성검사도 표준화된 채점방법을 개발하려는 노력이 있었고 개발되기도 하였다. 그러나 임상장면에서 이러한 채점방법을 사용하는 경우는 드물다.

현재와 같은 방식의 문장완성검사를 처음 사용한 것은 페인(Payne, 1938)이며, 이후 텐들러(Tendler, 1930)는 정서 반응을 평가하기 위해, 캐머런(Cameron, 1938)은 언어와 사고의 형식적 측면을 탐색하기 위해 이 검사를 사용하기도 했다. 이후 2차 세계대전이 시작되면서 병사를 선발해야 하는 실제적인 목적을 가지고 대규모의 인원에게 실시하여 효율적으로 부적합자를 걸러내기 위한 목적으로 실시되었는데, 이때는 일 대 일의 직접적인 면담을 대신하는 도구로 사용되었다. 세계대전 이후 이 검사는 심리검사의 한 배터리로서 포함되기 시작하였고, 연구의 목적을 위해서 각 연구자마다 그 목적에 걸맞은 다양한 문장완성검사를 제작하여 사용하기도 했다.

문장완성검사 중 가장 널리 사용되고 잘 알려진 것은 로터(Rotter, 1954)의 검사이다. 그는 40개의 문장을 구성했으며 일반적인 적응-부적응 지표를 제공하기 위해 완성된 각 문장은 7점 척도로 채점된다. 로터의 문장완성검사는 융통성이 있고, 다양한 변인에 대한 채점 기법이 개발되었으며, 아동과 청소년을 위한 유사한 판의 문장완성검사도 개발되었다.

로터의 문장완성검사는 몇 가지 이점을 가지고 있다. 검사요강에 광범위한 채점 예가 제공되고 있어서 채점이 객관적이고 신뢰할 수 있다. 또한 쉽고 경제적으로 사용할 수 있으며, 선발을 위한 좋은 도구가 될 수 있다. 객관적으로 채점되기는 하지만 반응은 자유롭게 할 수 있다. 따라서 로터의 검사는 객관성-투사 차원의 양극단 사이에 위치한다. 이 검사는 로르샤흐 검사 채점에서 요구되는 심도 있는 훈련이 필요하지 않다.

일반적으로 문장완성검사는 피검사자가 자유롭게 문장의 빈 곳을 채울 수 있고 검사의 목적이 무엇인지 분명하게 알지 못하기 때문에 좀 더 솔직한 표현을 할 수 있다는 장점이 있다. 또한 검사결과를 해석할 때 특별한 훈련이 필요하지 않다는 것과 집단으로 실시할 수 있다는 것, 그리고 문장을 완성하는 도중에 언제든지 수정이 가능하다는 것을 장점으로 들 수 있다. 그러나 문장완성검사 역시 투사검사가 가지고 있는 한계를 그대로 가지고 있어서 심리측정의 기본 특징인 신뢰도나 타당도를 입증할 수 없다는 문제가 있다. 또한 기본적인 언어능력이 있는 사람에게만 실시할 수 있고 검사가 측정하려는 것을 완전히 감추기는 어렵다는 단점을 가지고 있다.

문장완성검사는 개인의 소망과 욕구들, 인물에 대한 갈등과 원인, 감정, 상황에 대한 특징적인 행동방식을 성격이론에 기초하여 분석한다. 초등학생 이상 사용 가능한 청소년용과 성인용이 있으며 인물을 향한 태도와 소망들, 부정적 감정의 원인, 상황에서의 특징적인 반응 경향들, 감정 수준 등을 알 수 있다. 자기보고식으로 진행되며 상담 장면에서 활용도가 매우 높다.

05 투사적 그림검사

심리평가 장면에서 수검자의 심리적 기능을 평가하기 위해 아동이나 성인에게 그림을 그리도록 한다. 대표적 투사적 그림검사는 백지에 사람을 그리도록 하고 인물의 특징을 분석하여 성격적 특징을 평가하는 인물화 검사(Draw-A-Person: DAP; Machover, 1949)이다. 인물화 검사를 처음 시도한 구드너프(Goodnough, 1929)는 아동화를 통해 그림을 그린 아동의 지능발달 수준을 평가하기 시작하였는데 주로 세부 묘사를 얼마나 많이 하였는가를 측정치로 삼았다. 매커버는 처음에는 아동의 지능평가 수단으로 인물화검사를 사용하다가 투사적 성격검사로서의 가치를 인정하고 이러한 방향으로 인물화검사를 발전시켰다.

이후 러바이(Levy, 1959)는 인물화 검사에 두 가지 기본 전제를 제시했다. 첫째, 피검사자가 그림을 그리는 동안의 행동 특징을 관찰하는 것이 주요한 정보의 원천이 된다. 둘째, 인물화검사는 자아개념의 투사뿐 아니라 환경에 있는 주요 대상에 대한 피검사자의 태도의 투사, 이상적 자아 이미지의 투사, 외적 환경의 결과, 개인의 습관의 표현, 정서적 상태의 표현, 검사자와 검사 상황에 대한 수검자의 태도의 반영, 인생과 사회에 대한 피검사자의 태도의 반영이 일어난다.

이와 유사하게 많이 사용되는 투사적 그림검사는 백지에 집, 나무, 사람을 각각 제한시간 없이 자유롭게 그리도록 하고, 그림을 분석하여 성격적 특징을 평가하는 집-나무-사람 검사(House-Tree-Person: HTP; Buck, 1948)가 있다. HTP는 개인의 정서적 적응 및 병리양상에 대한 대략적 혹은 참고적인 평가를 위해 사용되며, 지능 및 두뇌의 기질적 손상여부를 파악하기 위해 사용되기도 한다. 또한 가족 전체가 어떤 일을 하는 장면을 그리게 하여 가족구성원간의 관계를 평가하는 동적 가족화 검사(Kinetic Family Test: KFT; Hulse, 1951; Burns & Kaufman, 1970, 1972)도 있다.

내담자의 그림은 성격의 다양한 측면에 대한 임상가 추론의 기초가 되며, 또한 면담에서 논의할 내용의 기초를 제공한다. 이러한 추론은 그림의 위치, 대칭성, 조직화, 크기 및 그 밖의 특징과 함께 각 신체 부위의 포함 여부 및 신체 부위의 특징이 내담자의 자아상, 갈등, 세상에 대한 지각 등을 암시하고 있다는 투사적 가정에 의해서 이루어진다(Machover, 1949).

투사적 그림검사의 신뢰도와 타당도는 좋은 평가를 받지 못하고 있다. 객관적 채점절차를 마련하기 위한 다양한 노력이 있었음에도 불구하고 임상가에게 과학적 평가로 사용하기에는 어려운 점이 많다. 따라서 검사를 해석할 때에는 과잉 해석의 가능성을 피해야 한다. 그러나 이들 검사는 아동이나 자신의 감정을 언어로 표현하는 데 어려움을 가진 사람과 라포를 형성하는 데 있어서는 유용한 방법으로 알려져 있다.

투사적 그림검사가 심리측정적인 문제가 있지만 폭넓게 사용되는 이유는 짧은 시간 내에 간편하게 실시할 수 있고 언어적, 문화적 제약이 적다는 이점이 있기 때문이다. 또한 개인의 의식적인 방어가 덜 개입되며, 수검자가 인식하지 못하는 내면세계를 반영한다. 검사결과에 대해 복잡한 채점 절차를 거치지 않고 그림만으로 직접 해석이 가능하다는 것도 큰 장점이다. 그러나 양손의 운동 기능이 없는 등의 신체적 제약이 있는 사람들에게는 실시가 불가능하다. 효과적으로 그림검사를 사용하기 위해서는 검사에서 나타나는 한두 가지 징후나 함축적 의미에 초점을 맞춰 지나친 추론이나 해석하는 것을 삼가고 다른 심리검사결과, 수검자의 개인력, 면담, 평가 상황에서 관찰된 행동 등을 종합적으로 고려하여 해석해야 한다. 인물화 검사에서 그림을 그린 후 질문을 통해 수검자의 그림에 대한 투사 내용을 분석할 수 있다. 주로 사용되는 질문이 글상자 8-4에 있고, 그림에 대한 대표적 해석이 글상자 8-5에 있다.

글상자 8-4. 인물화 검사(DAP)에서 그림에 대한 대표적 질문

인물의 성
나이
지금 무엇을 하고 있는가?
직업
현재 어떤 기분인가?
인물의 성격
인물의 장점
인물의 단점
장래의 계획
고민이나 스트레스
그림을 보고 누가 생각나는가? 혹은 누구를 생각하면서 그렸는가?

글상자 8-5. 인물화 검사(DAP)의 대표적 해석

그림의 순서

러바이에 의하면 5,000명의 피검사자 가운데 87%가 피검사자와 동일한 성을 가진 인물을 먼저 그렸다. 동성애자로 밝혀진 피검사자 16명 중 13명이 자신의 성과 다른 이성의 인물을 먼저 그렸다. 그들은 성 정체감 장애나 성 장애가 있는 경우를 포함한다.

그림의 비교

- 남성과 여성의 그림을 비교함으로써 피검사자의 심리성적 태도가 드러난다. 즉, 남성과 여성의 성역할에 대한 피검사자의 태도가 표현된다(가족관계의 반영일 수 있다).
- 예로 여성 피검사자의 남성의 그림은 크고 당당하고 활기 있는 반면 여성의 그림은 매우 작고 다소곳하고 억압적인 모습일 때 여성 성역할의 인식은 수동적이고 의존적이다.

크기

- 종이의 크기에 비례한 인물의 크기는 피검사자와 환경의 역동적 관계, 즉, 환경과 관계를 맺는 방식, 환경 요구에 대응하는 방식을 시사한다.

- 인물의 크기가 작다면(보통 16절지의 2/3 정도의 그림이 평균 크기) 자신을 열등하고 부적절하다고 느끼며 환경 요구에 대해 이러한 태도로 대응할 가능성이 높다.
- 크다면 환경 요구에 대해 자신감 있게 또는 공격적으로 대응하는 경향이 있다.
- 그림의 크기와 함께 그림이 전달하는 분위기도 중요하다. 그림의 크기는 크지만 매우 허약하고 불안정한 느낌을 전달하고 있다면 피검사자의 실제 느낌은 무기력감일 가능성 고려해야 한다.
- 그림이 다른 인물이나 이상적 자아상을 투사했을 경우 해석이 달라질 수 있다.

그림의 위치
- 중앙 위편: 자아에 대한 부적합 감정, 긴장감
- 왼편: 자의식이 강하거나 내향적인 경향
- 중앙 아래편: 안정된 평온 상태, 우울하고 좌절감을 느끼는 경우
- 중앙: 자율적, 적응적이고 자기중심적 경향
- 오른편: 저항, 적개심
- 그림의 위치만으로 해석이 가능한 것이 아니고 전체적 해석내용과 연관 지을 필요가 있다.

인물의 움직임
- 억압적이고 위축된 그림: 심각한 내적 갈등에 대해 융통성 없는 강한 억압이 사용
- 앉아있거나 누워있는 인물: 낮은 에너지, 충동성의 결여, 정서적 고갈 상태.
- 움직임 없는 기계적 모습: 정신병적 상태 의심.
- 로봇이나 생명이 없는 인형: 비활동성

왜곡과 생략
- 큰 머리나 얼굴: 공격적이거나 지적 기대수준이 높음, 이 부분의 신체증상이나 고통
- 희미한 머리, 얼굴: 자의식이 강하고 수줍음.
- 머리를 나중에 그림: 심각한 대인관계 장애 가능성
- 다른 부분은 희미하고 머리와 얼굴만 강조했을 경우: 보상으로 공상에 몰두, 신체기능에 대한 열등감
- 머리카락 강조: 자아도취적, 동성애적 경향
- 얼굴의 수염: 남성다움의 부족감을 느끼며 지나치게 성적 활력을 추구함.
- 입: 직선은 언어적 공격성, 벌려지거나 타원형은 구강적 성욕이 강하고 의존적, 남자 피검자

의 경우 입술이 감각적일 경우 여성적이거나 동성애적, 이가 보이는 경우 구강적 공격성과 구강적 가학성향을 암시.

- 눈: 의사소통의 수단 눈동자나 묘사가 생략되었을 때는 현실적 의사소통이나 현실접촉의 상실, 거부를 암시하며 정신분열증 또는 심한 자기중심적 자아도취, 남자 피검사자가 큰 눈과 눈썹을 그릴 경우 동성애 암시, 눈이 크고 응시하고 강하면 망상적 경향성을 나타냄.
- 코: 남성성기의 상징으로 해석. 코가 지나치게 크고 강조되면 성적 열등감과 무력감 암시. 피검자사와 동일시되는 인물의 코가 굽어 있고, 넓고, 평평하다면 배척감과 자기 모멸감.
- 턱: 힘과 주도권의 상징으로서 턱이 크게 강조되면 강한 충동성과 공격성의 표현, 혹은 허약감이나 무기력감에 대한 보상적 공격성을 드러냄.
- 귀: 귀가 크거나 강조된다면 이 부분의 신체적 장애, 환청 등을 의심.
- 목: 긴 목은 본능적 욕구 조정에 어려움을 암시, 가는 목은 열등감 반영
- 팔과 손: 이는 무엇인가를 잡고 조정하는 신체기관으로 손이 감추어져 있다면 손으로 조작하는 행위에 대한 죄의식이나 주도하는 행위에 대한 어려움을 시사한다. 손에 음영이 그려져 있다면 이와 연관된 불안 암시. 팔이 몸 밖으로 크게 벌려져 있다면 외부로 향하는 공격성을 암시. 손가락, 손톱, 관절 등이 그려져 있다면 강박성이나 신체지각장애를 암시. 주먹 쥔 손은 억제된 공격성을 암시함.
- 발과 다리: 여기에 관심이 집중되거나 다른 부분보다 먼저 그린다면 좌절감이나 우울감을 암시. 남자가 보통보다 엉덩이가 강조되거나 크게 그린다면 동성애 의심.
- 내장: 정신분열증, 조증
- 나체이거나 성적 부분이 노출: 사회에 대한 반항, 의식적으로 자각된 성적 갈등을 반영.
- 의복이 화려: 사회적 자아상에 대한 자기도취, 자기중심적, 유아적인 성향.
- 단추: 유아적, 의존적, 열등감을 느끼는 심리적 상태 반영, 중앙의 단추는 건강염려증, 소매 끝 같은 눈에 잘 띄지 않는 위치의 단추는 강박증 암시.
- 주머니: 가슴에 그려진 경우 의존적, 유아적인 개인의 애정박탈과 구강적 애정욕구 시사.
- 넥타이: 남성성기의 상징으로 해석, 지나치게 묘사되거나 강조되면 여성적 경향성, 동성애 암시, 왜소한 넥타이는 열등한 신체상 반영
- 귀걸이: 자기 과시적, 자기 노출적 성적 취향
- 파이프 담배: 성적 활력의 상징으로 해석

선의 성질

- 선의 압력: 피검자의 에너지 수준을 반영. 의욕적이고 욕구가 강하면 강한 선, 낮은 에너지 수준을 가진 사람은 약하고 희미한 선, 불안정하고 충동적인 개인은 변동적인 경향.
- 선의 방향: 수평적인 선은 무력감, 여성적 취향, 공상 도피와 연관, 강한 수직선은 주도권, 활동성, 강한 자기주장, 남성적 취향과 연관. 선이 주저함 없이 그려졌다면 안정성, 지구력, 지속성을 암시하며, 주저함이 많고 선의 방향이 바뀌는 경향은 지속성의 결여를 암시함. 짧은 스케치 선은 불안감, 불확신감, 자유롭고 리듬감 있는 선은 자유로움 암시. 억압적인 선은 긴장하고 위축되어 있고 억압되어 있음. 인물 외곽선이 명료하고 강한 선은 외적 압력으로부터 자신을 보호하고자 하는 피검사자의 욕구를 암시. 음영은 불안을 암시.
- 땅이나 울타리 같은 보조물: 지지에 대한 욕구

출처: 박영숙(1994).

06 투사검사의 양면성

왜 확실치 않은 심리검사가 많은 임상심리학자에게 인기가 있을까? 수십 년간 투사검사는 임상심리학자들이 가장 흔히 사용하는 측정도구이고, 대학원 프로그램에서 가장 공통적으로 가르쳐 왔다. 분명히 많은 전문가들이 이러한 검사는 환자의 심리사회적 기능을 평가하는 데 유용하다고 믿는다. 그러나 앞서 보았듯이 투사검사에 대한 연구지지는 기껏해야 엇갈리고 있고, 때로는 존재조차 하지 않는다. 따라서 불가피하게 발생하는 질문은 "왜 이러한 검사가 임상가에게 비교적 인기가 있을까?"이다.

이러한 의문에 대해 한 연구(Lilienfeld, Wood, & Grab, 2006)는 투사검사(그리고 연구지지가 약하거나 없는 다른 검사들)를 계속해서 사용하는 것의 원인으로 다섯 가지 주요 요인을 제안했다. 이들은 의사결정과정에 대한 연구를 포함한 많은 자료를 이용하였다. 첫 번째 요인은 임상적 전통이다. 많은 심리학자들이 이러한 측정을 사용하는 것을 훈련받아 왔고, 놀랍지도 않게 박사과정을 졸업한 이후에도 그것을 계속 사용했다. 대학원이나 임상심리학자 수련 프로그램에서 투사검사 훈련을 제공할 때 이러한 도구의 과학적 약점은 무시되거나 경시되고 "진짜" 임상적 실제와 무관하게 가르쳐질 가능성이 높다. 따라서 이러한 도구를 사용하는 많은 심리학자들은 이러한 검사들이 얼마나 문제가 있는지 충분히 인식하지 못할 수 있다.

또한 연구자들은 두 가지 형태의 의사결정 오류인 착각상관과 바넘 효과(Barnum effect)를 제시했는데 이들 또한 투사검사를 지속적으로 사용하게 하는 역할을 한다는 것이다. 두 번째 요인인 착각상관은 변인들 간에 실제보다 더 강한 통계적 관련성이 있다는 믿음을 갖는 현상이다. 예를 들어 투사적 그림검사에서 지나치게 큰 눈을 가진 사람을 그린 환자들은 종종 매우 의심이 많다고 간주되는데 이런 관련성을 지지하는 연구가 거의 없다. 심리학자가 두 변인 간의 공변량 가설의 타당성을 찾는 적절한 방법은 가설의 정확성을 평가해 주는 연구문헌을 찾는 것이다. 19세기 서커스 사업가의 이름에서 따온 바넘 효과는 세 번째 요인인데 한 개인에 대한 속성의 무언가를 대부분 사람들에게 적용될 수 있는 일반적 진술에서 찾는 현상이다. 예를 들어 "어떤 결정을 하기가 어렵다고 느낀 적이 여러 번 있다"라는 진술은 대부분의 사람에게 적용될 것이다. 개인에 대한 그러한 진술은 자기보고식 측정이나 면접보다 로르샤흐로 검사했을 때 훨씬 더 그 사람의 특성이 정확하게 반영된 것으로 평가하는 경향이 있다는 것이다. 임상 맥락에서 이러한 경향으로 인해 환자에 대한 유용한 정보는 투사검사에서만 가능하다는 임상가의 믿음을 강화할 수도 있다.

정신병리의 과잉지각은 우리가 반복적으로 논의하고 있는데, 투사검사의 인기에 기여하는 것으로 보이는 네 번째 요인이다. 임상심리학자는 대부분 상당한 문제를 가진 사람들과 함께 한다. 따라서 대부분의 평가과제에서 문제 찾기를 기대하면서 평가 과정에 들어간다. 예를 들어, 로르샤흐 검사가 많은 사람들이 심리적 문제를 가지고 있는 것으로 분류하는 경향이 있다면, 이것은 임상가의 전형적인 기대와 일치하는 "증거"가 될 수 있다. 이러한 결과는 임상가가 로르샤흐의 정확성에 의문을 갖기 보다는 로르샤흐의 가치에 대한 믿음을 훨씬 더 강화시킬 가능성이 있다.

투사검사의 인기에 기여하는 마지막 다섯 번째 요인은 그들이 연금술사의 판타지라고 부르는 어떤 것이다. 연금술은 올바른 과정과 재료, 기본 금속들만 있으면 금으로 바뀔 수 있다는 믿음에 근거한다. 투사검사를 사용하는 사람들은 비슷한 믿음을 가진다. 즉, 투사검사의 타당성에 대한 연구증거가 부족함에도 불구하고, 임상가가 투사검사 자료가 있으면 이를 임상적 '금'으로 바꿀 수 있는 어떤 특별한 것이 있다고 믿는 것이다(Hunsley & Lee, 2010).

9장 신경심리검사

1. 신경심리검사 소개
2. 뇌와 행동의 관계
3. 신경심리학적 평가
4. 다양한 신경심리검사들

9장

신경심리검사

01 신경심리검사 소개

어떤 원인에 의해서건 뇌가 손상되면 언어 및 인지, 사고, 행동, 정서 등 인간의 기능 중 한 영역 또는 전 영역에서 이전과 다른 양상이 나타날 수 있다. 인간의 뇌를 직접 개봉하여 관찰한다고 하여 뇌의 특정 영역에서 손상을 쉽게 확인할 수는 없다. 아직까지 뇌의 기능을 정확하게 볼 수 있는 도구들의 수준이 그만큼 발전되어 있지 않기 때문이다. 그러나 뇌의 영역과 기능 간 관련성에 대한 연구들은 뇌에 대한 우리의 지식을 꾸준히 증가시켜 왔으며 뇌와 관련된 연구들은 과거보다 지금 더 활발하게 이루어지고 있다.

신경심리검사(neuropsychological test)는 행동이나 인지, 언어, 사고 등의 외현적 행동에 대한 평가를 통해서 뇌의 손상과 기능장애를 평가하는 검사(Howieson & Lezak, 1992)를 가리킨다. 그러므로 신경심리검사를 사용하기 위해서는 신경학, 신경행동학, 지각심리학, 인지심리학 등의 지식과 함께 이상심리학, 심리측정학, 심리통계학 등의 다양한 지식들이 필요하다. 신경심리검사를 사용하는 신경심리학자 또는 임상심리가는 수검자의 행동을 검사하여 이들에게 남아 있는 기능과 사라지거나 또는 감소한 기능에 대해 판단하며 예후를 제시한다. 또한 이들에게 맞는 중재프로그램을 제안하거나 적절한 치료를 위해 수검자를 의뢰하는 역할도 할 수 있다. 신경심리검사는 심리검사 영역에서도 매우 전문화된 영역으로 신경심리학자가 되려면 심리학과 함께 의학을 공부하는 것이 좋을 듯하다.

뇌의 기능을 직접적으로 관찰할 수 있는 장비의 개선과 개발로 신경심리검사의 사용이 감소될 것으로 예상할 수도 있다. 그러나 이상행동이나 학습의 어려움 등의 원인이 기질적이라는 것을 확인하기 위해 뇌의 활동을 기록하고 뇌를 촬영하는 것은 수집한 정보에 비해 지불해야 하는 대가가 더 클 가능성이 높다. 즉, 비효율적일 수 있다. 그리고 어떤 증상의 초기에는 뇌의 구조와 기능에서 변화가 잘 감지되지 않는 경우도 있다. 비유를 하자면, 어떤 사람이 대한민국과 북한의 도시인구밀도를 확인하기 위해 새벽 2시경에 찍힌 위성사진을 판독한다고 하자. 이 사진을 본 사람은 아마도 북한에 사람들이 거의 살고 있지 않다는 결론을 내릴 가능성이 높다[1]. 마찬가지로 단 한 번의 뇌 활동 측정만으로 뇌 기능을 정확하게 파악하는 것은 무리가 있다. 그러므로 신경심리검사를 사용해 행동의 이상으로 뇌손상의 정도를 가늠하는 것은 효율적 측면이나 그 타당도 면에서 여전히 우수하다. 안경흡, 김명선, 김연수, 박은희 외(2000)에 의하면, 신경심리검사는 임상적으로 중요한 정보인 환자기능을 직접적으로 평가하고 기능적 단위 이상의 정보를 제공하기 때문에 뇌 영상을 통해 얻는 정보보다 더 유용하다.

끝으로, 신경심리검사를 실시하는 목적을 간단히 제시하겠다. 골든 및 모제스, 아리엘(Golden, Moses, & Ariel, 1982)에 의하면, 그 목적은 일곱 가지로 나눌 수 있다. 첫째, 뇌손상의 유무와 그 유형의 파악. 둘째, 사고 후의 법적 문제나 보상에 대한 대비 또는 효과적인 중재(intervention) 유형 및 재활프로그램의 탐

1) 이 이야기는 지인에게서 들은 내용이다.

색. 셋째, 수술이나 재활 효과의 측정. 넷째, 여러 뇌손상에 대한 학술적 연구. 다섯째, 두뇌와 행동의 관계에 대한 가설 검증. 여섯째, 아동의 학교문제나 발달 지연의 측정. 마지막으로 뇌질환과 기능성 장애의 구별 등이다.

02 뇌와 행동의 관계

뇌 기능과 행동 간 관련성을 확인한 몇 가지 연구결과들을 소개하고자 한다. 먼저 뇌의 해부학적 구조와 기능들을 간략하게 소개하겠다.

1) 뇌의 구조와 기능

인간의 뇌는 대뇌와 소뇌로 구분된다. 동물의 세포 중 정보전달을 하는 세포의 대표적 세포를 뉴런(neuron)이라 하는데 대뇌보다 소뇌에 뉴런이 더 많다. 대뇌는 후뇌(hindbrain), 중뇌(midbrain), 전뇌(forebrain) 등 세 부분으로 구분된다. 각 뇌의 주요구조물은 〈표 9-1〉에 제시하였다. 그리고 뇌는 좌반구와 우반구로 분리되어 있으며 두 반구는 뇌량이라는 다리기능을 하는 구조물을 통해 서로 정보를 주고받는다.

〈표 9-1〉 뇌의 구조

영역	주요 구조물
전뇌	시상, 시상하부, 해마, 기저핵, 대뇌피질(전두엽, 두정엽, 측두엽, 후두엽)
중뇌	흑색질, 덮개, 하소구, 상소구, 피개
후뇌	연수, 뇌간, 교

뇌에 대해 일반적 사실을 몇 가지 소개하면, 뇌 크기에서 성차가 있으나 뉴런 개수는 동등하다(Allen, Demasio, Grabowski, Bruss, & Zhang, 2003). 청소년의 충동 조절의 어려움은 전두엽의 발달이 상대적으로 늦게까지 계속되는 것과 관련이 있으며(Michael & Andersen, 2009) 나이를 먹을수록 인지능력에서의 저하는 뉴런의 시냅스 변화속도가 더 느려지고(Gan, Kwan, Feng, Sanes, & Lichtman, 2003) 뇌의 여러 구조에서 변화가 발생하는 것과 관련이 있다(Erickson, Prakash, Voss, Chaddock, et al., 2010; Fjell, Westlye, Amlien, Espeseth, et al., 2009). 측두엽에서 피질의 두께는 1년에 평균 0.5%씩 감소하고(Fjell, Westlye, Amlren, et al., 2009) 해마부피도 감소한다(Erickson et al., 2010).

우반구와 좌반구의 구조와 기능은 조금 다르다. 우반구는 다른 사람의 정서를 인식하는 데 더 뛰어나고(Levy, Heller, Banich, & Burton, 1983; Narumoto, Oka-da, Sadato, Fukui, & Yonekura, 2001) 시각적 자극의 세세한 부분보다 전체 형태에 더 많은 초점을 둔다(Fink, Markowitsch, Reinkemeier, Bruckbauer, Kessler, & Heiss, 1996; Ornstein, 1997). 좌반구는 언어능력이 우세하며 시각적 자극의 세부적 사항에 더 많은 초점을 둔다. 그리고 좌반구의 전두엽 활동이 더 많은 사람은 더 행복하고 외향적이며 재미를 추구하는 경향이 있고, 우반구 전두엽 활동이 더 많은 사람은 사회적으로 소극적이며 삶에 대해 덜 만족하고 불쾌한 정서를 더 많이 경험하는 것으로 나타났다(Knyazev, Slovodskaya, & Wilson, 2002; Shackman, McMenamin, Maxwell, Greiscar, & Davidson, 2009).

일반적으로 오른손잡이의 대부분은 측두피질 일부인 측두평면(planum temporale)의 크기가 우반구에서보다 좌반구에서 훨씬 더 크다(Geschwind & Levitsky, 1968). 오른손잡이의 대부분에서 좌반구가 우반구에 비해 언어우세성을 보였다(McKeever, Seitz, Krutsch, & Van Eys, 1995). 그러나 왼손잡이의 언어우세형 반구는 좌반구가 우세한 사람, 우반구가 우세한 사람, 좌우반구 혼합형인 사람 등으로 다양하다(Basso & Rusocni, 1998). 우세손에 근거해 각 반구에서 담당하는 핵심 기능은 다를 수 있지만 각 반구가 독립적으로 기능을 하는 경우는 매우 단순한 과제에 국한된다. 삶에 필요한 대부분의 과제 또는 상황에서 두 반구는 정보를 주고받아야 제대로 된 결과를 산출해낸다.

03 신경심리학적 평가

다음에 제시된 질문들 중 뇌 기능장애 및 손상과 관련이 없는 증상이 있는지를 살펴보자.

언어 영역:	'말을 하는 데 있어 어려움이 있는가?' '말을 하는 것은 문제가 없는데 타인의 말을 이해하지 못하는가?'
행동 영역:	'행동이 예전과 다른가?' '늘 다니는 장소임에도 길을 찾지 못하는가?' '성인임에도 손에 잡히는 모든 것을 입으로 가져가는가?' '수면에서 변화가 일어났는가?' '시력을 모두 상실한 환자인데 장애물은 피해 가는가?'
심리적 영역:	'예전에 비해 화를 더 잘 내는가?' '갑자기 두려움과 무서움 등의 감정을 전혀 나타내지 않는가?' '자신의 행동을 잘 기억하지 못하는가?' '사물을 인식하는 데 문제가 없으나 사람얼굴만 못 알아보는가?'

위의 질문들은 모두 뇌 기능의 이상으로 발생하는 증상들을 다루고 있다. 일반적으로 의사들이 신경심리검사를 권하는 경우는 분명한 또는 예상되는 인지기능의 장애를 가진 환자의 임상적 분류와 등급을 정하기 위해서다. 이 환자들

은 주로 뇌손상, 뇌종양, 발달적 지표에 도달 못 함, 학습이나 주의력 결핍, 복합 발작, 간질, 발작 장애, 뇌진탕, 심리적 장애, 뇌에 영향을 줄 수 있는 약의 장기복용, 뇌에 영향을 미칠 수 있는 환경 등에 장기간 노출 등의 이력이 있는 경우이다.

1) 신경심리평가 영역

(1) 지적 기능 및 기억

뇌손상이나 기능장애로 발생하는 지적 능력의 저하는 가장 흔한 현상으로 볼 수 있다. 지적 능력과 관련된 뇌 영역들과 그 기능들을 간략하게 소개하겠다. 대부분 뇌손상은 외상, 저산소증, 폐쇄성 뇌손상, 알츠하이머병의 초기, 코르사코프 증후군 등으로 발생한다.

일반적으로 뇌손상을 입은 환자들은 과거정보의 인출보다는 새로운 정보의 습득에서 어려움을 더 많이 보이는 편이다. 이는 아마도 작업기억에서의 문제와 관련이 있을 것이다. 작업기억력의 저하는 노화 또는 뇌 손상을 직접적으로 확인할 수 있는 지표 중 하나며 전두엽의 손상이나 기능저하가 원인이다. 이 능력의 손상은 한 번에 처리할 수 있는 정보의 용량이 줄어들면서 동시에 다양한 유형의 정보를 처리할 수 없게 된다.

학습에 필요한 영역으로 소뇌, 해마, 기저핵 등이 있다. 소뇌의 외측중간핵(lateral interpositrus media)은 고전적 조건형성의 절차와 같은 학습에 중요한 영역으로 습관형성에서 중요하다(Gerwig, Niehaus, Kastrup, Stude, & Diener, 2005). 해마와 안쪽 측두엽 손상을 입은 H. M.으로 알려진 사람은 심각한 진행성 기억상실증(anterograde amnesia)과 약간의 역행성 기억상실증(retrograde amnesia)을 겪었으나(Bayley, Hopkins, & Squire, 2006) 작업기억은 손상되지 않았다(Corkin, 2002; Shrager, Levy, Hopkins, & Squire, 2008). 즉, H. M.은 일화기억에 심각한 손상을 보였으나 절차적 기억은 온전하였다. H. M.과 유사한 뇌 영역을 손상당한 다른 환자들도 동일한 기억 및 학습에서의 문제를 보였다.

암묵적 또는 습관 학습에서 해마와 기저핵은 중요한 역할을 한다. 해마가 손상된 환자는 일련의 과제들에 숨어 있는 규칙을 인식하지 못하지만 서서히 수행능력의 향상을 보인다(Bayley, Frascino, & Squire, 2005; Shohamy, Myers, Kalanitthi, & Gluck, 2008). 그러나 기저핵이 손상된 환자는 어떤 과제의 첫 수행에서는 뇌손상이 없는 사람들과 비슷한 수준의 수행을 보이지만 과제들을 거듭해도 수행에서 향상을 보이지 않는다(Moody, Chang, Vanek, & Knowlton, 2010). 즉, 해마는 서술적 기억에 중요하고 기저핵은 절차적 기억에 중요하다.

코르사코프 증후군 또는 베르니케-코르사코프 증후군

장기간의 티아민 결핍으로 전전두엽으로 입력을 보내는 배내측 시상(dorso-medial thalamus)의 뉴런들이 죽어가는 질환이다. 코르사코프 증후군을 가진 환자는 무감동과 혼란, 심각하게 손상된 일화기억 및 진행성 기억상실증, 멀쩡한 암묵기억 등을 보여 해마손상을 입은 사람의 증상과 비슷한 증상을 보인다. 또한 독특한 작화증(confabulation)을 나타낸다. 이들이 보이는 작화증은 의미기억에 대해서는 발생하지 않고 일화기억에 대해서만 나타난다(Borsutzky, Fujiwara, Brand, & Moarkowitsch, 2008; Schnider, 2003).

기억과 관련된 내용을 더 살펴보겠다. 두정엽이 손상된 환자는 얼핏 보면 일화기억과 언어능력, 모두에서 손상이 발생한 것처럼 보인다. 그러나 이들은 기억의 한 부분을 다른 부분과 자발적으로 연합시키는 과정에서 손상이 발생한 것이다. 이들에게 과거의 어떤 사건에 대해 설명을 부탁하면 제대로 기억해내지 못하고 설명도 못한다. 그러나 이들에게 이 사건에 대해 구체적 질문을 하면 뇌가 손상당하지 않은 사람이 하는 정도에서 자세하게 설명을 한다. 이들은 두정엽의 손상으로 인해 자발적으로 기억의 조각을 서로 관련시켜서 정교하게 말하는 능력에서 문제가 발생한 것이다(Berryhill, Phuong, Picasso, Cabeza, & Olson, 2007).

측두엽의 앞부분과 아랫부분이 손상된 환자는 의미성 치매(semantic amnesia)

증상을 나타낸다. 이들은 일반 과일이나 채소의 대표적 색깔이나 동물의 모습을 기억하지 못한다. 한 쪽 측두엽이 손상된 경우는 거의 일반인과 비슷한 수준의 의미기억력을 보이고 양쪽 측두엽이 모두 손상되어야 심각한 의미기억에서 손상이 발생한다(Raoph, Cipoloti, Manes, & Patterson 2010).

알츠하이머병

알츠하이머병은 경미한 건망증, 새로운 정보습득 곤란 등에서 시작하여 집행기능의 문제, 의미기억 손상, 무감동(apathy), 우울증상, 다급함(irritability), 자신의 문제에 대한 인식감소, 환각, 망상, 불면, 일상적 생활과제 수행 못함(예: 밥을 스스로 못 챙겨먹음) 등으로 점차 악화된다. 기억상실은 절차적 기억보다 서술적 기억에서 더 크다. 알츠하이머병 환자의 기억과 각성의 변화가 병이 진행되는 과정에서 매우 크게 나타나는데 이런 양상은 알츠하이머병이 뉴런들의 파괴 때문이 아니라 뉴런의 기능이상으로 인한 것으로 볼 수 있다(Palop, Chin, & Mucke, 2006). 다운증후군을 가진 사람들이 중년기까지 생존한다면 알츠하이머병에 걸리고(Lott, 1982) 헌팅턴병[2]으로 고생하는 사람은 일반적으로 기억과 추론능력에서의 기능저하를 운동장애보다 먼저 겪는다(Robins, Wahlin, Lundin, & Dear, 2007).

인지/지적 능력평가

웩슬러 지능검사의 4차 개정판은 특히 지능에서 뇌손상과 기능장애에 민감하도록 검사문항들이 수정되었다. 뇌손상으로 인한 지능의 저하는 주로 유동성 지능을 반영하는 검사에서 수행의 어려움으로 나타난다. 이는 웩슬러 지능검사의 작업기억지수(WMI)와 처리속도지수(PSI)를 구성하는 소검사들에서 수행의 어려움을 드러낼 수 있다. 지적 능력에서 손상을 평가하는 경우는 지능검사결과(전체지능지수보다는 지수들 간 차이, 소검사 점수들의 분포 등을 고려함)와 함께 병전

2) 초기단계에서 조현병으로 진단되는 경우도 있다고 한다(Kalat, 2014).

(病前) 지능지수, 학업성적, 직업성취도, 현재 관찰결과, 신경심리학 검사결과 등을 함께 고려해야 한다. 다양한 기억장애를 측정하도록 고안된 웩슬러 기억 척도(Wechsler Memory Scale IV: WMS-IV)는 청각기억, 시각기억, 시각작업 기억, 즉각 기억, 지연 기억 등의 다섯 개 지표지수를 제공하여 기억장애를 구분할 수 있는 신경심리검사다.

(2) 주의력/집중력

주의력과 집중력에서 어려움은 외상과 폐쇄성 손상, 정신과적 약물이나 검사 상황에 대한 불안 및 긴장 등 여러 요인들에 의해 발생할 수 있다. 주의는 전두엽과 두정엽에서 담당하고 있는 것으로 알려져 있지만 소뇌도 주의의 어떤 측면에서는 매우 중요한 역할을 한다. 과제유형에 따라서 주의력/집중력에서 손상이 경미하더라도 정보처리 과정의 첫 단계인 정보입력단계에서 문제를 발생시켜 전반적 수행저하를 유발할 수 있다. 주의력에서 손상은 때로는 과제수행에 대한 흥미감소 및 피로유발 등의 동기적 상태에 영향을 미쳐 전반적 인지활동에 대한 흥미감소 또는 인지활동 그 자체를 저하시킬 수 있다. 또한 난독증을 가진 많은 이들도 주의집중에서 어려움을 나타낸다(Facoetti, Corradi, Ruffino, Gori, & Zorzi, 2010). 그러므로 주의 장애는 인지활동 그 자체와 함께 인지활동에 대한 동기에도 영향을 줄 수 있으므로 세심하게 측정해야 한다. 웩슬러 지능검사를 사용해 측정할 수 있으며 특히 작업기억지표 산출에 사용되는 소검사들을 사용해 측정할 수 있다.

(3) 언어

언어장애는 대부분 신경학적 병변과 관련이 있다. 언어장애는 흔히 뇌졸중과 외상 등으로 인한 갑작스러운 발병으로 생기는 경우가 대부분이다. 언어장애는 언어적 기능장애의 유형과 신경해부학적 구조의 관계에 근거해 다양한 유형들이 있으므로 언어장애를 평가할 때는 이를 고려해야 특정 장애에 맞는 치료프로그램을 선택할 수 있다. 인지장애와 마찬가지로 언어장애도 언어기능에서 특징적인 증상만 나타나는 경우보다 언어와 관련된 모든 기능에서 장애가 발생한다. 뇌의 특정영역과 언어장애의 관련을 가장 잘 보여주는 언어장애가 브로카 실어증과 베르니케 실어증이다.

브로카 실어증

눌변실어증(nonfluent aphasia)이라고도 한다. 대뇌손상이 브로카 영역에만 국한되면 경미한 또는 일시적 언어장애가 발생하고 다른 영역까지 손상된 경우에만 심각한 언어장애가 발생한다.

뇌가 손상된 사람이 언어생성에 결함을 보이면 정확한 손상위치와 관계없이 브로카 실어증이라고도 한다. 브로카 실어증을 가진 사람의 증상은 모든 유형의 언어표현에서 속도가 느리고 어색하다(Cicone, Wapner, Foldi, Zurif, & Gardner, 1979; Pettio, Zatorre, Gauna, Nikelski, Dosite, & Evans, 2000). 이들은 발음도 불량하고 대부분의 환자들이 우측 마비도 경험한다. 심리적 고통이 매우 심한 상태에 있는 사람들도 브로카 실어증 환자처럼 말하는 경우도 있다(Dick, Bates, Wunfeck, Utman, Dronkers, & Gernsbacher, 2001).

베르니케 실어증

달변 실어증(fluent aphasia)이라고도 한다. 이들은 말을 하고 글을 쓸 수는 있으나 대상의 이름을 기억하지 못하고 언어이해력이 형편없다. 이들은 어떤 대상의 이름을 떠올리려 말을 중단하는 것 이외에는 말을 명료하고 유창하게 한다. 대상의 이름을 떠올리지 못한다고 하여 그 대상의 이름을 모르는 것은 아니다. 다만, 스스로 대상의 이름을 찾아내지 못한다. 이들의 발음은 정상이며 운동마비를 겪는 경우는 흔하지 않다.

일반적으로 언어능력은 주로 제시된 그림의 이름을 맞히거나 검사자가 말한 이름에 대응하는 그림을 찾거나 특정 범주에 해당하는 단어들을 가능한 많이 말하기 등의 방식으로 측정한다.

후천적 뇌기능 손상과 관련된 언어장애와 달리, 선천적 기질장애로 발생하는 언어장애인 난독증(dyslexia)이 있다. 난독증은 시각과 동기, 전반적 인지 기능은 정상인 특수한 읽기 장애를 가리킨다. 여아보다 남아에게서 더 흔하며 영어권에서 더 흔히 발병하지만 모든 언어권에서 나타난다. 난독증 환자 중에는 청각문제를 가진 경우도 있다(Cacappolovan Vliet, Miozzo, & Stern, 2004). 또한 많은 난독증 환자들은 소리의 시간적 순서를 잘 탐지하지 못하며(Framer & Klein, 1995; Kujala, Myllyviita, Tervaniemi, Alho, Kallio, & Näätänen, 2000) 주의집중도 비정상적이다(Facoetti, Corradi, Ruffino, Gori, Zorzi, 2010). 난독증을 가진 사람은 대뇌겉질의 양측이 대칭인 경우가 많다(Galaburda, Sherman, Rosen, Aboitiz, & Geschwind, 1985; Jenner, Rosen, & Galaburda, 1999). 우리나라에서 사용가능한 평가도구는 한국형 보스톤 이름대기 검사(Korean-Boston Naming Test: 김향희, 나덕렬, 1997)가 있다.

(4) 시공간 정보처리 능력

신경심리검사에서 가장 일반적으로 측정되는 영역들 중 하나다. 시공간 정보처리능력은 제시된 자극들 간 공간적 관계를 지각하는 능력과 부분을 전체로 조직화하는 능력, 실제 운동능력 등을 평가한다. 감각기관은 정상이지만 감각기관에서 보낸 정보를 뇌가 정상적으로 처리하지 못하는 지각에서의 장애를 실인증(agnosia)이라고 한다. 예를 들면, 뇌량이 절단된 환자(대립측 무시 환자)의 경우처럼 반구간 정보교환이 부족한 경우도 있고, 피질의 일부손상과 관련된 경우도 있다. 대뇌의 시각피질들 중 어느 부위가 손상되는가에 따라서 물건의 이름을 말할 수 있으나 이를 손으로 잡을 수 없는 경우, 물체를 인식할 수 있으나 물체의 움직임을 지각(知覺) 못하는 경우, 물건의 모양은 지각하지만 색은 지각할 수 없는 경우, 사물의 모양은 지각하지만 얼굴은 지각할 수 없는 경우, 청력은 정상이지만 소리의 의미를 파악할 수 없는 경우 등 감각 피질의 어느 영역이 손상되는가에 따라 나타나는 증상이 매우 다르다.

일반적으로 시각구성능력은 시각의 등쪽 경로(dorsal pathway)에서 담당하며 이 경로에 손상이 발생하면 사물의 공간적 관계에 대한 지각에 이상이 발생한다. 이 장애는 웩슬러 지능검사의 지각추론지표를 산출하는 소검사(예: 토막 짜기, 빠진 곳 찾기) 또는 레이의 복잡한 도형검사(Rey Complex Figure Test) 등으로 검사할 수 있다. 시각적 부주의는 직선이분검사(Line Bisection Test) 등으로 평가할 수 있다.

(5) 정보처리속도

뇌 손상은 정보처리를 하는 속도에 심각한 손상을 입힐 수 있다. 한 번에 처리할 수 있는 정보의 양과 일정한 정보를 얼마나 빠르게 처리할 수 있는가는 우리의 기억 및 인지능력과 매우 밀접한 관계가 있는 기초 능력이라 할 수 있다. 정보처리속도는 뇌의 특정영역에서의 손상과도 관련이 있지만 전반적 뇌의 기능 저하와 정보처리속도 저하는 상당한 관련이 있다. 특히, 노년기의 인지능력 저하와 많은 관련이 있다. 웩슬러 지능검사에서 정보처리속도지표를 산출하는 소검사(예: 기호쓰기, 동형찾기)로 검사할 수 있다.

(6) 집행기능

집행기능(executive function)은 문제해결, 계획하기, 상황에 맞는 행동하기 등의 다양한 정보와 여러 인지기능들을 주도적으로, 자발적으로 적절하게 사용하는 능력이다. 이 능력이 손상되면 부분적 인지능력들이 보존되어 있다고 해도 사회생활에서 필요한 적절한 행동을 하는 것이 불가능해질 수 있다. 집행기능에서의 장애를 실행증(apraxia)이라고 한다. 실행증은 신경학적 운동기능에 결함이 없으나 이전에 학습한 수의적 행동이나 연속적 활동을 수행하고 계획하는 능력에서 결함이 발생한 상태를 가리킨다. 앞서 브로카 실어증을 가진 환자들이 신체기능에서 마비를 겪을 수 있음을 언급한 것에서 볼 수 있는 것처럼, 언어중추와 운동중추는 매우 밀접하게 관련되어 있어 실행증 환자는 언어장애를 겪는다.

전전두엽과 보조운동피질이 손상되면 빠른 연속동작을 계획하고 조직하는 데 어려움이 발생한다. 전전두엽에서의 손상은 옷을 입고 목욕을 하거나 장갑을 낀 채 손을 씻는 것처럼, 많은 운동을 비논리적으로 만들거나 와해시킨다. 보조운동피질이 손상되면 습관적 행위를 억제하는 것이 불가능해진다(Isoda & Hikosaka, 2007). 그리고 어떤 종류의 선택이든 잘 못하게 되는 장애도 있는데 기저핵(basal ganglia)이 손상된 경우다. 기저핵이 손상된 사람은 모든 운동의 시작 또는 운동 중 하나를 선택하는 데 심한 어려움을 겪을 뿐만 아니라 일상적 생활에서의 선택에서도 어려움을 나타낸다. 또한 기저핵이 손상된 사람은 운동기술을 학습하는 데 어려움을 보이며 새롭게 배운 운동수행을 자동적 반응으로 변환하는 것에도 어려움을 겪는다. 초점을 맞춘 행위가 필요한 운동이나 타이밍을 요구하지 않는 행위는 할 수 있다. 그 외 운동수행에서는 어려움을 겪는 경우는 소뇌 손상으로 발생한 것일 수 있다.

실행능력의 검사들은 환자에게 연속적 동작, 사물의 활용과 관련된 동작, 몸동작 등을 재현하는 능력을 주로 측정한다.

(7) 정서와 동기, 성격

정서와 동기, 성격 등도 뇌 기능의 산물이다. 정서는 우반구의 활성화와 관련이 있다. 우반구가 손상되거나 기능이 비활성화되면 강렬한 정서를 경험하지 못하며 때로는 이를 느꼈다는 것조차도 기억하지 못한다(Ross, Homan, & Buck, 1994). 오른쪽 측두엽이 손상된 사람은 다른 사람의 정서표정을 잘 알아보지 못했다(Rosen, Perry, Murphy, Krammer, & Mychack, 2002). 뇌와 동기 및 정서의 관련성은 크루버-버시(Kluver-Busy) 증후군에서 잘 나타난다. 이 증후군은 편도체가 손상됨으로써 발생하며 두려움 사라짐(정서 변화)과 무엇이든 입으로 가져가는 행동(동기 변화)이 대표적 증상이다. 이렇게 극단적이지 않지만 뇌 손상을 입은 사람들 대부분이 정서통제에서 어려움을 나타낸다.

전전두엽에서 손상을 입은 환자는 분노폭발을 빈번하게 하지만 정서적으로 둔감해지고 의사결정장애도 보인다. 또한 이들은 매우 충동적으로 결정을 하면서 선택 직후 선택이 잘못되었음을 인식하지만 이 후회의 순간은 찰나적으로 지나가며(Berlin, Rolls, & Kischka, 2004), 다음 행동에 영향을 미치지 못한다. 대부분의 사람들이 감정에 근거해 결정을 하는 것과 달리, 전전두엽 손상을 입은 사람은 매우 논리적으로, 공리적으로 결정을 한다(Koenigs, Young, Adolphs, Tranel, Cushman, & Hauser, 2007). 전전두엽의 손상을 보여준 대표적 사례는 피니어스 게이지(Phineas Gage) 경우이며 이와 유사한 사례를 다마시오(Damasio, 1994)가 보고하기도 했다. 특히 도덕적 결정과 관련해, 복내측 전전두피질(ventromedial prefrontal cortex)이 손상된 사람은 타인에 대한 배려가 정상 이하, 즉 죄책감의 결손을 보인다.

억제된 기질을 가진 아동은 친숙하지 않은 얼굴에 대해 편도체의 활성화가 증가하였으며 이들은 성장 후에도 수줍음이 많은 어른이었다. 특히 편도체 손상을 유발하는 우르바흐-비테병(Urbach-Wiethe disease)을 앓는 한 환자는 공포를 잘 감지하지 못하고 잘 느끼지 못했는데, 환자가 다른 사람의 눈을 보지 않고 주로 입을 보았기 때문이었다(Spezio, Huang, Castelli, & Adolphs, 2007).

최근에는 정서장애와 관련된 뇌의 변화에 대한 연구도 활발하게 이루어지고 있다. 우울증 환자의 경우, 오른쪽 전두엽의 활동성은 증가하지만 왼쪽 전두엽의 활동성은 감소하는 것으로 확인되고 있다(Pizzagalli, Nitschke, Pascual-Marqui, Larson, et al., 2002).

정리하면, 뇌손상을 입으면 손상 정도에 따라서 동기, 정서, 성격 등에서 변화가 일어난다. 일반적으로 뇌손상을 당한 환자는 정서적으로 둔감해지고 억제력을 상실하며 사회적 민감성 등이 감소되는 경향을 공통적으로 보인다. 뇌 손상과 관련된 증상을 측정하는 검사는 SCL-90-R, MMPI-2가 사용된다.

2) 신경심리검사 실시와 관련된 쟁점

신경심리검사는 검사의 철학적 배경에 따라 검사에서 초점을 두는 행동의 양상이 다르다. 즉, 양적 접근과 질적 접근이 있다. 먼저, 양적 접근이란 심리측정학적 원리에 따라 검사를 제작한 것을 나타낸다. 구조화되고 표준화된 절차를 거친 이 유형의 검사들은 검사결과로 '점수들'을 제시한다. 이 검사들은 주로 미국에서 개발되었으며 대표적 검사로 홀스테드-레이탄 종합검사(Halstead-Ritan Battery: Neuringer & Goldstein, 1970)가 있다. 다른 한 접근인 질적 접근은 '과정적 접근'이라 할 수 있으며 환자의 과제 수행방식을 관찰해 기술하는 방식이다. 이 질적 방식을 대표하는 검사는 루리아-네브라스카 종합검사(Luria-Nebraska Battery: Golden, Hammeke, & Purisch, 1978; Golden, 1984: 김영환 외, 2005 재인용)가 있다. 임상현장에서는 접근 방식에서 차이가 나는 두 유형의 검사들을 절충적으로 사용하고 있다. 신경심리검사가 모두 종합검사는 아니며 개별형 신경심리검사들도 있다. 어느 유형의 검사를 사용할 것인지는 수검자의 상황과 의사, 임상심리사의 종합적 판단에 따라 결정될 것이다.

검사 시기는 일반적으로 뇌손상을 당한 후 심리적 및 신체적 안정을 되찾을 무렵에 실시하는 것이 좋다. 이때 신경심리검사의 순서는 일반적으로 환자가 어려움을 상대적으로 덜 느끼면서 흥미를 가질 만한 검사로 시작하여 어려운 검사와 쉬운 검사를 번갈아 하는 것이 환자의 검사에 대한 동기를 유지하는 데 도움이 될 수 있다. 이때 명심해야 할 점은 뇌손상 환자의 경우, 검사점수가 검사시기에 따라 인지 및 정서, 성격 등에서 그 변동이 매우 심하다는 점이다. 그러므로 뇌손상의 유형과 관련해 병의 진행과정에 대한 지식을 바탕으로 검사 시기를 결정하거나 추적을 해야 한다. 세이드만(Seidman, 1998)에 의하면, 신경심리학 검사는 네 범주로 진행한다. 첫 단계는 전반적 수행을 평가하고, 다음 단계에서는 신체의 좌우기능의 수행을 비교하고, 셋째 단계에서는 병리적 징후를 확인해 구체적 검사로 특정장애와 직접적 관련을 지으며, 마지막 단계에서 매우 세분화된 진단을 한다.

마지막으로 신경심리검사의 선택과 활용에서 주의할 점이 있다. 신경심리검사를 사용할 때는 양적 접근에 토대를 둔 검사는 말할 것도 없이 질적 접근에 토대를 둔 검사도 국내에서 표준화 절차를 거친 검사들을 사용해야 한다. 어떤 접근방식에서 나온 검사든 측정내용이 우리 문화에 타당한지에 대한 평가가 선행되어야 하고 심리측정적 검사인 경우는 검사점수의 해석을 위한 규준이 반드시 필요하기 때문이다. 다음으로, 개인의 병전 기능에 대한 정보는 검사결과와 함께 직업, 학력, 성별, 주변인들의 보고 등을 고려해 증상과 예후를 추정하는 데 사용해야 한다. 명심해야 할 점은 신경심리검사가 뇌손상을 (정확하게) 측정하는 도구는 아니라는 점이다. 신경심리검사는 인지기능에서의 손상 또는 저하가 뇌 기능의 장애 때문일 수 있음을 제안하는 정도다. 그러므로 검사결과의 타당성을 고려하면서 검사결과를 해석해야 한다.

3) 신경심리검사의 사용과 관련해 주의할 점

뇌의 기능에 대해 과거보다 현재 더 많은 것을 알고 있지만 신경심리영역에서 특정질병과 관련된 진단적 결과를 뇌와 관련해 판단하기에는 아직 충분한 연구가 부족하다. 따라서 한 검사만으로 또는 반응양상만으로 진단을 내리면 안 된다. 대부분의 정신장애에 공통적으로 나타나는 증상이 있는 것처럼 뇌손상과 관련된 장애들도 인지능력에서 추상적 사고력 저하, 주의장애, 기억 손상 등이 공통적으로 나타난다. 그러므로 한 과제에서 수행실패의 원인이 단 하나일 수 없다. 이전에 언급한 것처럼, 신경심리검사는 심리측정학적 접근에 토대를 둔

검사와 함께 질적 접근에 토대를 둔 검사를 함께 사용해야 한다.

모든 검사의 해석과정과 마찬가지로, 수검자의 인지기능에 대한 가설들을 세운 후 검증하는 단계를 거쳐야 한다. 인지기능에 대한 가설은 수검자가 의뢰된 이유, 수검자의 행동관찰, 병전 기록, 주요 주변인과의 면담자료, 검사자의 면담기록 등을 토대로 세워야 한다. 가설들을 세운 후 검사를 실시하여 가설을 검증한다. 이때, 검사의 수행에 영향을 미칠 수 있는 요인들을 고려해야 한다. 앞서 언급한 것처럼, 검사수행에는 인지적 요인, 동기적 정서적 요인, 환경적 요인, 신체적 요인 등 다양한 요인들이 영향을 줄 수 있으므로 이에 대해 면밀하게 검토한 후 검사결과를 검토해야 한다.

마지막으로 다시 한 번 더 강조하고자 하는 점은 신경심리평가도구들이 뇌손상을 측정하는 도구가 아니라는 점이다. 즉, 우리는 이 평가도구들의 결과를 통해 손상된 인지기능이 뇌손상 또는 뇌기능장애로 인한 것일 수 있음을 추론할 수 있을 뿐이다.

04 다양한 신경심리검사들

현재 국내에서 사용되고 있는 몇 가지 신경심리검사에 대한 소개를 표로 제시하는 것으로 이 내용을 마무리하고자 한다.

〈표 9-2〉 여러 신경심리검사들

검사명	평가 영역 및 특징	개발자 및 국내표준화
공간 폭 검사 (Spatial Span Test)	• 평가 영역: 시공간 작업기억을 평가 • 특징: 검사자가 토막을 두드리는 순서를 관찰한 후, 이 순서와 동일하게 또는 역순으로 동작을 재현하는 과제	Kaplan, Fein, Kramer, Delis, & Morris(1999)
루리아-네브라스카 신경심리 종합척도 (Luria-Nebraska Neuropsychological Battery)	• 평가 영역: 운동, 리듬, 촉각, 시각, 수용적 언어, 표현적 언어, 쓰기, 읽기, 쓰기, 산수, 기억, 지적 과정 등을 평가하는 11가지 임상척도로 구성된 종합검사 • 특징: 질적 분석과 함께 양적 분석을 통합한 검사로 총 269문항으로 각 문항은 0~2점 또는 0~3점의 반응값을 가진 리커트형 척도.	Luria의 이론을 토대로 Golden과 동료들(1978, 1982, 1985)이 표준화된 신경심리검사를 제작함. 국내표준화 홍창희(1984). 표준화를 위한 예비연구 신민섭(1994), 신민섭, 홍강희(1994). 아동용 표준화 연구
서울신경심리검사[3] (Seoul Neuropsychological Battery: SNSB)	• 평가 영역: 주의, 언어 및 관련기능, 시각-운동기능, 기억, 전두엽/실행기능, 기타 등의 종합적 인지능력 평가 • 특징: · 학력수준 낮은 노인에게도 사용 가능 · 실시의 간편성 · 국내에서 표준화된 검사들로 구성	강연욱 및 나덕렬(2003) 검사개정: 2012년 강연욱 및 장승민, 나덕렬
선로 잇기 검사 (Trail Making Test: TMT)	• 평가 영역: 주의, 시각적 탐색, 운동기능, 세트 전환 등을 평가 • 특징: part A와 part B로 구성됨: part A는 1에서 25까지 숫자를 연결하는 과제 part B는 1에서 13까지 숫자가 있는 동그라미와 '가'에서부터 '타'까지 글자가 쓰인 동그라미를 순서대로 모두 연결하는 과제(개념전환)	여러 학자들이 이 검사의 개발에 기여했으나 현대 TMT의 기원은 Reitan(1958, 1979)에 있는 것으로 봄.

3) 휴브알엔씨 홈페이지 홍보자료에서 가져옴.

검사명	평가 영역 및 특징	개발자 및 국내표준화
스트룹 검사 (Stroop Color-Word Test)	• 평가 영역: 대뇌의 억제기능, 즉 간섭 통제력을 평가 • 특징: · 실험법에서 유래된 검사도구 · 단어읽기(word reading), 색채 말하기(color naming), 색단어 단어읽기, 색단어 색채말하기 순으로 검사 진행됨. · 각 자극은 4 x 6으로 자극을 제시하며 소검사당 24개의 자극을 제시하며 반응시간과 오류수를 측정한다.	Stroop(1935) 실험절차 개발 Gordon(1975) 아동형 스트룹검사 개발 국내표준화 스트룹 아동-색상단어검사 (신민섭과 박민주, 2007)
연속수행검사 (Continuous Performance Test)	• 평가영역: 선택적 주의, 주의억제 혹은 여과기능, 주의집중, 지속적 주의, 반응선택과 통제 • 특징: 지각판단과제-개인 내 반응시간을 비교하는 검사	Rosvold(1956)
위스콘신 카드분류 검사 (Wisconsin Card Sorting Test)	• 평가 영역: 실행기능 • 특징: 정상인을 대상으로 사고의 융통성과 추상적 논리를 측정하기 위해 개발됨. 각 4가지의 모양과 색깔, 개수의 조합에 따라 구성된 128개의 카드를 사용해 수검자가 모양, 색깔, 개수의 요소 중 한 가지 분류를 발견하도록 하는 검사.	Berg(1948) Heaton, Chelune, Talleym, Kay, & Gurtis(1993) 전산화된 프로그램으로 개발
한국판 알츠하이머병 평가척도 (Korean Alzheimer's Disease Assessment Scale: ADAS-K)	• 검사영역: 인지 영역(기억력, 언어능력, 수행능력)과 비인지 영역(관찰/면담을 통한 행동평가 11개 영역) • 특징: 교육수준이나 문화권의 영향을 거의 받지 않는 도구로 타당도와 신뢰도 연구가 널리 진행되어 심리측정 측면에서 훌륭한 검사도구[4]	Rosen, W.G., Mohs, R. C., & Davis, K. L(1984) 국내표준화: Youn, Lee, Kim, et al.,(2002)

4) 신준현(2010)에서 요약 정리함.

검사명	평가 영역 및 특징	개발자 및 국내표준화
한국판 알츠하이머 치매에 대한 신경심리학 배터리 (the Korean Version of the Consortium to Establishing a Registry for Alzheimer's Disease: CERAD-K)	• 검사영역: 주의, 언어 및 관련 기능, 시공간 기능, 기억, 전두엽/실행 기능 등을 평가. A형: 알츠하이머 환자에게 사용 B형: 비알츠하이머 환자에게 사용	미국의 알츠하이머병 연구센터 연구자 협의체(the Consortium to Establish a Registry for Alzheimer's Disease(CERAD) 국내표준화: 9개 기관, 12명의 치매전문가들(우종인, 이동영 등)이 1995년 표준화시킴.
한국판-캘리포니아 언어학습검사 (Korean California Verbal Learning Test: K-CVLT)	• 검사영역: 언어학습능력, 언어기억, 언어적 조직화 전략 등을 평가 • 특징: 즉각 자유회상, 단기 및 장기 자유회상, 단기 및 장기 단서재인회상, 재인 등의 항목으로 구성	Delis(1987) 국내표준화: 김정기와 강연욱(1997)
한국판 기억평가검사 (Korean version of Memory Assessment Scales: K-MAS)	• 평가 영역: 언어 기억범위, 시각 기억범위, 단어습득 및 회상 등의 언어 관련 기억과 얼굴즉각기억, 얼굴지연기억, 시각재생 등의 시각적 기억 능력	Williams(1991) 국내표준화: 이현수, 박병관, 안창일, 김미리혜, 정인과(2001)
d2 검사	• 평가 영역: 주의력 평가- 선택적 주의력 및 주의집중력을 평가 • 특징: 유사한 시각자극 중에서 표적 자극을 구별하는 과제로 1행당 47개의 항목으로 구성된 14개 행으로 총 658개 항목으로 되어 있음. 각 행당 20초씩 시간이 제시된다.	Brickenkamp & Zillmer(1998)
Rey-Kim 기억검사	• 평가영역: 언어적 기억과 시각적 기억	Rey, A.(1964) 국내표준화: 김홍근이 Rey의 Auditory Verbal Learning Test와 Rey Complex Figure Test를 1999년 표준화해 종합검사로 구성함.

검사명	평가 영역 및 특징	개발자 및 국내표준화
Kims 전두엽-관리기능 신경심리검사	• 검사영역: 전두엽 증후군의 인지적 측면, 전두엽-관리(집행) 기능, 전두엽 증후군의 성격 및 정서적 측면과 일상생활 측면 • 특징: 세 모듈(Executive intelligence Test, Executive-Complex Figure Test, Executive Behavior Scale)로 구성되어 각 모듈을 독립적 검사로 사용 가능	김홍근(2001)

10장 심리검사와 평가의 고려사항

1. 심리검사와 평가의 윤리와 공정성
2. 심리검사와 평가에서 전문 쟁점

10장

심리검사와 평가의 고려사항

어떤 검사가 얼마나 잘 구성되어 있는지, 혹은 얼마나 정확하고 타당한지와 관계없이 검사가 공정하고 정확하게 실시되고, 채점되고, 해석되지 않는다면 그 결과는 무용지물이다. 검사에 대한 비판은 주로 공정성, 프라이버시, 비밀보장에 관한 것이다. 심리학자는 검사를 윤리적이고 민감하게 활용하는 것에 대해 점점 더 관심을 갖는다. 검사의 오용이나 무자격자의 사용이 상당히 많은데 자격 있는 전문가만이 검사를 사용해야 한다는 것이 상식이다. 이 장에서 우리는 검사 사용자에게 영향을 미치는 공정성과 비밀보장에 관한 법률조항을 검토할 것이다. 검사 사용자가 검사 실시, 채점, 해석, 피드백, 그리고 보고서 작성하는 데 있어서 고려해야 할 사항을 알아보고 앞으로의 발달을 전망해볼 것이다.

01 심리검사와 평가의 윤리와 공정성

심리평가는 강력한 도구이다. 오용되거나 부주의하게 사용된다면 불행과 고통, 그리고 차별을 초래할 수 있다. 평가자는 유해한 결정을 내려서 평가받는 사람과 그들 가족의 삶까지 붕괴할 수 있으며, 그들의 파트너와 자녀, 그리고 집과 직장을 잃게 할 수도 있고, 그들 자신이나 주위 사람들에게 부정적 영향을 미칠 수 있다. 그러한 형편없는 결정으로 인해 평가 책임자가 기소되는 결과를 초래할 수도 있다.

평가와 관련된 심리학 영역이 무엇이든지 간에 공정하고 윤리적인 방식으로 측정을 다루는 것이 중요하다. 검사사용자는 자격증을 가지고 있거나 자격이 충분해야 한다(글상자 10-3을 보라). 전문 법안은 소송절차의 윤리 조항을 가지고 있다. 평가하는 사람은 특수 조항을 포함한 관련 조항에 친숙해져야 할 것이다. 예를 들면 미국심리학회의 조항은 심리학의 원칙을 광범위하게 쟁점으로 다루고 있으며 검사에 관한 보조적인 안내를 제공한다. 영국심리학회 역시 평가를 선택하는 심리학자를 위해 일반전문실행지침(Generic Professional Practice Guideline, 2008)은 물론이고 심리검사 실행조항(Code of Practice for Psychological Testing, 2003)을 제공하고 있다.

우리나라도 한국임상심리학회와 한국상담심리학회의 심리검사와 평가에 대한 윤리지침이 있다. 이 내용은 글상자 10-4에 있다. 윤리평가와 관련한 일반 지침요약은 글상자 10-1에 있고, 심리검사조항의 내용은 글상자 10-2에 있다. 윤리적 딜레마가 생길 경우에 응답자의 권리가 항상 최우선이어야 하고 임상가는 슈퍼바이저나 전문업체의 조언을 받아야 하며 심지어는 전문책임보험업자가 제공하는 전문가지침이 필요할 수 있다.

글상자 10-1. **일반적 전문실행지침**

평가재료

심리학자는 평가재료에 대해 비밀을 보장해야 한다는 것을 늘 기억해야 한다. 많은 평가도구들은 특정 내용과 목적이 사전에 알려지면 효력이 상실된다. 이러한 재료를 사용하는 심리학자는 비밀보장을 존중하고 공적 영역으로 유지하여 공개하지 않도록 해야 한다(이것이 측정도구의 성질로 명백하게 공개가 허용되거나 검사출판자가 허용한 것이 아니라면).

따라서 심리학자는 검사자료와 재료의 오용을 막기 위한 합리적 절차를 밟아야 한다. 오용은 무자격자에게 그런 자료나 검사재료를 공개해서 내담자에게 피해를 입히는 것이다.

이런 이유로 인해 공유기록에서는 심리측정평가에서 나온 원 자료를 넣지 않아야 한다. 이것은 심리학자가 아닌 사람들에게, 즉 검사가 포함하는 정보를 해석할 수 있는 훈련이나 전문적 지식을 갖고 있지 않은, 검사의 내용과 성질에 대한 자세한 정보를 공개한다는 것을 의미하기 때문이다. 심리측정평가의 결과는 평가맥락과 적절한 해석을 통합한 보고서로 통합되어야 하고 기관에 공유기록으로 남겨진다.

심리측정 검사자료는 통제 하에 접근할 수 있는 기록영역이 되어야 한다. 서면기록이나 전자기록을 전할 때 '봉해진 봉투'를 사용해야 한다. 이 정보는 합법적 권위를 가진 사람이나 검사를 사용하고 해석할 자격이 있는 사람만이 열어볼 수 있다.

출처: Coaley(2010).

글상자 10-2. 심리검사의 좋은 실행지침

심리검사를 사용하는 사람은 다음의 조건을 충족하여야 한다.

능력에 대한 책임감

1. 학회가 규정한 검사에 필요한 모든 능력기준을 충족할 수 있는 적합한 자격을 갖추고, 가능하다면 검사사용자로서의 능력을 증진시키고 개발하기 위해 노력할 수 있다는 것을 보증하는 단계를 밟는다.
2. 심리측정 검사에서 능력의 한계를 인식하고 능력 밖에 있는 서비스를 제공하지 않고 다른 사람이 그렇게 하도록 만들거나 조장하지 않는지를 모니터한다.
3. 의무적 훈련을 받았고 검사자가 사용하는 검사도구 각각에서 필요한 특수지식과 기술을 가지고 있다는 것을 보중한다.

절차와 기술

4. 다른 평가방법과 결합하는 것이 기술적 정보를 이용하여 지지될 수 있을 때만 검사를 사용한다.
5. 검사출판자가 제공한 지시사항이나 학회에서 규정한 기준에 맞게 검사를 실시하고 채점하고 해석한다.

6. 검사재료를 안전하게 보관하고 자격 없는 사람이 접근하지 못하도록 한다.
7. 검사결과를 개발 규준, 타당화, 그리고 편파를 모니터하기에 적합한 형태로 안전하게 지킨다.

내담자 복지

8. 검사가 왜 필요하고, 그 결과로 하게 될 것, 그리고 검사를 진행할 사람에 대해 확실히 이해시키고 수검자의 사전 동의를 얻는다.
9. 모든 수검자에게 미리 알리고 검사회기를 잘 준비하며 사용하는 검사재료에 익숙해지도록 하고 연습하게 해준다.
10. 검사를 사용하고 해석하는 데 성별, 민족, 연령, 장애, 특별한 요구, 교육배경, 능력수준과 같은 요인을 충분히 고려한다.
11. 수검자와 다른 위임자에게 평가결과에 대한 피드백을 제공하는 데 결과에 대한 의미를 명확히 전할 수 있고 그들의 이해수준에 맞는 방식으로 해야 한다.
12. 검사결과는 무자격자가 접근할 수 없고 수검자가 동의한 것과 다른 목적으로 사용하지 못하도록 안전하게 보관되어야 한다.

출처: Coaley(2010).

1) 검사의 공정성

초기에 많은 검사가 백인표집으로 표준화되었다는 것을 생각하면 백인이 아닌 사람을 평가하는 데 있어서 타당도의 문제와 검사자가 다른 집단을 차별했는지에 대한 의문을 제기할 수 있다. 오늘날 모든 사람이 공정하게 대우받아야 한다는 것은 모두 수용하는 생각일 것이다. 이것은 성, 인종, 종교, 피부색, 배경, 연령, 성적 지향, 장애 등과 상관없이 기본 권리이다.

심리측정 검사의 사용이 점점 더 확산됨에 따라 같은 검사를 이용하여 다른 사람과 비교할 때 모든 집단이 동등한 대우를 받지 않을 수 있다는 우려가 있다. 이것은 검사가 불충분하게 구성되었을 때 발생하기는 하지만 의도적으로 차별하려는 시도 때문에 발생할 수도 있다. 영국, 미국, 유럽과 많은 나라에서 사람을 차별하지 못하게 하는 법률조항이 있다. 일부 국가에서는 그런 법률이 없는 곳도 있다. 그러나 이들 대부분은 인종, 종교, 문화의 차이에 기반을 둔 국가집단이며 임상가는 공정하게 그들을 대우해야 한다는 것을 이해할 것이다.

미국과 영국의 법에 의하면 두 가지 주요한 유형의 차별이 있다. 직접적 차별과 간접적 차별이다. 직접적 차별은 완전히 다른 대우를 하는 것이고 간접적 차별은 불리하거나 완전히 다른 영향을 받는 것이다. 어떤 요구사항은 같지만 한 집단에게는 균형이 맞지 않게 비호의적인 영향을 미칠 때 불리한 영향이 발생한다. 특히 심리검사를 이용하여 사람에 대한 결정을 내릴 때 문제가 생길 수 있다. 예를 들면 심리검사가 직업선택이나 대우, 배치 등에 대한 결정을 내리는데 사용될 때 잠재적으로 차별이 발생할 수 있다. 만일 어떤 검사가 다른 집단과 비교하여 한 집단의 실제 수행을 체계적으로 하향 예측한다면 그 집단에게는 타당도가 떨어질 것이고 차별의 근거가 될 수 있을 것이다. 이것은 특수지식이 요구되는 난이도 수준을 포함하는 문항들과 관련된 요인에 의해 야기될 수 있다. 일부 집단에게는 일부 문항이 전혀 의미가 없거나 거의 의미가 없다. 또한 검사자의 태도가 반응에 영향을 미칠 수 있고, 형편없는 타당도로 원래의 수행을 하향 예측할 수 있다.

불리한 영향은 고용을 위한 평가와 관련하여 가장 많이 나타난다. 결정권자는 어떤 차별적 의도도 나타내지 말아야 한다. 직접적 차별은 다음 네 가지 질문에 답을 해 보고 개인이 의도적으로 다르게 대우받았는지를 알아보아야 한다.

- 성별, 인종, 종교, 피부색, 민족 배경, 연령, 성적 지향, 장애 등에 관계없이 모든 참가자들에게 하나의 규칙이나 조건이 적용되었는가?
- 한 집단의 사람들을 그 집단이 아닌 사람들보다 더 불균형적으로 배제하는 규칙인가?
- 이런 방식으로 배제된 집단의 사람들에게 불리한 점이 있는가?
- 결정권자는 이런 불리한 효과를 압도할 만큼 규칙이 필요한지를 설명할 수 있는가?

영국은 2000년에 유럽 인권법률 가맹국이 되었고 연령차별법은 2006년에 도입되었다. 미국 역시 인종, 성별, 연령, 장애인과 종교를 배경으로 차별을 금지하는 법률이 있지만 보스톤시와 샌프란시스코시는 키와 몸무게로 차별하는 것을 금지시켰다. 예를 들어 법률에서 요구하는 것은 인종이나 성별이 아니라 장점으로 결정되어야 한다는 것이다. 쿼터시스템을 작동하여 집단에서 성의 불균형을 맞추려는 노력은 비합법적인 것이 아니다. 모든 평가는 효과적인 직무수행에 필요한 지식, 기술, 능력을 규정한 직무분석절차에 근거해야 한다는 것을 관리지침에서 규정해놓고 있다.

장애와 관련된 목표는 장애인에게 동등한 기회를 보장하는 것이며, 결과적으로 결정권자들은 환경이나 장비를 적당하게 조정해야 할 의무가 있고 그들이 그 환경에 적응하도록 연습시킬 의무가 있다.

이 법률의 핵심은 장애를 정의하는 것이다. 정상적인 일상 활동을 하는 능력에서 실재적이고 장기적으로 불리한 영향을 미치는 신체적, 정신적 손상을 가진 사람으로 이들은 법의 보호를 받을 것이다. 여기에는 정신장애도 포함된다. 장애인에게 영향을 미치는 정당하지 않은 장벽을 제거해야 한다. 검사의 경우에 어떤 문항이 장애인에게 신뢰도가 떨어지거나 장애인이 어떤 장벽 때문에 효과적으로 수행할 수 없어서 그 문항이 비장애인에 비해 더 어렵다면 차별이 발생하는 것이다. 검사에 대한 실제 의미는 다음과 같다.

- 검사는 좋은 기준을 충족해야한다.
- 검사자는 장애를 가진 사람의 편의를 도모해야 한다. 이를 '합리적 조정'이라고 부른다. 예를 들어 시각손상을 가진 사람이 큰 사이즈나 점자를 사용할 수 있게 하는 것이다. 시간제한이 없는 측정의 경우에 시각장애를 가진 사람은 반응을 구술할 수 있다. 청각장애를 가진 사람에게는 글로 된 지시사항이 주어져야 하며 번역기가 사용될 수 있다. 휠체어를 사용하는 사람에게는 적절한 높이의 테이블을 제공하여 작성하기 편하도록 해야 할 것이다.
- 장애나 합리적 조정이 의미하는 것은 논쟁이 되고 있다. 등의 통증을 장애로 볼 수 있는 지도

논쟁이 된다. 특수 장애는 검사수행에 어떤 영향을 미치고 이런 수검자를 어떻게 지원할지를 미리 알아보고 도와야 한다.

- 가장 어려운 문제는 규준과 시간제한에 관한 것으로 난독증과 관련하여 이런 문제가 제기된다. 학교는 이런 경우 검사규준이 대체로 시간제한이 있고, 시간이 연장되면 규준을 적용할 수 없다고 해도 여분의 시간을 제공한다. 의심스러우면 검사자는 검사 출판자와 논의해야 한다. 시간제한이 없는 규준을 가진 검사는 거의 없다.
- 어떤 경우에는 적당한 조정이 필요할지를 결정하는 것이 어려울 수 있으며 출판자를 접촉하는 것이 현명할 것이다.
- 평가 전에 참가자 중에 모국어가 아닌 사람이 있는지를 확인하기 위해 각 참가자와 짧은 대화를 하는 것이 도움이 된다. 아동기 이후에 두 번째 언어로 학습한 사람은 불리할 수 있다는 것이 경험에서 밝혀졌고 그런 경우가 있다면 기록을 해놓아야 한다. 필요하다면 통역자의 도움을 받아서 언어적인 내용이 거의 없는 추상적 추리검사를 대신 실시하는 것이 좋다. 다양한 언어로 이용할 수 있는 검사도 있다.

글상자 10-3. **평가 측정도구에 필요한 자격요건**

출판자는 일반적으로 적합한 자격요건을 갖춘 사람에게만 검사를 판매한다. 이는 필요한 기술수준에 따라 네 집단으로 나눠진다.

1. 기본수준은 긴박한 결과가 나올 가능성이 없는 측정도구이다. 최소 수준의 지식이나 기술이 필요하고, 훈련, 발달, 혹은 상담활동을 지원하는 목적으로 사용되며, 어떤 주요한 의사결정을 위해 설계된 것이 아니다. 자기-인식을 촉진시키는 질문지가 여기에 속하는데, 예를 들면 팀 스타일 목록(team style inventory)이다. 교사, 강사, 훈련자에게 가장 많이 팔린다.

2. 직업검사의 능력자격증(검사 실시)은 학회의 심리검사센터에서 제공한다. 이것은 검사의 성공적 사용에 검사 실시와 채점이 결정적으로 중요하고, 실시가 잘못되었을 때는 검사가 효력이 없어지고 수검자의 경험에도 영향을 미친다는 것을 인식시켜준다. 이러한 자격은 기본수준의 검사를 위한 최소한의 기준이다.

3. 수준 A 자격증은 두 번째 수준인데 측정과 실행기술에 대한 기본적 지식을 망라하고 최대한

의 수행이 필요한 검사에 초점을 맞춘 것이다. 검사 실시와 채점이 비교적 간단한 능력검사와 적성검사를 주로 구입할 수 있는 자격이다. 훈련은 능력에 기반을 두고 있고 검사구성, 신뢰도, 타당도, 검사 실시, 해석과 채점, 피드백 제공 등을 망라한다.

4. 수준 B는 전형적 수행을 측정하는 것인데, 주로 이론이나 모델의 관점에서 해석이 필요한 것이다. 일단 수준 A가 되는 것이 선행조건이다. 성격, 흥미, 동기와 가치와 같은 더 복합적 측정도구가 포함되는데 이것들은 더 주의 깊은 해석이 필요하다. 수준 B는 현재 세 수준으로 구분된다.
   - 수준 B(중간)는 한 도구의 사용에 충분한 전문기술을 가진 사람에게 제공된다. 후보자는 검사 실시, 채점, 해석기술, 보고서 작성법 등은 물론이고 평가의 이론과 방법을 학습한다.
   - 수준 B(중간 플러스)는 부가적 도구 사용에 전문기술을 연마하는 사람에게 주는 자격이다. 후보자는 이것에 대한 능력을 증명하고 이전 단계에서 학습한 것과는 '충분히 다르다'는 것을 증명해야한다.
   - 수준 B(전체)는 확장된 일반능력수준을 보이는 것이다. 컴퓨터로 된 실시와 자동 보고서 체계를 포함하여 폭넓은 맥락에서 검사경험이 있어야 한다.

출처: Coaley(2010).

편파 체크하기와 컷오프 사용하기

능력검사는 공정성을 바탕으로 잘 하는 사람과 그렇지 못한 사람을 구분하기 위해 설계된다. 문항이 조사 당시 능력과 연관되지 않아서 일부 사람들에게 너무 어렵다면 편파가 존재하는 것으로 볼 수 있다. 예를 들면 검사가 수검자가 가지고 있지 않은 문화적 지식을 요구하기 때문이다. 검사가 의사결정과정의 일부로 사용될 때마다 집단 차이가 거의 존재하지 않는다는 것을 보증하는 것이 중요하다. 여러 집단의 평균 점수들 간에 차이가 존재할 때 편파가 생길 수 있다. 편파를 탐지하기 위해 다양한 기법이 개발되었다(Osterling, 1983; Reynolds, 1995).

의사결정을 위해 컷오프를 사용하는 것은 편파가 있을 때 발생하는 것을 설명할 것이다. 두 집단을 차별하는 검사는 두 개의 점수분포를 가지게 될 것이다.

차별받는 집단은 더 낮은 평균을 보일 것이다. 검사 편파가 있을 때 여러 집단에게 같은 컷오프를 사용하는 것은 불공정하다. 낮은 평균점수를 보이는 집단에서 수행은 하향 예측하게 될 것이고 높은 점수를 받는 집단은 상향 예측하게 될 것이다. 공정하게 컷오프를 사용해야 할 것이다.

2) 자료 보호

많은 나라들은 개인정보를 보호하는 법이 있고 전문가는 그들이 일하는 나라에서 제정된 자료보호법을 알고 있어야 한다. 보통, 신분을 확인할 수 있는 자료, 지원서와 다른 기록을 포함하여 개인 자료를 총망라하고 있다. 법은 수검자가 정보에 접근할 권리를 주며 자료보호를 하도록 해준다. 다음 사항을 포함한 자료는 '민감한' 자료로 취급된다.

- 인종
- 신념과 견해. 예를 들면 종교와 정치에 관한 것
- 장애
- 신체적, 정신적 건강상태
- 성적 지향
- 유죄판결, 위반, 법적 진행절차

법은 정보를 소유한 사람(자료 주체)과 정보를 지키고 분류하는 사람(자료 관리자)을 구분한다. 자료 관리자는 수집한 자료와 사용내역을 기록해야 하고 다른 것들은 법적 책임에 따라야 한다. 개인정보를 오용하거나 공개하는 것은 범죄행위다. 법의 주요원칙은 개인정보가 다음과 같아야 한다는 것이다.

- 공정하고 합법적으로 처리되어야 한다.
- 제한되고 지정된 목적을 위해 사용되어야 한다.
- 적절하고 관련되며 과하지 않아야 한다.
- 정확해야 한다.
- 안전해야 한다.
- 요구되는 것보다 더 오래 보관하지 않아야 한다.
- 자료 주체자의 권리를 침해하지 않아야 한다.
- 적절한 자료 보호를 하지 않는 나라에 전송되지 않아야 한다.

3) 비밀보장과 안전성

검사나 검사문항의 정당치 않은 폐쇄와 검사를 완성한 사람들과 관련하여 신분을 확인할 수 있는 자료는 임상가에게 주된 관심사이다. 여기에는 세 가지 이유가 있다. 첫째, 어떤 형태의 평가는 개인적인 과정으로, 그럴 만한 어떤 이유도 없는 다른 사람에게 결과를 알리게 되는 것은 부적당하다는 것을 의미한다. 임상, 법정, 교육장면과 같은 현장에서 개인적 배경정보, 검사 자료와 관찰 등의 결과를 기술적으로 통합하는 것은 상당히 복잡하다. 이것은 전체 결과를 해석하는 데 가장 큰 기술이 필요하다는 것을 의미한다.

둘째, 검사결과는 오용되거나 남용될 수 있는 경우가 항상 있다. 기술적 유능성이 부족한 사람이 검사할 경우 그 과정의 효력이 상실되는 위험에 처하게 될 수 있다. 결과는 항상 관련 목적에 초점이 맞춰져야 하고 따라서 기술적 정보, 원 점수, 설명되지 않은 표준화 점수를 알리는 것은 현명하지 못하다. 백분위는 성질 상 평균수준, 평균 상, 평균 하와 같은 방식이 가장 좋다. 예를 들면 법정기록은 원 점수를 포함하지 않아야 한다. 검사를 제대로 사용하려면 검사사용을 위한 적합한 표준과 측정도구의 세부적인 기술적 특징을 잘 알고 있어야 한다.

마지막으로 평가결과는 훈련받지 않은 사람들에 의해 부적절하거나 잘못 해석될 수 있다. 예를 들면 모든 결과는 오류가 생기기 쉽다. 검사 소책자와 반응재료는 나중에 검사를 받은 사람들이 보게 될 것이고 이것은 검사를 무효화시킬 수 있다. 대부분의 평가에서 표준 조건하에 감독을 받으면서 실시하는 것이 필수적이다. 그것은 수검자가 적절하게 검사를 살펴보고 검사를 완성할 수 있게 만들기 때문이다.

검사재료와 자료는 자격 있는 사용자만 접근할 수 있는 잠금장치가 있는 곳에 보관하는 것이 필요하다. 자료가 들어 있는 전자파일에 접근하는 것도 마찬가지이다. 자격 없는 결정권자는 훈련의 한 과정인 슈퍼비전을 받을 때만 평가결과에 접근할 수 있도록 해야 한다. 연구의 경우 개별적으로 저장된 개별 확인코드를 사용하여 컴퓨터 파일이든, 종이 파일이든 간에 자료의 익명성을 갖도록 하는 것이 현명하다.

안전성은 검사소책자만이 아닌 모든 평가재료와 관련 있다. 손상되거나 구식의 재료는 파쇄를 해야 한다. 더불어 각 개인에게 우편으로 검사재료를 보내는 것은 현명치 못하다. 검사에 대한 정보를 미리 원할 때 출판된 실제 리플렛을 제공하거나 검사를 하는 방법이 담긴 책을 소개해주는 것이 좋다. 정보의 안전을 유지하고 적당한 시간이 지난 후에 관련된 문서를 처리하기 위해 합리적 노력을 해야 한다.

4) 사전 동의

개인이 평가를 받기 전에 동의를 받아야 하는데 목적이 무엇이든지 간에 그것을 철회할 권리가 있다. 그들은 무슨 일이 일어나는지 왜 평가가 필요한지를 알 권리가 있고 주어진 정보의 의미를 이해할 권리가 있다. 수검자가 평가내용, 결과의 사용처, 정보를 소유하게 되는 사람, 검사자의 자격 등을 이해하는 것에 바탕을 두고 동의가 이루어져야 한다. 명백하게 진술된 서면 동의서가 아니더라도 외현적 동의가 있어야 하다. 평가받는 사람은 보고서를 보게 될 것이고 복사본을 가질 권리가 있다는 것을 알리는 것이 중요하다. 자신의 점수를 알 권리가 있고 그것이 무엇을 의미하는지도 알 권리가 있다. 따라서 많은 경우에 개인적 피드백을 제공하지 않는 것은 비윤리적이다.

글상자 10-4. **한국상담심리학회 상담전문가 윤리강령-심리검사 관련 부분**

한국상담심리학회는 학회 회원들이 모든 인간의 존엄성과 가치를 존중하고 다양한 조력활동을 통해, 인간 개개인의 잠재력과 독창성을 신장하여 저마다 자기를 실현하는 건전한 삶을 살도록 돕는 데 헌신한다. 본 학회에서 인증한 상담심리사(1급, 2급)는 전문적 지식과 기술을 개발하고 전문가로서의 능력과 자질을 향상시키며, 상담심리사의 역할을 하는 데 있어서 내담자의 복지를 최우선 순위에 둔다. 상담심리사는 전문적인 상담 활동을 통해 내담자의 개인적인 성장과 사회 공익에 기여하는 데 최선을 다하고 상담심리사로서 자신의 행동에 책임을 진다. 이를 위하여 본 학회에서 인증한 상담심리사는 다음과 같은 윤리 강령을 숙지하고 준수할 것을 다짐한다.

7. 심리검사

가. 기본 사항

(1) 교육 및 심리평가의 주된 목적은, 객관적이면서 해석이 용이한 평가도구를 제공하는 데 있다.
(2) 상담심리사는 교육 및 심리평가 방법을 활용하여, 내담자의 복리와 이익을 추구하여야 한다.
(3) 상담심리사는 평가결과와 해석을 오용해서는 안 되고, 다른 사람들이 평가도구를 개발하고, 출판 또는 사용함에 있어서 정보를 오용하지 않도록 적절한 조치를 한다.
(4) 상담심리사는, 검사결과에 따른 상담심리사들의 해석 및 권유의 근거에 대한, 내담자들의 알 권리를 존중한다.
(5) 상담심리사는 규정된 전문적 관계 안에서만 평가, 진단, 서비스, 혹은 개입을 한다.
(6) 상담심리사의 평가, 추천, 보고, 그리고 심리적 진단이나 평가 진술은 적절한 증거 제공이 가능한 정보와 기술에 바탕을 둔다.

나. 검사를 사용하고 해석하는 능력

(1) 상담심리사는 자신의 능력의 한계를 알고, 훈련받은 검사와 평가만을 수행해야 한다. 또한 상담심리사는 지도감독자로부터, 적합한 심리검사 도구를 제대로 이용하는지의 여부를 평가받아야 한다.

(2) 컴퓨터를 이용한 검사를 활용하는 상담심리사는, 원 평가 도구에 대해 훈련받아야 한다.

(3) 수기로 하든지, 컴퓨터를 사용하든지, 상담심리사는 평가 도구의 채점, 해석과 사용, 응용에 대한 책임이 있다.

(4) 상담심리사는 타당도와 신뢰도, 검사에 대한 연구 및 검사지의 개발과 사용에 관한 지침 등 교육/심리적 측정에 대해 철저하게 이해하고 있어야 한다.

(5) 상담심리사는 평가 도구나 방법에 대해 언급할 때, 정확한 정보를 제공하고 오해가 없도록 해야 한다. 지능지수나 점수 등이 근거 없는 의미를 내포하지 않도록 특별한 노력을 기울여야 한다.

(6) 상담심리사는 심리평가를 무자격자에게 맡겨서는 안 된다.

다. 사전 동의

(1) 평가 전에 내담자의 동의를 미리 얻지 않았다면, 상담심리사는 그 평가의 특성과 목적, 그리고 결과의 구체적인 사용에 대해 내담자가 이해할 수 있는 말로 설명해야 한다. 채점이나 해석이 상담심리사나 보조원에 의해서든, 아니면 컴퓨터나 기타 외부 서비스 기관에 의해서 이루어지든지, 상담심리사는 내담자에게 적절한 설명을 하도록 조치를 취해야 한다.

(2) 내담자의 복지, 이해 능력, 그리고 사전 동의에 따라 검사결과의 수령인을 결정짓는다. 상담심리사는 어떤 개인 혹은 집단 검사결과를 제공할 때 정확하고 적절한 해석을 함께 제공하여야 한다.

라. 유능한 전문가에게 정보 공개하기

(1) 상담심리사는 검사결과나 해석을 포함한 평가 결과를 오용해서는 안 되며, 다른 사람들의 오용을 막기 위한 적절한 조치를 취한다.

(2) 상담심리사는 특별한 경우를 제외하고는, 내담자나 내담자가 위임한 법적 대리인의 동의가 있을 경우에만 그 내담자의 신분이 드러날 만한 자료(예를 들면, 계약서, 상담이나 인터뷰 기록, 혹은 설문지)를 공개한다. 그와 같은 자료는 그 자료를 해석할 만한 능력이 있다고 상담심리사가 인정하는 전문가에게만 공개되어야 한다.

마. 검사의 선택

(1) 상담심리사는 심리검사를 선택할 때 타당도, 신뢰도, 검사의 적절성, 제한점 등을 신중히 고려한다.

(2) 상담심리사는 다문화 집단을 위한 검사를 선택할 때, 사회화된 행동과 인지 양식을 고려하지 않은 부적절한 검사를 피할 수 있도록 주의한다.

바. 검사 시행의 조건

(1) 상담심리사는 표준화된 조건과 동일한 조건에서 검사를 시행한다. 검사가 표준화된 조건에서 시행되지 않거나, 검사 시간에 비정상적인 행동이 발생할 경우, 그러한 내용을 기록해야 하고, 그 검사결과는 무효 처리하거나 타당성을 의심할 수 있다.

(2) 상담심리사는 컴퓨터나 다른 전자식 방법을 사용하였을 때, 시행 프로그램이 내담자에게 정확한 결과를 적절히 제공하도록 보장할 책임이 있다.

(3) 인사, 생활지도, 상담활동에 주로 활용되는 검사결과가 유의미하기 위해서는 검사내용에 대한 선수지도나 내용을 언급하면 안 된다. 그러므로 검사지를 안전하게 보호하는 것도 상담심리사의 책임이다.

사. 검사 점수화와 해석, 진단

(1) 상담심리사는 검사 시행과 해석에 있어서 나이, 인종, 문화, 장애, 민족, 성, 종교, 성적 기호, 그리고 사회경제적 지위의 영향을 고려하고, 다른 관련 요인들과 통합 비교하여 검사결과를 해석한다.

(2) 상담심리사는 기술적 자료가 불충분한 평가 도구의 경우 그 결과를 해석할 때 신중해야 한다. 그러한 도구를 사용하는 특정한 목적을 내담자에게 명백히 알려 주어야 한다.

(3) 정신 장애를 진단하기 위해서 상담심리사는 특별한 관심을 가져야한다. 내담자에 대한 치료 장소, 치료 유형, 또는 후속조치를 결정하기 위한 개인 면담 및 평가방법을 주의 깊게 선택하고 사용한다.

(4) 상담심리사는 내담자의 문제를 정의할 때, 내담자가 속한 문화의 영향을 받는다는 것을 인지한다. 내담자의 정신 장애를 진단할 때 사회경제적 및 문화적 경험을 고려해야 한다.

아. 검사의 안전성

(1) 상담심리사는 공인된 검사 또는 일부를 발행자의 허가 없이 사용, 재발행, 수정하지 않는다.

(2) 상담심리사는 시대에 뒤진 자료나 검사결과를 사용하지 않는다. 다른 사람이 쓸모없는 측정이나 검사 자료를 사용하지 않도록 상담심리사는 도와준다.

02 심리검사와 평가에서 전문 쟁점

1) 검사 실시

실시에 대한 접근은 다양하게 변화할 수 있으며 그것을 어떻게 해야 하는지에 대한 출판자의 규정은 없다. 검사받는 사람의 연령, 배경, 정신 상태 등의 요인은 물론이고, 평가의 종류에 따라 달라질 것이다. 형식이 무엇이든지 간에 검사의 신뢰도는 검사가 어떻게 실시되고 채점되었는지에 따른다는 것을 결코 잊어서는 안 된다. 검사 실시자의 기술과 검사 상황 그 자체는 좋은 결과를 내는 데 중요한 역할을 할 것이다.

검사를 받는 모든 사람에게 검사가 원래 표준화하는 동안 실시했던 방식과 같은 방식으로 검사를 실시하고 채점해야 한다. 높은 기준으로 정확하게 실시하는 것이 가장 중요하다. 따라서 충분한 훈련이 필요하고 검사 실시자는 정확한 재료와 절차에 친숙해져야 한다. 검사 실시에 친숙해지는 가장 좋은 방법은 전문가인 누군가가 당신에게 검사를 실시하는 것이다.

실시를 잘 하면 좋은 신뢰도가 보장되는데 방해와 같은 특별하거나 임의적인 사건을 줄일 수 있기 때문이다. 정확한 실시는 참가자를 자연스럽고 정직하게 반응하도록 격려함으로써 타당도를 높일 수 있다. 여기서의 위험은 많은 초보자가 지나치게 엄격하고 공식적인 접근을 채택한다는 것이다. 이런 점으로 인해 참가자가 더 불안해지기 때문에 수행에 영향을 미칠 수 있다. 질문지를 사용하는 데 있어서 수검자를 동기화시키고 방해를 최소화시키기 위해 충분하게 라포를 형성하고 명확하고 이완된 어조를 사용한다면 수행을 극대화시킬 수 있다.

검사실도 주의 깊게 선택해야 한다. 방해 가능성이 없어야 한다. 필요하다면 문에 외부자 출입금지 사인을 해놓아야 한다. 방은 밝고, 환기가 잘 되며 안락한

온도에 소음이나 환기창의 방해가 없어야 한다. 수검자는 정해진 장소에 앉는 것이 좋다. 실시자는 시작하기 전에 물리적 환경이 적합한지, 그리고 질문 소책자와 반응지를 포함하여 적합한 재료가 사용될 수 있는지를 체크할 필요가 있다(글상자 10-5를 보라). 능력검사 참가자를 위해 두 개의 연필과 지우개가 필요하고 간혹 여분의 것이 더 필요하다. 재료는 특별히 설계된 기록을 포함하는데 때로 이런 것은 다음과 같은 것을 기록할 수 있는 '평가 기록'이나 '검사 기록'으로 언급된다.

- 실시자의 이름과 평가일자
- 참가자의 수
- 사용된 측정도구의 자세한 내용
- 각 검사의 시작과 종료 시간
- 참가자의 이름이나 신분확인 코드
- 개인적인 문제
- 특별한 사건이나 방해가 되었던 것의 자세한 내용
- 재료에 대한 손상이나 손실, 그리고 이어서 취한 행위

글상자 10-5. **검사를 위한 체크리스트**

검사에 필요한 재료는 다음과 같다.

- '출입금지–검사 진행 중–'이라는 표시
- 실시 지시사항이나 검사 매뉴얼
- 스톱워치나 시계
- 표시가 되어 있지 않는 검사 소책자
- 응답/반응지
- 검사일지나 기록지
- 사전 동의서

- 여분의 종이
- 깎아놓은 연필(한 사람 당 적어도 두 개)
- 지우개
- 여분의 연필, 지우개, 연필 깎기

출처: Coaley(2010).

(1) 평가 소개

좋은 평가는 참가자에게 무슨 일이 일어날 것인지, 그리고 왜 그것을 해야 하는지를 설명하는 소개로 시작하는데 이렇게 하면 참가자는 덜 불안하고 그들 자신에 대한 유용한 정보를 제공하고 평가에 대해 좋은 인상을 갖게 된다. 이것은 관련된 상황이나 목적에 따라 다소 차이가 날 것이다. 그러나 몇 가지 공통 지침이 있다. 예를 들면, 검사자 자신을 소개해야 하고 평가의 목적을 알려주고 사람들에게 사전 동의를 구해야 한다.

소개 시 일반적으로 검사를 짧게 기술하고 검사 소요시간을 알려준다. 능력검사에서 검사에 통과하거나 탈락하는 일은 없다는 것과 검사는 정보수집의 전체 과정에서 오직 일부 역할을 한다는 것을 말해주는 것이 도움이 된다. 지능이나 기억 검사에서와 같이 정·오 반응이 요구되는 임상 평가의 경우에 모두 정반응을 하는 사람은 거의 없으며 과도하게 걱정하지 말고 최선을 다하라고 안심시켜 준다. 비밀보장에 대해 언급해야 하고 결과에 대한 피드백도 해줘야 한다. 수검자가 편안한지, 방해받지 않는지를 체크하는 것이 좋다. 그들이 명확하게 알아듣고 있는지, 제시문서를 적당하게 보는지, 또한 그들이 청각보조도구나 안경이 필요하거나 이용하는지 등을 체크해야 한다. 시작하기 전에 어떤 질문이나 문제가 있는지도 물어봐야 한다. 또한 현재 겪는 불안수준을 물어보고 적절하게 안심시키는 것이 도움이 된다. 참가자가 핸드폰이나 알람이 울리는 시계를 가지고 있다면, 꺼져 있는지 확인하는 것이 중요하다.

성격질문지의 경우에 정직하게 반응하고 진실한 정보를 제공해야 한다는 것을 강조하는 것이 중요하다. 그렇게 하지 않는다면 결과 프로파일은 거짓 정보를 제공할 것이다. 사회적 바람직성 척도의 성질에 대해 말해주는 것이 좋은데 이것은 그들이 너무 좋은 방향으로 자신을 보이려고 하는 것을 나타낸다. 측정의 왜곡이 있다는 것을 간단하게 언급함으로써 이런 효과를 줄일 수 있다(Kline, 1993). 컴퓨터로 검사를 실시하는 경우 수검자가 컴퓨터에 친숙해질 수 있도록 예비적 연습 회기를 갖는 것이 필요하다.

(2) 실시각본 사용

검사 사용에 관련된 많은 책임에도 불구하고 표준화된 실시각본은 엄밀한 과학은 아니다. 예를 들어 능력검사라면 보통 도입 서문으로 시작하고 마지막 지시사항을 알리기 전에 몇 가지 연습 질의응답이 이어진다. 때로 특별히 설계된 카드로 각본이 제공된다. 어떤 경우에는 임상평가의 각본이 출판사의 매뉴얼에 포함되어 있다. 또한 많은 경우에 여러 가지 글씨 크기나 색깔로 실시자가 해야 하는 것(소책자나 반응지 나눠 줄 때)과 참가자가 말해야 하는 것을 구분해 놓는다. 어떤 방식이든지 간에 지시사항에서 벗어나지 않는 것이 중요하다.

지시사항은 명확하고 어떤 부자연스러운 강조가 없이 적절한 속도로 읽어야 한다. 검사를 실시한 집단과 표준화를 위해 사용된 표집에서 적용한 지시사항이 동일하지 않다면 그 결과는 동일한 의미를 갖지 못하고 동일하게 해석할 수 없을 것이다. 지시사항, 시간제한, 문항제시, 반응절차가 동일해야 한다.

임상평가에서 실시각본이 간혹 수정될 수 있는데, 이는 주의 깊은 고민과 상황에 대한 자문, 그리고 적절한 전문적 판단이 이루어진 후에만 가능하다. 학습이나 다른 곤란을 가진 사람, 정신건강 문제를 가진 사람, 너무 어리거나 나이 든 사람을 평가할 때 이런 경우가 생길 것이다. 시간제한이 없는 규준이 여러 군데 사용될 수 있는데, 연습문항을 위한 더 많은 시간을 제공하고, 해석할 때

고려해야 하는 다른 문제나 지나친 불안을 기록하는 데, 그리고 도입단계에서 더 많은 격려를 제공하는 데 도움이 된다. 예를 들어, WAIS를 사용할 때, 실시자는 참가자가 실수로 인해 의욕이 저하되지 않도록 몇 가지 하위검사를 하는 동안 정반응을 할 때 수검자를 격려할 수 있다.

능력검사나 객관적 검사를 받는 사람은 연습문제를 풀 때는 특히나 서두르지 않아야 하며, 그들이 올바른 방식으로 반응을 하고 있는지를 확인하기 위해 관찰해야 하며 지시가 있을 때까지 소책자의 다음 페이지를 넘기지 않도록 지켜보아야 한다. 연습단계에서 어려움을 보이는 참가자를 어떻게 다루어야 할지에 관한 것이 지침에 들어 있다. 시작하라는 지시를 할 때 타이머를 눌러야 하고 정확한 시간에 검사를 끝내야 한다. 대부분의 능력검사와 일부 임상 평가는 시간제한이 있으므로 스톱워치가 필요하다. 평가 후에 참가한 것에 대해 항상 감사인사를 하고 다음에 일어날 일에 대한 조언을 해주어야 한다.

2) 채점

채점 체계는 많은 형식이 있을 수 있으며 실시에서와 같이 지시사항을 주의깊고 정확하게 따르는 것이 중요하다. 채점 또한 조직적이고 엄밀하게 지시사항을 따르는 것이 중요하다. 컴퓨터 채점이 점차 늘어나고 있는데, 수동 채점 방법은 아직 널리 사용되고 때로는 두 가지가 동시에 가능하기도 하다. 컴퓨터 채점만이 유일한 경우도 있다. 잘못된 채점은 오차변량을 증가시키기 때문에 정확성이 중요하다.

수동 채점은 두 가지 형태가 있다. 그 중 하나는 채점판을 이용하는 것으로 오늘날 거의 사용하지 않는다. 두 번째는 '자가 채점' 형태이다. 이것은 반응지 아래에 덮여 있는 이면지가 있어서 두 부분으로 나눠지며, 위에 있는 반응지에 체크를 하면 아래 채점지에 새겨지는 방법이다. 검사한 후 이면지를 떼어내서 문항들끼리 합산한다. 여기서 나온 원 점수를 환산점수로 바꾼다. 단점은 수검자가 문항에 표시할 때 아래 채점지에 새겨질 만큼 충분한 압력을 가하지 않는 경우가 있다는 것이다. 따라서 실시 전에 이런 것에 대해 충분히 알려주는 것이 중요하다.

3) 해석

채점으로 얻어진 원 점수는 아무 의미가 없다. 원 점수는 사람들이 무엇을 할 수 있고 할 수 없는지, 그들이 어떤 사람인지에 대해 아무 것도 말해주지 못한다. 그 점수에 의미를 부여하기 위해서 규준이나 준거를 참고로 한 점수로 전환해야 한다. 가장 간단한 과정은 그것을 백분위나 표준점수, 즉, z 점수나 T 점수로, 변환해야 한다. 이렇게 하면 '규준 집단'이라고 말하는 대표 표집의 평균 점수와 비교를 통해서 점수는 그 의미를 갖게 된다. 표준화된 점수는 평가자가 해석하고 비교할 수 있게 만들어 주고 평균이나 차이를 계산하게 만들어 주므로 척도의 기술적 속성을 이해하는 것이 필요하다. 규준 자료는 사람들의 점수를 서로 비교할 수 있게 해주고 연령, 성별, 다른 배경 등의 요인으로 설명할 수 있게 해준다. 따라서 원 점수는 단지 시작일 뿐이고, 의미가 없으므로 원 점수를 훈련받지 않은 사람들에게 전달해서는 안 된다. 백분위는 A에서 E까지의 등급이나 평균 이하에서 평균 이상까지와 같이 상식적 방식으로 해석할 수 있다.

4) 보고서 작성

평가과정은 보고서를 작성하고 평가의 대상이 된 사람이나 의뢰자에게 평가 결과를 제시함으로써 결실을 맺게 된다. 전문가나 내담자에게 정보를 제공하는 것과 더불어 보고서는 법적 목적으로 그 기록이 사용되기도 하고 다른 곳에 의뢰하기 위해서 사용되기도 한다. 평가에 이어서 치료를 해야 할 상황에서는 개입에 앞서 현재의 내담자의 기능을 보고서에 기록한다. 이러한 기본 정보는 어떤 개입의 영향력을 정확하게 결정하는 데 필수적이다.

내담자, 어린 내담자의 부모, 의사, 보험회사, 고용주, 법률가, 법정 등을 포함한 많은 사람들이 평가를 요청할 수 있다. 따라서 평가를 하고 보고서를 작성할 때 심리학자는 보고서가 어디에 사용되고 보고서를 누가 보는지를 알고 있어야 한다(Groth-Marnat & Horvath, 2008). 이것은 특히 평가받는 사람이 평가를 요청한 측과 대립적 위치에 있을 때 특히 더 중요하다. 심리학적 서비스를 제공하는 데 있어서 사전 동의와 비밀보장이라는 이슈는 항상 중요하다. 그러나 대립되는 상황에서 심리학자는 평가받는 사람에게 유리한 권리와 선택을 반드시 강조해야 한다.

거의 모든 사법권에서 내담자가 자신의 심리학적 보고서에 접근할 수 있는 프라이버시 법률을 허용하므로 심리학자는 이것을 기억하면서 보고서를 작성해야 한다. 이것으로 인해 어떤 결론이나 권유사항을 바꾸지는 않겠지만 보고서를 어떻게 작성해야 할지에는 영향을 미칠 수 있다. 낙인을 찍는 용어나 불쾌한 용어는 보고서에서 제거하거나 극소화해야 한다. 게다가 다양한 정보원을 통합할 때 심리학자는 누가 무엇을 말했는지를 명확하게 해야 한다. 보고서는 평가가 행해지는 원래 이유를 벗어나서 파생적 문제를 일으킬 수 있는 잠재적인 법적 기록이다. 내담자의 자기보고에만 의존한다면 "그의 아버지는 그를 수차례 신체적으로 학대했다."와 같은 진술은 "내담자는 그의 아버지가 수차례 그를 신체적으로 학대했다고 보고했다."라고 작성되어야 한다. 이와 마찬가지로 애매한 용어는 피해야 한다. 예를 들면 결혼 분쟁을 기술할 때 "커플은 가끔 싸운다."라는 문장은 빈번한 논쟁이나 신체적 공격 둘 다를 의미할 수 있다. 글상자 10-6에는 임상심리학자가 평가보고서의 타당도와 유용성을 극대화하기 위해 따라야 할 몇 가지 원칙이 제시되어 있다.

글상자 10-6. **보고서 작성 원칙**

- 평가절차를 통해서 나온 결과를 통합하여 공통 주제를 확인한다.
- 내담자에 대해 관련 정보원(신뢰성 있고 타당한 검사결과, 행동관찰, 개인검사반응, 면담자료, 사례사를 포함하는)을 모두 사용하여 가설을 만들고 해석을 하고 권유사항을 작성한다.
- 결과가 명확할 때는 확정이지만 결과가 불일치하거나 상충될 때는 주의해야 한다.
- 보고서를 읽기 쉽도록 구체적 예를 사용한다.
- 단순하게 검사 이름과 점수를 나열하기 보다는 검사점수의 의미와 함의를 해석한다.
- 검사점수만으로 진단을 하는 것은 피한다. 즉, 모든 정보원을 이용해야 한다.
- 보고서를 읽기 쉽도록 불필요한 기술적 요소는 제거하고 명확하게 전달한다.

출처: Sattler(1992).

글상자 10-7은 대부분의 심리평가보고서에 전형적으로 포함되는 내용을 제시하고 있다. 보고서의 필수적 구성요소에 대한 표준은 없지만 내용과 구조는 평가 이유에 따라 다르다.

글상자 10-7. **전형적 심리학적 보고서의 내용**

- 환자/내담자 정보
- 의뢰 이유
- 배경 정보(현재 상태와 관련된 발달사, 교육사, 직업경력, 가족사, 대인관계, 의학기록, 증상과 장애의 발달사 등을 포함하는)
- 평가 방법(실시한 검사 포함)
- 면접 자료와 행동관찰
- 검사결과(검사점수의 해석 포함)
- 진단적 인상
- 요약
- 권유사항

출처: Hunsley & Lee(2010).

글상자 10-8은 개입의 목적을 지닌 평가보고서에 포함되는 내용을 제시하고 있다. 이들 치료계획은 전형적 평가보고서에 따라 다르다. 즉, 그들은 주로 환자에 개입하는 계획을 만들기 위해 평가 자료를 이용하는 것에 초점을 맞추고 있다. 치료계획은 심리학적 치료가 이 시점에서 적당한지를 충분히 고려해야한다. 보고서는 내담자의 심리적 기능을 기록하거나 평가 자료에서 추론한 임상적 개념화를 제공하기 위해 사용된다. 치료계획 보고서는 문제를 확인하고 목적과 목표를 분명히 하고, 계획된 치료 전략 등을 포함한다(Mariush, 2002). 환자의 기능을 계속적으로 평가할 필요가 있다. 치료의 영향을 모니터하여 치료를 중지하거나 대안적 치료를 해야 하거나를 결정해야 한다. 점차 많은 기관에서 치료를 시작하기 전에 치료계획을 요구한다.

글상자 10-8. **전형적 치료계획의 내용**

- 환자/내담자 정보의 확인(이름, 연령, 성별 등)
- 의뢰 이유
- 기본 증상과 문제의 평가
- 진단
- 환자 강점
- 치료관련 목표와 목적
- 치료 제안
- 치료에 대한 잠재적 장벽
- 치료 종결기준이나 다른 서비스 제공자에게 의뢰
- 치료 이행과 치료 평가에 책임 있는 서비스 제공자

출처: Mariush(2002).

5) 피드백

평가 후에 검사결과를 수검자에게 이해할 수 있는 방식으로 설명하는 피드백을 해주어야 한다. 어떤 접근이든지 간에 가장 중요한 요소는 수검자에 대한 책임감의 문제이다. 피드백은 항상 예민하고 주의 깊게 이루어져야 한다. 피드백을 잘 한다면 검사과정이나 그들 자신에 대해 긍정적 감정을 갖게 할 수 있다. 잘 되지 않으면 고통을 유발할 수 있고, 검사과정에 대해 안 좋은 이미지를 갖게 만들고 나쁜 결정을 하게 만들 수 있다. 개인적으로 평가하는 것이 아니라면 구조화된 접근이 항상 가장 좋다. 너무 엄격한 것과 정반대의 문제는 때로 수검자에 대해 지나치게 긍정적인 방식을 채택하는 것이다. 이렇게 되면 평가의 의미를 잃게 되며 이것은 바넘 효과(Barnum effect)를 반영하는 것이다. 다시 말하자면 좋은 훈련도 무가치하게 된다.

피드백하는 맥락은 폭넓게 다양할 수 있지만 기본 원칙이 대부분 적용될 것이다. 임상진단에서 문제가 발생하는 경우는 척도점수가 어떤 장애를 나타낼 때이다. 이와 유사하게 지능검사에서는 낮은 점수가 나와서 수검자가 혼란을 느낄 때 문제가 발생할 수 있다. 정서적 안정성과 같은 성격특성에서 문제가 생길 수 있는데, 여기에서 낮은 점수를 받은 사람은 그것을 지나치게 의식하는 경향이 있다. 모든 사례에서 사람들에 대한 최선의 관심이 선행되어야 하고, 민감성과 전문성을 가지고 모든 논의가 이루어져야 한다. 정서적 안정성 요인은 많은 검사에 포함되어 있는데 피드백할 때는 라포 형성을 잘 해야 하고 부정적인 것보다 긍정적인 것에 초점을 맞춰서 논의해야 한다. 비밀보장을 강조하는 것이 도움을 줄 수 있다. 때때로 평가가 끝난 후 직접적으로 대면하여 피드백을 할 수도 있지만, 대부분은 이런 것이 가능치 않으므로 다른 방법을 찾아야 한다. 전체적으로 많은 방법이 있다.

- 능력검사를 한 경우에 전화 피드백하기
- 성격검사나 다른 질문지를 마친 경우 마지막 단계에서 대면 피드백하기
- 발달, 코칭, 임상이나 상담 목적과 같은 경우 보고서 작성하기
- 평가를 의뢰한 법정, 학교, 고용자와 같은 제삼자에게 보고서 작성하기

(1) 전화 피드백

이것은 직업영역에서 능력검사나 적성검사를 다루는 가장 일반적 접근일 것이다. 왜냐하면 주목적이 결과를 전달하는 것이기 때문이다. 물론 전화를 사용하는 데 가장 주된 문제는 비언어적 단서가 부족하다는 것으로, 즉 말한 것의 영향을 알아보는 것이 불가능하다. 반응에 대해 잘 알지 못한다는 것은, 예를 들어 성격을 다룰 때 조용한 개인적 피드백을 해야 할 때, 전화를 사용하는 것이 현명하지 않다는 것을 의미한다. 그러나 매우 비밀스런 정보를 알리는 데 적합하다는 장점이 있지만 사전에 수검자의 신분을 점검해야 한다. 전화로 피드백하는 구조화된 과정은 글상자 10-9에 개관되어 있다.

글상자 10-9. **전화피드백을 위한 구조화된 과정**

어떤 경우라도 사적으로 평가하는 것을 피해야 하고 수검자가 그들 자신에 대해 긍정적으로 느끼도록 해야 한다. 다음은 구조화된 과정을 제공하는 데 도움이 될 것이다.

1단계: 수검자를 편안하게 해 주고 검사받을 때의 경험에 대해 질문하면서 충분하게 라포를 형성한다.

2단계: 검사에 대한 지식수준을 확인하고 그 수준에 맞춰서 논의한다.

3단계: 기술적인 특수용어를 사용하지 않고 적합한 용어로 검사에 대한 관련 정보(타당도와 신뢰도)를 제공한다.

4단계: 수검자의 결과와 비교할 수 있는 규준 집단을 설명해 준다.

5단계: 수검자에 대해 얻은 다른 정보를 포함하여 전체 맥락에 맞게 정보를 평가한다.

6단계: 질문을 할 기회를 준다.
7단계: 수검자를 위해 발전적인 피드백을 한다.

출처: Coaley(2010).

(2) 대면 피드백

복합적 평가 결과에 대해 피드백을 하는 것은 더 어렵고 힘들다. 이런 경우에 수검자가 어떻게 받아들이는지를 인식하는 것이 중요하다. 보통 개인의 선호도, 행동방식을 탐색하고 전달하며, 이런 것에 대한 지지 증거를 찾아내는 것이 주요 목적이다. 어떤 평가도 100퍼센트 정확할 수 없으므로 평가결과를 수검자와 함께 논의할 필요가 있다. 그러나 누군가에게 피드백을 하기 위해서는 복잡한 검사 도구에 숙달되어 있어야 하고 사회적 관계를 잘 다룰 수 있어야 한다. 결과를 대면 피드백하는 데 적합한 맥락의 유형은 선발, 발달, 코칭, 임상이나 상담 장면 등이고 공통 목적은 그들 자신에 대해 더 많이 알 수 있도록 돕는 것이다. 이것은 장래에 개인적 선택을 잘 할 수 있게 하는 데 기여한다.

준비를 잘 하는 것이 필수적인데 특히 결과를 어떻게 전달할 것인가에 대해 계획하는 것은 물론이고 사적이고 방해받지 않는 장소를 확인하는 것이 필요하다. 가능한 평가를 한 후 즉각적으로 피드백을 해야 한다. 시간은 중요한 요인이고 충분한 논의를 하는 데 2~3시간이 필요할 수도 있다. 피드백하는 과정에서 결과의 함의를 탐색하는 것뿐 아니라 개인적 배경과 문제가 되고 있는 이슈 등을 함께 다뤄야 한다. 피드백하는 사람의 역할은 주로 수검자가 자신에 대해 느끼고 아는 것과 새로운 정보가 제시하는 것 사이에 차이를 명료화하도록 돕는 데 초점을 맞춰야 한다.

비교적 개방적이고 자연스럽고 비공식적인 접근이 가장 좋다. 피드백은 부정적 측면을 지나치게 강조하지 않은 긍정적 경험이 되어야 한다. 많은 심리적 속성은 옳고 그른 것이 없으며 맥락에 따라 긍정적 측면과 부정적 측면을 둘 다가지고 있다. 사실 훈련받지 않은 사람은 출판자가 제공하는 척도 설명을 보통 이해할 수 없는데, 선심 쓰는 체하는 느낌 없이 수검자가 이해할 수 있는 적절한 언어가 사용되어야 한다.

대면 피드백을 하는 동안 계속해서 비밀보장을 기억하게 하고 검사의 차원을 설명하고 자기 점수를 참조집단과 비교하는 방법 등을 반복적으로 말해 줘야 좋은 도입이 될 것이다. 어떤 프로파일도 100퍼센트 정확할 수 없다는 것을 설명하는 것이 도움이 된다. 평가받는 것에 대한 느낌이나 경험을 물어보는 것이 라포 형성을 가장 잘 하는 방법이다. 몇 가지 구조화된 접근이 가능한데 다음과 같은 것이다.

(a) 수검자에게 검사 채점내용과 결과를 설명한 것에 대한 느낌을 묻는다. 이것은 그들의 경험, 인상, 개인적 이해를 통하여 점수의 타당도를 탐색할 수 있게 해준다. 여기서 어려운 점은 시간이 많이 걸리고 여러 요인들의 결합에서 나온 패턴을 이해하는 데는 도움이 되지 않을 수 있다. 많은 준비가 필요하지만 특별한 주의를 기울여야 하는 상담, 코칭, 발달이나 임상장면에서 특히 유용하다.

(b) 프로파일 용지를 이용하여 수검자가 원한다면 노트를 할 수 있도록 한다. 보고서에 들어 있는 진술들이 장래에 그들을 혼란에 빠트릴 수도 있기 때문에 완성된 프로파일을 갖게 하는 것은 적합하지 않다. 완성된 프로파일을 즉각 제공하는 것은 수검자에게 가장 흥미로운 것에 집중하게 해서 다른 설명에 관심이 없게 만들 수 있다. 매 회 종결 시에 간단한 기술로 한 번에 한 가지 요인만을 논의하는 것이 더 좋다. 빈 용지로 프로파일을 가리는 것은 첫 번째 요인을 설명한다는 것을 의미한다. 다음에 덮개는 한 번에 한 가지 요인을 따로 논의하기 위해 밑으로 내리면 된다. 이런 과정이 진행되면서 점수의 전체 조합을 논의할 수 있게 된다.

어떤 피드백도 그 결론은 긍정성을 강조하고 문제로 제기한 의미와 사고에 초점을 맞춰야 한다. 이것은 직업가이던스나 다른 맥락의 피드백에서도 그래야 한다. 그 이후에 미래를 위한 계획을 종합적으로 구성할 수 있다. 주요 초점과 결론을 요약한 후에 서면 보고서를 제공하는 것이 도움이 된다.

(3) 서면 보고서

평가 결과가 전달될 수 있는 또 다른 방식은 보고서이다. 주의 깊게 고찰하여 구성이 잘된 서면 보고서는 매우 유용한 결과를 제공할 수 있다. 코칭이나 훈련 목적을 위한 보고서는 보고서를 읽는 사람이 미래의 발전을 위해서 해야 할 것에 대한 옵션을 남겨둘 필요가 있다. 일단 실행된 평가를 설명하는 것으로 구조화하면 된다. 보고서의 목적과 수령자의 요구는 차이가 날 수 있다. 기술적이지 않은 용어로 코멘트를 하는 것이 현명하다.

보고서는 논리적으로 구조화되어야 한다. 초점이 있는 표준화된 제시방법이 가장 좋다. 예를 들면 보고서는 다음과 같은 사항을 기초로 구성한다.

- 표지에는 누구에 관한, 누구를 위한 보고서인지를 쓰고 비밀보장에 대한 진술을 한다.
- 도입에서는 평가 목적과 날짜, 그리고 배경맥락을 개괄한다.
- 실시한 평가의 특징을 사용된 규준 집단을 포함하여 자세히 쓴다. 평가의 제한점과 오차범위에 대해 코멘트를 덧붙이는 것이 좋다.
- 결과 부분에서는 검사에서 나온 내용을 개괄한다.
- 때로 어떤 경우에 현재 평가와 관련된다면 더 필요한 조사 영역을 열거할 수 있다.
- 주요 결론을 간단히 요약한다.

이러한 형식은 폭넓은 목적으로 사용될 수 있다. 법정을 위한 서면 보고서는 더 특별한 조치가 필요하다. 직업분야에서 성격보고서는 대인관계 방식, 작업에 대한 접근방식, 의사결정, 문제해결, 관리 방식에서의 유능함으로 구조화될 수 있다. 경험적으로 작성자는 차원에 맞춰 결정할 수 있고 전체 구조는 그것들을 중심으로 보고한다. 재치와 민감성이 여러모로 필요하지만 이것이 바넘 효과를 의미하는 것은 아니다. 긍정적 진술은 부정적 진술을 하기 전에 해야 한다는 것을 의미한다. 부정적인 것은 민감한 표현법으로 구조적이고 발달적 방식으로 접근할 필요가 있다. 예를 들면, '정서적 안정성이 낮다.'고 하기보다는 '당신은 당신의 감정이나 다른 사람의 감정을 더 많이 인식하는 경향이 있다.'라고 언급하는 것이 좋다. 용어를 주의 깊게 사용해야 하고 범주적 진술이나 가치 판단은 피해야 한다. '…할지도 모른다.', '…할 수도 있다.', '…한 가능성이 있다.', '…한 것으로 보인다.', '…를 시사한다.' 등등 이와 유사한 표현들을 사용할 것을 권유한다. 발달 보고서는 이인칭으로, 관리자를 위한 조직의 보고서는 삼인칭으로 작성된다. 조직 안에서 사용하는 보고서의 경우에 수검자가 나중에 보거나 관리자가 그 중 일부를 공개할 수도 있으므로 민감할 필요가 있다. 예를 들면 명백한 이유들로 '약점'이나 '수용할 수 없는'이라는 단어를 사용해서는 안 되고 수용 가능한 대안을 찾아야 한다.

(4) 컴퓨터 작성 보고서

컴퓨터로 작성한 보고서가 점차 많이 사용되고 있다. 소프트웨어가 기반이 되는 채점과 보고서 작성을 이용할 수 있는 평가는 교육 분야에서 계산 장애 선별 척도(Dyscalculia Screener), 영국 능력 척도(British Ability Scales)가 있고, 아동정신 건강에서는 청소년 정신병리 척도(Adolescent Psychopathology Scale), 코너스의 일반 정신병리 척도(Conners scales of general psychopathology), 그리고 웩슬러 기억 척도(Wechsler Memory Scale), 웩슬러 성인지능 척도 III(Wechsler Adult Intelligence Scale-III) 등이 있다. 보고서는 점수를 채점하고 점수를 요약하고 적당한 표와 그래프를 제시하여 평가 작업을 더 쉽게 하도록 설계되어 있다. 직업분야의 많은 측정도구들은 평가받은 사람이나 관리자를 위한 보고서 작성 소프트웨어를 갖추고 있다.

보고서는 보통 직접 작성된 것처럼 설계되어 있다. 그러나 공통 속성에는 같은 단어나 문장을 반복해서 사용하기 때문에 여러 사람들의 최종 결과를 비교할 때 오히려 더 명확할 수 있다. 이것은 어떤 척도에 대한 특정 점수가 특정 형식의 단어들과 연결되기 때문이다. 이는 컴퓨터가 데이터베이스 안에서 일정 텍스트를 선택하는 구조화된 규칙을 갖고 있기 때문에 발생한다. 기본적으로 여러 표현이나 문장들의 집합과 일련의 규칙이 있다. 규칙은 기술하는 방식을 결정하며 문장이나 표현은 경험 있는 보고서 작성자, 연구, 그리고 검사 매뉴얼 등의 여러 원천에서 나온다. 보고서는 시간소모가 덜 된다는 큰 장점을 가지고 있다. 한 측정도구가 많은 차원을 포함하고 각각에 대해 여러 문단을 이용할 수 있다면 보고서는 길어질 수 있다. 그러나 같은 자료가 항상 같은 보고서를 만들기 때문에 일관성이 있다. 이것은 임상분야에서 유리한데 전통적 보고서보다 더 타당하며(Hoffman, 1962; Ben-Porath & Butcher, 1986) 구조화가 잘 되어 있다.

그러나 비판점도 있다. 컴퓨터가 기술한 보고서는 인간이 한 것보다는 덜 민감하기 때문에 한 사람에 대해 거슬리게 표현되기도 한다. 그것은 평가의 목적에 덜 초점을 맞춰서 일반화된 해설을 만들어 내기 때문이다. 마지막으로 사용자는 표현방법, 문법, 철자, 구두점 그리고 작성방식 등을 만든 사람의 수완에 의존한다. 이런 이유로 컴퓨터로 작성한 보고서를 점검해 보고 그 목적과 선호하는 방식에 맞춰 선택하는 것이 가장 좋다.

어떤 보고서는 타당하지 않은 설명을 하고 제한점을 모르는 비전문가에 의해 만들어졌기 때문에 비윤리적이다(Lanyon, 1987). 평가를 이해하지 못하는 훈련받지 않은 사람들이 사용하는 것은 상당한 위험이 있으므로 접근이 제한되어야 한다(Matarazzo, 1983, 1986: Bartram, 1995b).

6) 21세기의 검사

21세기의 지난 반세기에는 검사이론에서 거의 변화가 없었다고 말할 수 있다. 컴퓨터 기술을 점점 더 사용하는 것과 더 복잡한 통계적 방법으로 검사구성과 관련하여 많은 발달이 있었다. 온갖 종류의 수많은 평가재료들이 늘어나고 있으며 현재 있는 평가도 계속 보완되고 있다. 이론적 쟁점과 측정적 쟁점 둘 다에서 새로운 진보를 가져올 필요가 있다(Kline, 2000).

미래에는 컴퓨터 검사가 검사의 주요 영역이 될 것이다. 컴퓨터는 15FQ + 질문지와 같이 실시, 채점, 검사 해석, 보고서 제공에서는 물론이고 문항 평가와 구성에서 중요한 역할을 한다. 반응을 직접적으로 입력하는 소프트웨어의 사용은 채점을 더 쉽게 하고 더 정확하게 하며 전체 실시과정에 시간이 덜 소요된다. 인터넷으로 검사하는 것은 표준화된 실시와 채점을 기술적으로 제공할 수 있다(Nunnally & Bernstein, 1994). 기술을 더 효과적으로 사용하는 컴퓨터 평가의 좋은 예는 MBTI의 전통적 접근에서 개발된 유형역동지표(Type Dynamics Indicator)인데 이는 사람들을 이해하는 데 혁신적이다.

그러나 컴퓨터로 된 문항들이 소책자로 된 것과 동일하게 해석될지(Mazzeo & Harvey, 1988), 사회적 바람직성 점수에 대한 테크놀로지의 영향력(Davis & Cowles, 1989), 그리고 전통적 절차와 비교하여 불안수준이 증가한 것(Hedl, O'Neil, & Hansen, 1973) 등 몇 가지 우려가 있다. IT와 사람들이 친숙하다는 다른 문제가 있는데, 수검자는 검사하면서 반응을 쉽게 변경하고 향상시킬 수 있다. 인터넷을 통해 평가가 진행된다면 주요 문제는 '진정성'에 관한 것인데 예를 들어 실시자는 검사를 완성한 사람에 대해 얼마나 확신할 수 있을 것인가. 이것에 대한 점검은 슈퍼비전을 받으며 재검사하는 것이다. 그러므로 그런 영역에서 더 많은 개선이 될 수 있도록 노력해야 할 것이다.

기술적 진보와는 별도로 새로운 이론과 평가방법에 초점을 둔 더 많은 혁신이 필요하다. 이것은 더 어려운 도전이다. 우리가 보았듯이 지능, 능력, 성격의 평가에서 주요한 발달이 있었다. 일부 이론가들은 평가에, 예를 들면 정서지능 운동(Goleman, 1995), 다시 관심을 갖고 개선하려는 경향이 있다. 이론과 평가는 불가분하게 연결되어 있기 때문에 재능 있는 혁신이 필요하고 이것은 새로운 이론적 이해를 의미한다. 또한 측정기술에서도 이와 관련된 개발이 필요하다.

성격 영역에서 미래의 잠재적 발달은 척도 개발에 입각한 조건적 추리(James, 1998), 컴퓨터로 된 상호작용 자극을 사용한 가상현실평가(Hough & Ones, 2001), 유전검사(Plomin & Crabbe, 2000: Cook & Cripps, 2005), 심리생물학을 포함하는 신경학적 검사(Depue, Lucianna, Arbisi, Collins & Leon, 1994) 등을 포함한다. 전기적 자료 척도(biodata scales)는 성격특징과 인지능력 둘 다를 측정하는 것으로 알려져 있다(Mumford, Costanza, Connelly, & Johnson, 1996). 법적 쟁점은 이들 중 일부에 의해 제기될 수 있고 검사에 영향을 미치는 법률의 장래 변화 또한 설명될 필요가 있을 것이다. 지능과 특수 능력의 다른 요인은 물론이고 g의 더 복합적 모델링이 가능하다. 이는 리더십과 창의성과 같은 더 전문화된 영역에서의 혁신은 물론이고 테크놀로지의 발달을 이용하면 가능해질 것이다. 우리는 또한 임상평가에서도 발전을 기대한다. 앞으로 건전한 구성과 타당도를 가진 더 많은 진단 측정도구를 만들어내게 될 것이다.

그러므로 미래를 예측하는 것은 더 복합적이고 기술적 원칙을 가져야 한다는 점에서 어려움이 있다. 전체적으로 미래에는 전문적 검사를 개발하고 현재의 걱정을 해결할 수 있는 컴퓨터에 기반을 둔 평가를 확고하게 할 필요가 있을 것이다. 검사 구성과 측정도구를 더 신뢰 있고 타당하게 만드는 효과적인 방법이 가장 우선되어야 한다.

지금까지 알아본 평가에서의 전문적 쟁점은 실시, 채점, 해석, 그리고 피드백 제공을 포함한다. 검사 실시를 표준화하는 것이 준비해야 할 가장 핵심이다. 검사에 대한 여러 염려 때문에 측정도구를 사용할 때 신뢰도와 타당도를 유지하고 잘 실행하도록 해야 한다. 채점방법은 채점키, 자가 채점지, 그리고 컴퓨터에 기반을 둔 채점 등이 있다. 전화나 대면 피드백을 할 때는 충분한 준비가 필요하다. 보고서를 작성하는 것은 수기로 할 수도 있고 컴퓨터로 작성된 것을 사용할 수도 있다. 우리는 검사의 앞으로의 발달시키는 것을 전망해 보았다.

참고문헌

강연욱, 나덕렬 (2003). *Seoul Neuropsychological Screening Battery(SNSB): Professional Manual.* 서울: 휴브알엔씨.

고제원, 이규호, 이민희 (2010). 비행청소년의 범죄유형별 PAI프로파일. 법학연구, 39, 157-176.

곽금주, 장승민 (2011). K-WISC-Ⅴ 실시와 채점 지침서. 서울: 인사이트 심리검사 연구소, 학지사.

곽선영 (2005). 비행청소년의 재범위험성 차이에 관한 연구: 재범촉발요인조사와 PAI조사결과를 중심으로. 경기대학교 대학원 석사학위논문.

김선영 (2014). 비행유형에 따른 비행청소년의 성격특성연구. 조선대학교 석사학위논문.

김세일 (2006). PAI상에 나타난 범죄자의 성격특성분석. 경성대학교 대학원 석사학위논문.

김영환, 김재환, 김중술, 노명래, 신동균, 염태호, 오상우(1989). 다면적 인성검사(MMPI). 서울: 한국 가이던스.

김영환, 김지혜, 오상우, 이수정, 조은경, 홍상환 (2006). 성격평가질문지-청소년용 실시요강. 서울: 학지사.

김영환, 김지혜, 오상우, 임영란, 홍상황 (2001). PAI 표준화 연구: 신뢰도와 타당도. 한국심리학회지: 임상, 20, 311-329.

김영환, 문수백, 홍상황 (2005). 심리검사의 이론과 실제. 서울: 학지사.

김영환, 오상우, 홍상황, 박은영 (2002). PAI의 임상적 해석. 서울: 학지사.

김재환, 오상우, 홍창희, 김지혜, 황순택, 문혜신, 정승아, 이장한, 정은경 (2014). 임상심리검사의 이해. 서울: 학지사.

김정기, 강연욱 (1997). 한국판 캘리포니아 언어학습검사(K-CVLT)의 표준화연구. 한국심리학회지: 임상 16, 379-395.

김중술, 한경희, 임지영, 민병배, 이정흠, 문경주 (2005). 다면적인성검사-청소년매뉴얼. 서울: 마음사랑.

김향희, 나덕렬 (1997). 한국판 보스턴 이름대기 검사. 서울: 학지사.

김홍근 (1999). Rey-Kim 기억검사: 해설서. 대구: 도서출판 신경심리.

김홍근 (2001). Kims 전두엽-관리기능 신경심리검사: 해설서. 대구: 도서출판 신경심리.

미셸 푸코 저, 김부용 옮김 (1991). 광기의 역사. 경기: 도서출판 인간사랑.

박영숙 (2004). 심리평가의 실제. 서울: 하나의학사.

박영숙 (1994). 아동청소년 성인대상 최신심리평가. 서울: 하나의학사.

박은영, 홍상황, 정상문, 김영환 (2002). 수형자의 PAI프로파일과 범법행위 예언지표. 한국심리학회지: 임상, 21(4), 941-954.

신민섭 (1994). 한국판 아동용 Luria-Nebraska 신경심리 검사의 표준화 연구 I.: 척도제작, 신뢰도 및 뇌손상 진단을 위한 규준 산출. 소아청소년 정신의학, 5, 54-69.

신민섭, 박민주 (2007). 한국판 아동용 스트룹 색상-단어 검사의 표준화 연구. 한국심리학회 학술대회

자료집, 628-629.

신민섭, 홍강희 (1994). 한국판 아동용 Luria-Nebraska 신경심리 검사의 표준화 연구 II : 척도제작, 신뢰도 및 뇌손상 진단을 위한 규준 산출. 소아청소년 정신의학, 5, 54-69.

신준현 (2010). 치매의 진단: 신경심리검사. *Korean Journal of Family Medicine,* 253-266.

안경흡, 김명선, 김연수, 박은희, 박선희, 신민섭, 류인균, 권준수 (2000). 강박증 환자에서 신경 심리 검사를 통한 전두엽 기능에 관한 연구. 神經精神醫學, 598-609.

양애란 (2005). 경찰수사단계에서의 비행청소년의 범법촉발요인과 범죄유형에 따른 성격특성. 전남대학교 대학원 석사학위논문.

이남희, 이봉건 (2009). 비행청소년의 범죄유형에 따른 재범위험성차이에 대한 연구. 한국심리학회지: 사회 및 성격, 23(2), 127-140.

이우경, 이원혜 역 (2012). 로샤 검사에 대한 정신분석적 접근. 서울: 학지사.

이현수, 박병관, 안창일, 김미리혜, 정인과 (2001). 한국판 기억평가검사: 전문가용 실시, 채점요강. 서울: 한국가이던스.

임호찬 (2015). 심리검사의 종류와 활용. 서울: 서현사.

정미지 (2008). 재범여부에 다른 소년범의 심리적 특성. 부산대학교 대학원 석사학위논문.

정범모, 이정균, 진위교 (1967). MMPI 다면적 인성검사 실시요강. 서울: 코리안 테스팅 센타.

최미례 (2011). MMPI와 MMPI-2와의 관계에 대한 고찰. 한국심리치료학회지, 3(1), 29~40.

한경희, 임지영, 민병배, 이정흠, 문경주, 김중술 (2006) 한국판 MMPI-2 개발연구. 한국심리학회지 임상, 25(2), 533-564.

한경희, 임지영, 민병배, 이정흠, 문경주, 김중술 (2005). 다면적 인성검사-청소년용 매뉴얼. 서울: (주)마음사랑.

홍창희 (1984). Luria Nebraska 신경 심리검사의 한국표준화를 위한 연구: 병리지표척도와 편측화척도를 중심으로. 서울대학교 대학원 석사학위논문.

황순택, 김지혜, 박광배, 최진영, 홍상황 (2012). 한국 웩슬러 성인용 지능검사 4판(K-WAIS-IV). 대구: 한국심리(주).

Acklin, M. W., McDowell, C. J., Verschell, M. S., &, Chan, D. (2000). Interobserver agreement, introbserver reliability and the Rorschach comprehensive system. *Journal of Personality Assessment, 74*, 15-47.

Aguinis, H., Henle, C. A., & Ostroff, C. (2001). Measurement in work and organizational psychology. In N. Anderson, D.S. Ones, H. K. Sinangil, & C. Viswesvaran (Eds.), *Handbook of industrial, work and organizational psychology*(Vol. 1, pp. 27-50). London: Sage.

Allen, J. S., Damasio, H., Grabowski, T. J., Bruss, J., & Zhang, W. (2003). Sexual dimorphism and asymmetries in the gray-white composition of the human cerebrum. *NeuroImage, 18*, 880-894.

Anastasi, A. (1990). *Psychological Testing* (6th). New York: Macmillan.

Anastasi, A., & Urbina, S. (1997). *Psychological testing* (7th). New Jersey : Prentice Hall.

Andersen, P. (2009) Assessment and development of executive function(EF) during childhood, *Child Neuropsychology, 8*, 71-82.

Arbisi, P. A., & Ben-Porath, Y. S. (1997). Characteristics of the MMPI-2 F(p) scale as a function of diagnosis in an inpatient sample of veterans. *Psychological Assessment, 9*, 102-105.

Arbisi, P. A., Ben-Porath, Y, S. (1995). An MMPI-2 infrequent response scale for use with psychopathological populations: The Infrequency-Psychopathology Scale, F(p). *Psychological Assessment, 7*, 424-431.

Archer, R. P. (1997). *MMPI-A : Assessing adolescent psychopathology*. Mahwah, NJ: Lawrence Erlbaum Associates.

Archer, R. P., Handel, R. W., Greene, R. L., Baer, R. A., & Elikins, D. E. (2001). An evaluation of the usefulness of the MMPI-2 F(p) scale. *Journal of Personality Assessment, 76*, 282-295.

Archer, R. P., Pancoast D. L., & Gordon, R. A. (1994). The development of the MMPI-A Immaturity (IMM)scale : Findings for normal and clinical samples. *Journal of Personality Assessment, 62*, 145-156.

Ball, J. D., & Carroll, D. (1960). Analysis of MMPI Cannot Say scores in an adolescent population. *Journal of Clinical Psychology, 16*, 30-31.

Barron, F. (1953). An ego-strength scale which predicts response to psychotherapy. *Journal of Consulting Psychology, 17*, 327-333.

Bartram, D. (1995). The role of computer-based test interpretation(CBTI) in the occupational assessment. *International Journal of Selection and Assessment, 3*, 178-185.

Basso, A., & Rusocni, M. L. (1998). Aphasia in left-handers. IN P. Coppens, Y. Lebrun, & A. Basso (Eds.), *Aphasia in atypical populations* (pp. 1-34). Mahwah, NJ: Erlbaum. (14)

Bayley, P. J., Frascino, J. C., & Squire, L. R. (2005). Robust habit learning in the absence awareness and independent of the medial temporal lobe. *Nature 436*, 550-553.

Bayley, P. J., Hopkins, R. O., & Squire, L. R. (2006) The fate of old memories after medial temporal lobe damage. *Journal of Neuroscience, 26*, 13311-13317.

Beck, S. J. (1937). Introduction to the Rorschach method: A manual of personality study. *American Orthopsychiatric Association Monograph, 1*.

Bellak, L. (1959). On the problems of the concept of projection. Lawerence Edwin(Ed.). *Projective psychology: Clinical approach to the total personality*. Read Book,

Bellack, L. (1986). *The TAT, CAT, and SAT in clinical use*(4th ed.), Orlando: Grune & Stratton, Inc.

Bellak, L., & Abrams, D. M. (1997). *The thematic apperception test, the children's apperception test, and the senior apperception technique in clinical use*. (6eh ed.). Needham Heigts, MA. US: Allyn & Bacon.

Ben-Porath, W. S., & Butcher, J. N. (1986). Computers in personality assessment: A brief past, ebullient present and an expanding future. *Computers in Human Behaviour, 2*, 167-182.

Ben-Porath, Y. S., Hostetler, K., Butcher, J. N. & Graham, J. R. (1989). New sub-scales for the MMPI-2 social introversion scale. *Psychological Assessment, 1*, 169-174

Berg, E. A. (1948). *The Wisconsin Card Sorting Test*. Department of Psychology, University of Wisconsin.

Berlin, H., Rolls, E. T., & Kischka, U. (2004). Impulsivity, time perception, emotion, and reinforcement sensitivity in patients with orbitofrontal cortex lesions. *Brain, 127*, 108-1126.

Berryhill M. E.,, Phuong, L., Picasso, L., Cabeza, R., & Olson, I. R. (2007). Parietal lobe and episodic memory: Bilateral damage causes impaired free recall of autobiographical memory. *The Journal of*

Neuroscience, 27, 14415-14423.

Bethell-Fox, C. E. (1989). 'Psychological Testing', in Peter Herriot (ed.), *Handbook of Assessment in Organizations*. Chichester: Wiley.

Binet, A., & Simon, T. (1916). *The Development of Intelligence in Children*. Baltimore: Williams & Wilkins.

Boring, E. G. (1923). Intelligence as the tests it. *New Republic*, 35-37.

Borsutzky, S., Fujiwara, E., Brand, M., Markowitsch, H. J. (2008). Confabulations in alcoholic Korsakoff patients. *Neuropsychologia, 46*. 3133-43.

Brickenkamp, R., & Zillmer, E. (1998). *The d2 test of attention*. Seattle, WA: Hogrefe & Huber.

Buck, J. (1948). The H-T-P test. *Journal of Clinical Psychology, 4*, 151-159.

Burns, R. C., & Kaufman, S. H. (1970). *Kinetic family drawings(K-F-D): An introduction to understanding children through kinetic drawings*. New York: Brunner/Mazel.

Burns, R. C., & Kaufman, S. H. (1972). Action, styles and symbols in kinetic family drawings(K-F-D). *An interpretation Manual*. New York: Brunner/Mazel.

Butcher, J. N., Williams, C. L., Graham, J. R., Archer, R. P., Tellegen, A., Ben-Porath, Y. S., & Kraemmer, B. (1992). *MMPI-A(Minnesota Multiphasic Personality Inventory-Adolescent): Manual for adminstration, scoring, and interpretation*. Minneapolis: University of Minnesota Press.

Butcher, J. N. & Han, K. (1995). Development of an MMPI-2 scale to assess the presentation of self in a superlative manner: The S scale. In J. N. Butcher & C. D. Spielberger (Eds.), *Advances in Personality assessment* (Vol. 10, pp. 25-50). Hillsdale, NJ: Erlbaum.

Butcher, J. N., , Dahlstrom, W. G., Graham, J. R., Tellegen, A., & Kaemmer, B. (1989). *Minnesota Multiphase Personality Inventory(MMPI-2): Manual for administration and scoring*. Minneapolis: University of Minnesota Press.

Butcher, J. N., Graham, J. R., Williams, C. L., & Ben-Porath, Y. S. (1990). *Development and use of the MMPI-2 content scales*. Minneapolis: University of Minnesota Press.

Cacappolo-van Vliet, E., Miozzo, M., & Stern, Y. (2004). Phonological dyslexia without phonological impairment?. *Cognitive Neuropsychology, 21*, 820-839

Cacappolovan-van Vliet, E., Miozzo, M., & Stern, Y. (2004). *Phonological dyslexia without phonological impairment? Cognitive Neuropsychology*. Columbia University, New York, USA.

Cameron, D. E. (1938). Early schizophrenia. *American Journal of Psychiatry, 95*, 567-578.

Campbell, D. T. (1960). Blind variation and selective retention in creative thought as in other knowledge processes. *Psychological Review 67*, 380-400.

Campbell, D. T., & Fiske, D. W. (1959). Convergent and discriminant validation by the multitrait-multimethod matrix. *Psychological Bulletin, 56*, 81-105.

Carretta, T. R., & Ree, M. J. (1997). Negligible sex differences in the relation of cognitive and psychomotor abilities. *Personality and Individual Differences, 22*, 165-172.

Cattell, R. B. (1965). *The Scientific Analysis of Personality*. Harmondsworth, Middlesex: Penguin.

Cattell, R. B. (1987). *Intelligence: Its structure growth and action*. North-Holland.

Cicone, M., Wapner, W., Foldi, N., Zurif, E., & Gardner, H. (1979). The relation between gesture and language in aphasic communication. *Brain and Language, 8*, 324-329.

Coaley, K. (2009). *An introduction to psychological assessment and psychometrics*. London: Sage.

Coaley, K. (2010). *An introduction to psychological assessment and psychometrics*. Thousand Oaks, CA: Sage.

Cohn, L. D. (1991). Sex differences in the course of personality development: a meta-analysis, *Psychological Bulletin, 109*, 2:252-66.

Cook, M., & Cripps, B. (2005). *Psychological assessment in the workplace: A manager's guide*. Chichester, Wiley.

Cook, W. W., & Medley, D. M. (1954). Proposed hostility and Pharisaic-virtue scales for the MMPI. *Journal of Applied Psychology, 38*, 414-418.

Corkin, S. (2002). What's new with the patient H. M.? *Nature Reviews: Neuroscience, 3*, 153-160.

Costantino, G., Malgady, R. G., Rogler, L. H., & Tsui. E. C. (1988). Discriminant analysis of clinical outpatients and public school children by TEAMS: A thematic apperception test for hispanic and black. *Journal of Personality Assessment, 52*, 670-678.

Damasio, A. (1994). *Descartes' Error: Emotion, Reason, and the Human Brain*. New York: Putnam & Sons.

Davis, C., & Cowles, M. (1989). A comparison of weight diet concerns and personality factors among female athletes and non athletes. *Journal of Psychometric Research, 33*, 527-536.

Delis, D. C., Kramer, J. H., Kaplan, E., & Ober, B. A. (1987). *The California Verbal Learning Test—Research Edition*. San Antonio, TX: The Psychological Corporation.

Depue, R. A., Lucianna, M., Arbisi, P., Collins, P., & Leon, A. (1994). Dopanmin and the structure of personality: Relation of agonist-induced dopamine activity to positive emotionality. *Journal of Personality and Social Psychology, 67*, 485-498.

Dick, F., Bates, E., Wunfeck, B., Utman, J. A., Dronkers, N., & Gernsbacher., M. (2001). Language deficits, localization and grammar: evidence for a distributive model of language breakdown in aphasics patients and neurologically intact individuals. *Psychological Reivew, 108*, 759-788.

Edens, J. F., Hart, S. D., Johnson, D. W., Johnson, J. K. & Olver, M. E. (2000). Use of the personality assessment inventory to assess psychopathy in offender populations. *Psychological Assessment, 12*, 132-139.

Erickson, K. I., Prakash, R. S., Voss, M. W., Chaddock, L., Heo, S., McLaren, M., et al. (2010). Brain-derived neurotrophic factor is associated with age-related decline in hippocampal volume. *Journal of Neuroscience, 30* , 5368-5375

Eysenck, H. J., & Eysenck, S. B. G. (1976). *Psychoticism as a dimension of personality*. London: Hodder & Stoughton.

Exner, J. E. (1986). *The Rorschach: A Comprehensive System*, Vol. 1(2nd). New York: John Willey & Sons.

Exner, J. E. (1993). *The Rorschach: A Comprehensive System*, Vol. 1(3rd). New York: John Willey & Sons.

Facoetti, A., Corradi, N., Ruffino, M., Gori, S., & Zorzi, M. (2010). Visual spatial attention and speech segmentation are both impaired in preschoolers at familial risk for developmental dyslexia. *Dyslexia, 16*, 226-239.

Fink, G. R., Markowitsch, H. J., Reinkemeier, M., Bruckbauer, T., Kessler, J., Heiss, W. (1996). Cerebral representation of one's own past: Neural networks involved in autobiographical memory. *Journal of Neuroscience, 16*, 4275-4282.

Fjell, A. M., Westlye, L. T., Amlien, I. Espeseth, T. et al., (2009). High consistency of regional cortical thinning in aging across multiple samples. *Cerebral Cortex 19*, 2001-2012.

Flanagan, D. P., & Alfonso, V. C. (2017). *Essentials of WISC-V assessment*. Hoboken, New Jersey: Wiley & Sons.

Fleishman, E. A., & Quaintance, M. K. (1984). *Taxonomies of human performance: The description of human tasks*. New York: Academic Press.

Fleishman, E. A., & Reilly, M. E. (1984). *Human abilities: Their definition, measurement and job task requirement*. Palo Alto, CA: Consulting Psychologists Press.

Flynn, J. R. (1987). Massive IQ gains in 14 nations: What IQ tests really measure. *Psychological Bulletin, 101*, 171-191.

Flynn, J. R. (1999). Searching for justice: The discovery of IQ gains over time. *American Psychologist, 54*, 5-20.

Foucault (1959/1988). *Madness, and Civilization: a history of insanity in the age of reason*. New York: Vintage.

Fox, P. T., Ingham, R. J., Ingham, J. C., Zamarripa, F., Xiong, J. H., & Lancaster, J. L. (2000). Brain correlates of stuttering and syllable production. A PET performance-correlation analysis. *Brain 123*, 1985-2004.

Framer, M. E., & Klein, R, M. (1995). The evidence for a temporal processing deficit linked to dyslexia: A review. *Psychological. Bulletin and Review. 2*, 460-463.

Galaburda, A, M., Sherman, G. F., Rosen, G. D., Aboitiz, F.,, & Geschwind, N. (1985). Developmental dyslexia: Four consecutive patients with cortical anomalies. *Annals of Neurology, 18*, 222-233.

Gan, W. B., Kwon, E., Feng, G., Sanes, J. R., & Lichtman, J. W. (2003). Synaptic dynamism measured over minutes to months: age-dependent decline in an autonomic ganglion. *Nature Neuroscience, 6*, 956-960.

Gerwig, M., Niehaus, L., Kastrup, O., Stude, P., & Diener, H. C. (2005). Visual cortex excitability in migraine evaluated by single and paired magnetic stimuli. *Headache, 45*, 1394-1399.

Geschwind, N. & Levitsky, W. (1968). Human brain: left-right asymmetry in temporal speech region. *Science, 161*, 186-187.

Golden, C. J., Ariel, R. N., McKay, S. E., Wilkening, G. N., Wolf, B. A., & Mac-Innes, W. D.., (1982). The Luria-Nebraska Neuropsychological Battery; Theoretical orientation and comment. *Journal of Consulting and Clinical Psychology, 50*, 291-300.

Golden, C. J., Hammeke, T. A., Purisch, A. D. (1978). Diagnostic validity of a standardized neuropsychological battery derived from Luria's neuropsychological tests. *Journal of Consulting and Clinical Psychology, 46*, 1258–1265.

Golden, C. J., Moses, J, A., Ariel, R, N., Wikening, G. N., McKay, S. E., & Maclnnes, W. D, (1982). Analytic techniques in the interpretation of the Luria-Nebraska Neuropsychological Battery. *Journal of Consulting and Clinical Psychology, 50*, 40-48.

Golden, C. J., Purisch, A. D., Hammeke, T. A. (1985). *Luria-Nebraska Neuropsychological Battery: Forms*

I and II Manual. Los Angeles: Western Psychological Services.

Goleman, D. P. (1995). *Emotional intelligence: Why it can matter more than IQ for character, health and life-long achievement*. New York: Bantam.

Goodnough, F. (1926). *A new approach to the measurement of intelligence of young children*. Yonkers-on-Hudson, New York: World Book company.

Gordon, C. J. (1975). *The Stroop Color and Word Test: A manual for clinical and experimental uses*. Chicago: Stoelting Co.

Gough, H. G., McClosky, H., & Meehl, P. E. (1951). A personality scale for dominance. *Journal of Abnormal and Social Psychology, 46*, 360-366.

Gray-Little, B., & Kaplan, D. A. (1998). Interpretation of psychological test in clinical and forensic evaluations. In J. H. Sandoval, C. Frisby, K. Geisnger, J., Scheunman, & J. R., Grenier (Eds.), *Tests interpretation for diverse individuals* (pp. 141-178). Washington, DC: APA Publishers.

Greiffenstein, M. F., Baker, W. J., Axelrod, B., Peck, E. A., & Gervais, R. (2004). Fake bad scale and MMPI-2 F-family in detection of implausible psychological trauma claims. *The Clinical Neuropsychologist, 18*, 573-590.

Groth-Marnat, G. (2003). *Handbook of psychological assessment*(4th Ed.). Hoboken, New Jersey: John Wiley & Sons.

Guarnaccia, V.,Dill, C. A., Sabatino, S., & Southwick, S. (2001). Scoring accuracy using the comprehensive system for the Rorschach. *Journal of Personality Assessment, 77*, 464-474.

Hamel, K., Shaffer, T. W., & Erdberg, P. (2000). A study of nonpatient Rorschach protocols. *Journal of Personality Assessment, 75*, 280-294.

Hare, R. D. (1991). *The Hare psychopathy checklist-revised*. Toronto: Multi-Health System.

Harkness, McNulty, & Ben-Porath (1955). The Personality Psychopathology Five (PSY-5): Constructs and MMPI-2 scales. *Psychological Assessment, 7*, 104-114.

Heaton, R. K., Chelune, G. J., Talley, J. L., Kay, G. G., & Gurtis, G. (1993). *Wisconsin Card Sorting Test (WCST) manual, revised and expanded*. Odessa, FL: Psychological Assessment Resources.

Hedl, J. J., O`Neil, H. F., & Hansen, D. H. (1973). Affective reactions towards computer-based intelligence testing. *Journal of Consulting and Clinical Psychology, 40*, 217-222.

Hell, J. J., O'Neil, H. F., & Hansen, D. N. (1973). Affective reactions to computer based intelligence testing. *Journal of Consulting and Clinical Psychology, 40*, 217-222.

Helmes, E. (1993). A modern instrument for evaluating psychopathology: The Personality Assessment Inventory Professional Manual. *Journal of Personality Assessment, 61*, 414-417.

Hertz, M. R. (1936). The method of administration of the Rorschach ink blot test. *Child Development, 7*, 237-254.

Hoffman, B. (1962). *The tyranny of testing*. New York: Crowell-Collier.

Howieson, D. B., & Lezak, M. D., (1992). The neuropsychological evaluation. In S. C. Yudofsky & R. E. Hales (Eds.), *American Psychiatric Press textbook of neuropsychiatry*. Washington, DC: American Psychiatric Press.

Hughes, T. L., Gacono, C. B., & Owen, P. F. (2007). Current status of Rorschach assessment: Implication for the school psychologist. *Psychology in the School, 44*, 281-297.

Hunsley, J., & Lee, C. M. (2010). *Introduction into clinical psychology: An evidence based approach*. Mississauga, Ontorio: John Wiley & Sons.

Hunsley, J., Lee, C. M. & Wood, J. (2003). Controversial and questionnaire assessment techniques. In S. O. Lilienfeld, S. J. Lynn, J. Lohr(Eds.), *Science and pseudoscience in clinical psychology*(pp. 39-76). New York: Guilford.

Isoda, M., & Hikosaka, O. (2007). Switching from automatic to controlled action by monkey medial frontal cortex. *Nattional. Neuroscience, 10*, 240-248.

James, L. R. (1998). Measurement of personality via conditional reasoning. *Organizational Research Method, 1*, 131-163.

Jenner, A. R., Rosen, G. D., & Galaburda, A. M. (1999). Neuronal asymmetries in primary visual cortex of dyslexic and nondyslexic brains. *Annals of Neurology, 46*, 189-196.

Jensen, A. R. (1973). *Educability and group differences*. London: Methuen.

Jensen, A. R. (1998). *The factor: The science of mental ability*. Wesport, CT: Praeger.

Kalat, J. W. (2013). *Biological Psychology*(11 ed.). Wardworth publishing.

Kamin, L. J. (1974). *The science and politics of IQ*. New York: Wiley.

Kamin, L. J. & Goldberger, A. S. (2002). Twin studies in behavioural research: A sceptical view. *Theoretical Population Biology, 61*, 83-95.

Kaplan, E., Fein, D., Kramer, J., Delis, D., & Morris, R. (1999). *WAIS-R as a Neuropsychological Instrument*. San Antonio, TX: Psychological Corporation.

Kaufman, A. S., Raiford, S. E., & Coalson, D. L. (2016). *Intelligence Testing with WISC-V*. Hoboken, New Jersey: Wiley & Sons.

Kiesler, D. J. (1983). The 1982 interpersonal circle: A taxonomy for complementarity in human transactions. *Psychological Review, 90*, 185-214.

Keiser, R. E., & Prather, E. M. (1990). What is the TAT? A review of the ten years of research. *Journal of Personality Assessment, 55*, 800-803.

Kline, P. (2000). *The handbook of psychological testing*. London: Routledge.

Knyazev, G. G., Slobodskaya, H. R., & Wilson, G. D. (2002). Psychophysiological correlates of behavioural inhibition and activation, *Personality and Individual Differences, 33*, 647-660.

Koenigs, M., Young, L., Adolphs, R., Tranel, D., Cushman, F., & Hauser, M. (2007). Damage to the prefrontal cortex increases utilitarian moral judgements. *Nature, 446*, 908-911.

Kujala, T., Myllyviita, K., Tervaniemi, M., Alho, K., Kallio, J., & Näätänen, R. (2000). Basic auditory dysfunction in dyslexia as demonstrated by brain activity measurements. *Psychophysiology, 37*, 262-266.

Kujala, T., Myllyviita, K., Tervaniemi, M., Alho, K., Kallio, J., & Näätänen, R. (2000). Basic auditory dysfunction in dyslexia as demonstration by brain activity measurement. *Psychophysiology, 37*, 262-266.

Langan-Fox, S., & Grant, J. (2006). Occupational stress, coping and strain: The combined/interactive effects of the big five traits. *Personality and Individual Differences, 41*, 719-732.

Lanyon, R. I. (1987). Personality assessment. *Annual Review of Psychology, 35*, 667-707.

Levy, S. (1959). Figure drawing as a projective test. In L. E. Apt & B. Bellak. *Projective psychology: Clinical approaches to the total personality*. New York: Grove.

Levy, J., Heller, W., Banich, M. T., & Burton, L. (1983). Are variations among right-handers in perceptual asymmetries caused by characteristic arousal differences in the hemispheres? *Journal of Experimental Psychology: Human Perception and Performance, 9*, 329-359.

Lichtenberger, E. O., & Kaufman, A. S. (2009). *Essentials of WAIS-IV assessment*. Hoboken, NJ: Wiley.

Lilienfeld, S. O., Wood, J. M., & Garb, H. H. (2000). The scientific status of projective techniques. *Psychological Science in the Public Interest, 1*, 27-66.

Lindzey, G. (1958). Thematic Apperception Test: The strategy of research. *Journal of Projective Techniques, 22*, 173-180.

Loevinger, J. (1976). *Ego development*. San Francisco: Jossey-Bass.

Long, K. A., & Graham, J. R. (1991). The Masculinity-Femininity scale of MMPI-2: Is it useful with normal men? *Journal of Personality Assessment, 57*, 46-51.

Lott, I. T. (1982). Down's syndrome, aging and Alzheimer's disease: A critical review. *Annual. New York Academy of Science, 396*, 15-27.

Lynn, R. (1990). The role of nutrition in secular increase of intelligence. *Personality and Individual Differences, 11*, 273-286.

MacAndrew, C. (1965). The differentiation of male alcoholic out-patients from non-alcoholic psychiatric patients by means of the MMPI. *Quarterly Journal of Studies on Alcohol, 26*, 238-246.

Mackintosh, N. J. (1998). *IQ and human intelligence*. Oxford: Oxford University Press.

Machover, K. (1949). *Personality projection in the drawing of the human figure: A method of personality investigation*. Illinois: Springfield.

MaClelland, D. C., Koestner, R. & Weinberger, J. (1989). How do self-attributed and implicit motives differ? *Psychological Review, 96*, 960-702.

McKey, R. H., Condelli, L., Granson, H., Barret, B., McConky, C., & Plantz, M. (1985). *The impact of Head Start on children, families and communities*. Washington, DC: CSR.

Maltby, J., Day, L., & Macaskill, A. (2007). *Personality, individual differences and intelligence*. Essex, UK: Pearson.

Martens, M., Donders, J., & Millis, S. R. (2001). Evaluation of invalid response sets after traumatic head injury. *Journal of Forensic Neuropsychology, 2,* 1-18.

Matarazzo, J. D. (1983). Editorial on computerized psychological testing. *Science, 22*, 221-223.

Matarazzo, J. D. (1986). Computerized clinical psychological test interpretations: Plus all and no sigma. *American Psychologist, 41*, 14-24.

Mazzeo, J., & Harvey, A. L. (1988). *The equivalence of scores from automated and conventional educational and psychological tests: A review of the literature*[College Board Report]. Princeton, NJ: Educational

Testing Service.

McKeever, W. F., Seitz, K. S., Krutsch, A. J., Van Eys, P. L. (1995). On language laterality in normal dextrals and sinistrals: results from the bila teral object naming latency task. *Neuropsychological, 33*, 1627-1635.

Messick, S. (1980). Test validity and the ethics of assessment. *American Psychologist, 35*, 1012-1027.

Meyer, G., Erdberg, P., & Shaffer, T. (2007). Toward international normative reference data for the comprehensive system. *Journal of Personality Assessment*(S1), S201-S216.

Moody, T.D., Chang, G.Y., Vanek, Z.F. & Knowlton, B.J. (2010) Concurrent discrimination learning in Parkinson's disease. *Behavioral Neuroscience, 124*, 1-8.

Morey, L. C. (1991). *Personality Assessment Inventory manual*. Odessa, FL: Psychological Assessment Resources.

Mumford, M. D., Costanza, D. P., Connelly, M. S., & Johnson, J. F. (1996). Item generation procedures and background data scales: Implications for construct and criterion-related validity. *Personal Psychology, 49*, 361-398.

Mariush, M. E. (2002). *Essentials of treatment planning*. New York: John Wiley & Sons.

Murray, H. A. (1943). *Thematic apperception test: Manual*. Cambridge, MA: Harvard University Press.

Narumoto, J., Okada, T., Sadato, N., Fukui, K., & Yonekura, Y. (2001). Attention to emotion modulates fMRI activity in human right superior temporal sulcus. *Cognitive Brain Research, 12*, 225-231.

Neisser, U. (1998). Introduction: Rising test scores and what they mean. In U. Neisser(ed.), *The rising curve: Long-term gains in IQ and related measures*. Washington, DC: American Psychological Association.

Nelson, N. W., Sweet, J. J., & Demakis, G. J. (2006). Meta-Analysis of the MMPI-2 Fake Bad Scale: Utility in forensic practice. *The Clinical Neuropsychologist, 20*, 39-58.

Nichols, D. S. (2011). *Essentials of MMPI-2 Assessment*. New York: John Wiley & Sons.

Nicholson, R. A., Mouton, G. J., Bagby, R. M., Buis, T., Peterson, S. A., & Buigas, R. A. (1997). Utility of MMPI-2 indicators of response distortion: Receiver operation characteristic analysis. *Psychological Assessment, 9*, 471-479.

Nunnally, J. O. (1978). *Psychometric theory*. New York: McGraw-Hill.

Nunnally, J. O., & Bernstein, I. H.(1994). *Psychometric theory*. New York: McGraw-Hill.

Oddy, W. H., Sherriff, J. L., de Klerk, N. L., Kendall, G. E., Sly, P. D., & Beilin, L. J. (2004). The relation of breastfeeding and body mass index to asthma and atopy in children: A prospective cohort study to age 6 years. *American Journal of Public Health, 94*, 1531-1537.

Ornstein, R. (1997). *The Right Mind: Making Sense of the Hemispheres*. New York: Harcourt Brace.

Osgood, C. .E., Suci, G. J., & Tannenbaum, P. H. (1957). *The measurement of meaning*. Urbana: University of Illinois Press.

Osterling, S. J. (1983). Test item bias. In J. L. Sullivan & R. G. Niemi(Eds.), *Quantitative applications in the social sciences, 30*. Beverly Hills, CA: Sage.

Palop, J. J., Chin, J., & Mucke, L. (2006). A network dysfunction perspective on neurodegenerative diseases. *Nature, 443*, 768-73.

Payne, A. E. (1938). *Sentence completion*. New York; New York Guidance Clinic.

Petitto, L. A., Zatorre, R. J., Gauna, K., Nikelski, E. J. M., Dosite, D., & Evans, A. C. (2000). Speech-like cerebral activity in profoundly deaf people processing signed languages: implications for the neural basis of human language. *Proceedings National Academy of Sciences USA, 97*, 13961-13966.

Petitto, L., Zatorre, R., Gauna, K., Nikelski, E., Dostie, D., & Evans, A. (2000). Speech-like cerebral activity in profoundly deaf people processing signed languages: Implications for the neural basis of human language. *Proceedings of the National Academy of Sciences, 97*, 13961-11966.

Piotrowski, Z. A. (1957). *Perceptanalysis: A fundamentally rewarded, expanded, and systematized Rorschach method*. England: Macmillan.

Pizzagalli, D. A., Nitschke, J. B., Pascual-Marqui, R. D., Larson, C. L., Abercrombie, H. C., Schaefer, S. M., et al., (2002). Brain electral tomography abnormalities in depression: the importance of melancholic features and anxiety. *Biological Psychiatry, 52*, 73-85.

Pizzagalli, D. A., Nitschke, J. B., Oakes, T. R., Hendirck, A. M., Horras, K. A., et al., (2002). Brain electrical tomography in depression: the importance of symptom severity, anxiety, and melancholic features. *Biological Psychology, 52*, 73-85.

Plante, T. G. (2011). *Contemporary clinical psychology(*3rd Ed.). Hoborken, NJ: Wiley.

Plomin, R. (2004). *Nature and nurture: An introduction to human behavioural genetics*. London: Wadsworth.

Plomin, R., & Crabbe, J. (2000). DNA. *Psychological Bulletin, 126*, 806-828.

Ralph, M. A., Cipolotti, Manes, F., & Patterson, K. (2010). Taking both sides: do unilateral anterior temporal lobe lesions disrupt semantic memory? *Brain, 133*, 3243-3255.

Ree, M. J., & Carretta, T. R. (1994). Factor analysis of the ASVAB: Confirming a Vernon-like structure. *Educational and Psychological Measurement, 54*, 459-463.

Reitan, R. (1979). *Manual for administration of neuropsychological test batteries for adults and children*. Tucson, AZ: Author.

Reynolds, C. R. (1995). Test bias and the assessment of intelligence and personality. In D. H. Saklofské & M. Zeinder(Eds.). *International handbook of personality and intelligence*. New York: Plenum.

Ridley, M. (1999). *Genome: The autobiography of a species in 23 chapters*. London: Fourth Estate.

Robins Wahlin, T. B., Lundin, A., & Dear, K. (2007). Early cognitive deficits in Swedish gene carries of Huntington's disease. *Neuropsychology 21*, 31-44.

Rogers, R., Flores, J., Ustad, K., Swell, K. W. (1995). Initial validation of the Personality Assessment Inventory-Spanish version with clients from Mexican American communities. *Journal of Personality Assessment, 64*(2), 340-348.

Rogers, R., Ustad, K. L., & Salekin, R. T. (1998). Convergent validity of the Personality Assessment Inventory: A study of emergency referrals in a correctional settings. *Assessment, 5*(1), 3-12.

Ronan, G. F., Colavito, V. A., & Hammontree, S. R. (1993). Personal problem-solving system for scoring TAT responses: Preliminary validity and reliability data. *Journal of Personality Assessment, 61*, 28-40.

Rosen, H. J.,Perry, R. J., Murphy, J., Krammer, J. H., Mychack, P., (2002). Emotion comprehension in the temporal variant of frontotemporal dementia. *Brain, 125*, 2286-2295.

Rosen, W. G., Mohs, R. C., & Davis, K. L. (1984), A new rating scale for Alzheimer's disease. *American Journal of Psychiatry, 141*, 1356-1364.

Rosenberg, M. (1965). *Society and the adolescent self-image*. NJ: Princeton University Press.

Ross, E. D., Homan, R. W., & Buck, R. (1994). Differential hemispheric lateralization of primary and social emotions. *Neuropsychiatry, Neuropsychology and Behavioral Neurology, 7*, 1-19.

Rosvold, H. E., Mirsky, A. F., Sarason, I., Bransome, E. D., Jr., & Beck, L. H. (1956). A continuous performance test of brain damage. *Journal of Consulting Psychology, 20*, 343-350.

Rotter, J. B. (1954). *Social learning and clinical psychology*. Englewood Cliffs, NJ: Prentice Hall.

Russell, E. W., Neuringer, C., & Goldstein, G. (1970). *Assessment of brain damage: A neuropsychological key approach*. New York: Wiley-Interscience.

Sattler, J. M. (1992). Assessment of children's intelligence. In C. E. Walker & M. C. Roberts (Eds.), *Handbook of clinical child psychology*(pp. 85-100). New York: Wiley.

Schlosser, B. (1992). Computer assisted practice. *The Independent Practitioner, 12*, 12-15.

Schnider, A. (2003). Spontaneous confabulation and the adaptation of thought to ongoing reality. *Nature Neuroscience, 4*, 662-671.

Seidman, L. J. (1998). Neuropsychological testing, *Harvard Mental Health Letter, 14*, 4-6.

Shackman, A. J., McMenamin, B. W., Maxwell, J. S., Greischar, L. L., & Davidson, R. J. (2009). Right dorsolateral prefrontal cortical activity and behavioral inhibition. *Psychological Science, 20*, 1500-1506.

Shaffer, T. W., Erdberg, P., & Meyer, G. J.(2007). Introduction the JPA special supplement on international reference samples for the Rorschach comprehensive system. *Journal of Personality Assessment, 89*, S1-S6.

Shohamy, D., Myers, C. E., Kalanithi, J.,, & Gluck, M. A. (2008). Basal ganglia and dopamine contributions to probabilistic category learning. *Neuroscience and Biobehavioral Reviews, 32*, 219-236.

Shrager, Y., Levy, D. A., Hopkins, R, O., & Squire, L. R. (2008). Working memory and the organization of brain systems. *Journal of Neuroscience, 28*, 4818-4822.

Smith, M., Durkin, M. S., Hinton, V., Bellinger, D., & Kuhn, L. (2003). Influence of breast-feeding on cognitive outcomes at age 6-8 years: Follow-up of very low birth weight infants. *American Journal of Epidemiology, 158*, 1075-1082.

Smith, M. & Robertson, I. T. (1993). *The Theory and Practice of Systematic Personnel Selection*. London: Macmillan.

Spangler, W. D. (1992). Validity of questionnaire and TAT measures of need for achievement: Two meta-analyses. *Psychological Bulletin, 112*, 140-154.

Spezio, M. L., Huang, P.-Y. S., Castelli, F., & Adolphs, R. (2007). Amygdala damage impairs eye contact during conversations with real people. *Journal of Neuroscience, 27*, 3994-3997.

Stankov, L., Boyle, G. J., & Cattell, R. J. (1995). Models and paradigms in personality and intelligence research. In D. Saklofské & M. Zeidner(Eds.), *International handbook of personality and intelligence: Perspective on individual differences*. New York: Plenum Press. 15-43.

Sternberg, R. J. (1985). Implicit theories of intelligence, creativity and wisdom. *Journal of Personality and Social Psychology, 49*, 607-627.

Sternberg, R. J., Conway, B. E., Ketron, J. L, & Bernstein, M. (1981). People's conceptions of intelligence. *Journal of Personality and Social Psychology, 41*, 37-55.

Stevens, S. S. (1946). On the theory of scales and measurement. *Science, 103*, 677-680

Stevens, S. S. (1968). Mathematics, statistics, and the schemapiric view. *Science, 161*, 849-856.

Stroop, J. R. (1935). Studies in interference in serial verbal reactions. *Journal of Experimental Psychology, 18*, 643-662.

Sundet, J. M., Barlaug, D. G., & Torjussen, T. M. (2004). The end of the Flynn effect? A study of secular trends in mean intelligence test scores of Norwegian conscripts during half a century. *Intelligence, 32*, 349-362.

Teasdale, T. W., & Owen, D. R. (2005). A long-term rise and recent decline in intelligence test performance: The Flynn effect in reverse. *Personality and Individual Differences, 39*, 837-843.

Tendler, A. D. (1930). A preliminary report on a test for emotional insight. *Journal of Applied psychology, 14*, 122-136.

Thurstone, L. L. (1953). Examiner manual for the Thurstone *Temperament Schedule*. Chicago: Science Research Associates.

Wechsler, D. (1939). *The measurement of adult intelligence*. Baltimore, MD: William & Wilkins.

Wechsler, D. (2009). *Wechsler Memory Scale—Fourth Edition*. San Antonio, TX: Pearson.

Weed, N. C., Butcher, J. N., Ben-Porath,, Y. S., & McKenna, T. (1992). New measures for assessing alcohol and drug abuse with the MMPI-2: The APS and AAS. *Journal of Personality Assessment, 58*, 389-404

Weiss, L. G., Saklofske, D. H., Coalson, D., & Raiford, S, E. (2010). Theoretical, empirical and clinical foundations of the WAIS-IV index scores. In L. G. Weiss, D. H. Saklofske, D. Coalson, & S. E. Raiford (Eds.), *WAIS-IV clinical use interpretation: Scientist-practitioner perspectives* (pp. 61-94). San Diego, CA: Academic Press.

Welsh, G. S. (1956). Factor Dimensions A and R. in G. S. Welsh and W. G. Dahlstrom (Eds.), *Basic readings on the MMPI in psychology and medicine*. Minneapolis: University of Minnesota Press.

White, L. J. (1996.). Review of the Personality Assessment Inventory: A new psychological test for clinical and forensic assessment. *Australian Psychologist, 31*, 38-39.

Wiggins, J. S. (1982). Circumplex models of interpersonal behavior in clinical psychology. In D. C. Kendal & J. N. Butcher (Eds.), *Handbook of research method in clinical psychology*(pp. 183-221.) New York: Wiley.

Williams, J. M. (1991). *MAS: Memory Assessment Scales professional manual*. Odessa, FL: Psychological Assessment Resources.

Wood, J. M., Lilienfeld, S. O., Garb, H. N., & Nezworski, M. T. (2000). *The Rorschach test in clinical diagnosis: A critical view, with a backward look at Garfield(1947).*

Wood, J. M., Nezworski, M. T., Garb, H. H., & Lilienfeld, J. M. (2001). *Whats wrong with Rorschach? Science confronts the controversail inklot blot test*. New York: Jossey-Bass

Youn JC, Lee DY, Kim KW, Lee JH, Jhoo JH, Lee KU, Ha J, Woo JI (2002). Development of the Korean version of Alzheimer's disease assessment scale(ADAS-K). *International Journal of Geriatric Psychiatry, 17*, 797-803.

Zeleny, L. (1933). Feeblemindedness and criminal conduct. *American Journal of Sociology, 38*, 564-576.

저자소개

조옥귀

경남대학교 문과대학 심리학과 교수
중앙대학교 심리학과 졸업
중앙대학교 대학원 심리학과 석사(임상심리학)
중앙대학교 대학원 심리학과 문학박사(임상심리학)
임상심리전문가, 건강심리전문가, 범죄심리전문가(한국심리학회 공인)
정신보건 임상심리사 1급(보건복지부), 현실치료 국제상급강사(WGI)

[역, 저서]

섭식특성과 기질(공역, 1998). 경남대 출판부.
임상심리학(공저, 2012). 박영사.
성격심리학(공역, 2013). 시그마프레스.
스마트한 심리검사와 평가(공저, 2016). 창지사.
스마트한 임상심리학(2018). 시그마프레스.
스마트한 청소년심리와 상담(공저, 2020). 창지사.

문지혜

경남대학교 교육대학원 상담심리전공 교수
부산대학교 심리학과 졸업
부산대학교 대학원 심리학과 석사(동기 및 정서)
경북대학교 대학원 심리학과 문학박사(상담심리학)

[역, 저서]

쉽고 재미있는 논문연구법(공저, 2009). 아카데미프레스.
심리상담과 치료의 이론과 실제(공역, 2014). 센게이지러닝.
스마트한 심리검사와 평가(공저, 2016). 창지사.
스마트한 청소년심리와 상담(공저, 2020). 창지사.

제2판

스마트한

심리검사와 평가

초 판 1쇄 발행 2016년 3월 25일
제2판 1쇄 발행 2021년 1월 11일

지 은 이 | 조옥귀 · 문지혜
펴 낸 이 | 김기섭
편 집 인 | 김민수
펴 낸 곳 | 창지사 www.changjisa.com
08589 서울시 금천구 가산디지털 1로 83 파트너스타워1차 9층
전화 (02) 719-2211~3
팩스 (02) 701-9386
등 록 | 1977년 4월 28일 · 제1-421호

ISBN 978-89-426-1395-3 (93330)

값 20,000원

「이 도서의 국립중앙도서관 출판예정도서목록(CIP)은 서지정보유통지원시스템 홈페이지(http://seoji.nl.go.kr)와 국가자료공동목록시스템(http://www.nl.go.kr/kolisnet)에서 이용하실 수 있습니다.(CIP제어번호: CIP2020047429)」